江苏省教育科学"十三五"规划重点基金项目：

"大学生道德品质量化评价具体化操作研究"（C-b/2018/01/11）

新时代大学生
道德品质量化测评方法

周旸　唐力◎著

上海三联书店

目　　录

引　言

　　2018年5月2日习近平总书记在北京大学考察时指出:"教育兴则国家兴,教育强则国家强"的科学论断,从理论和战略高度指明了新时代高等教育乃至整个教育发展的重要使命。2013年9月25日,习近平在联合国"教育第一"全球倡议行动一周年纪念活动上发表视频贺词中也曾指出:"教育是国之大计、党之大计。要从党和国家事业发展全局的高度,坚持为党育人、为国育才,把立德树人融入思想道德教育、文化知识教育、社会实践教育各环节,贯穿基础教育、职业教育、高等教育各领域,体现到学科体系、教学体系、教材体系、管理体系建设各方面,培根铸魂、启智润心。要从我国改革发展实践中提出新观点、构建新理论,努力构建具有中国特色、中国风格、中国气派的学科体系、学术体系、话语体系。"2019年11月27日习近平在全军院校长集训开班仪式上的讲话中指出"为谁培养人、培养什么人、怎样培养人"始终是教育的根本问题。党的十九大报告指出:"要全面贯彻党的教育方针,落实立德树人根本任务,发展素质教育,推进教育公平,培养德智体美劳全面发展的社会主义建设者和接班人。"加强和改进大学生思想道德建设,不仅是精神文明建设的基础性工程,更是关系到国家前途和民族命运的希望工程,关系到上亿个家庭切身利益的民心工程。道德评价不仅是道德建设的重要环节,也是培养什么样人的重要指引。为了进一步做好当前高校大学生的道德品质评价工作,我们需要加倍努力建立科学规范的新时代大学生的道德品质评价机制。一个科学的道德品质评价机制不仅可以科学客观地评价新时代大学生的道德主体,而且是促进高校道德建设的重要手段,更是激发新时代大学生道德品质内驱力形成的重要机制。

　　新时代高校对大学生道德品质评价方法,主要有定性评价、定量评价、定性与定量相结合评价。追根溯源,三种方法在古今中外一直存在,并有各自的认识过程和发展历程。理论的每一次发展都经历了论争和实践的洗礼,最终实现金蝉脱壳,新生再现。这符合认知规律和事物发展规律。《新时代大学生道德品质量化测评方法》作为道德品质量化评价中的一种方法尝试,新芽初放,稚嫩迎日,必将经受阳光雨露后茁壮成长。为了更好地推广和应用,对相关问题作如下梳理。

　　一是如何看待道德品质量化评价问题? 时至今日,关于道德品质评价中的定性评价、定量评价问题,仁者见仁智者见智。我们的观点是:道德品质评价采取定性与定量相结合的方法是一种比较科学的方法,也是具有操作性。当然,我们在《新时代大学生道德品质量化测评方法》一书中也是坚持这个观点的,书中许多方法都是建立在定性的基础上进行量化评价的,不是用形而上学的观点处理量化问题的。至于为什么在定性的基础上持量化的方法,我们的观点是:1.道德品质的量化评价不会改变道德的整体性。因为量化评价只是一种评价方法,是对客观存在的一种评价方法,不管方法如何都改变不了客观存在的整体性。2.道德品质量化评价是社会组织对道德主体业已形成的道德品质的评价,它不会改变业已形成的道德品质,只是揭示道德主体业已形成的道德品质水平,是衡量已有的存在,不会改变已有存在的形成。3.道德品质量化评价对未来道德品质形成具有鲜明的导向性,能很好地为"培养什么样人"服务。4.道德品质量化评价具有较强的可操作性。5.新时代高校的道德实践多采用道德品质量化评价方法,这已经成为一种趋势,存在就有其存在的合理性,只是需要进一步科学地应用量化评价,而不是用不用的问题。

二是如何看待道德品质量化评价的综合性问题？道德品质量化评价的主要方法是以具体的道德规范为价值尺度，对道德主体的具体道德行为进行价值度量，每一次价值度量都存在单条道德规范对具体道德行为度量的独立性，在同类道德行为上具有其综合性，但在不同类道德行为上缺少内在联系，那么如何看待量化评价的综合性呢？这个问题在书中是通过引入共性量概念，实现数学运算，从而达到数字量化的综合性。这是本书数学建模的基础和前提，也是不同于其他量化评价的关键点，通过使用本书的道德品质量化评价方法可以实现量化评价结果的真正意义上的综合性，尤其对不同类的道德品质评价更能体现这种综合性。因此，在对道德主体实行综合性量化评价时可以选择本书提供的评价方法。

三是如何看待道德品质量化评价的复杂性问题？本书提供的方法对许多应用者来说，可能认为比其他道德品质量化评价更复杂，操作起来难度大，尤其是对于那些习惯于使用概念进行道德品质定性评价的人。这是可以理解的，但是，在道德建设中更多的情况下都需要给出一个较为准确的评价，否则就无法对道德主体进行比较，此时定性评价就无能为力了。所以说，复杂不复杂，是要针对有效方法来判断的。目前，在现有的道德品质量化评价中经常使用的是简单数字处理的方法较多，其数字间缺乏数理逻辑，简单是简单，但得出的综合性数据不科学，揭示不了道德主体的真实品德。《新时代大学生道德品质量化测评方法》一书提供的方法，在确保数理运算科学性的基础上，借助计算机运算工具，可以实现化繁为简，客观准确的量化评价。

四是如何看待道德品质量化评价的学生参与性问题？道德品质评价的目的性决定学生的参与性问题。如果道德品质评价的目的仅仅是结果的应用，那么被测道德主体可以少参与或者不参与，只做其必须做的即可;如果道德品质评价的目的是道德建设,那么被测道德主体尽可能多参与,通过被测道德主体间的参与互动,不断激发道德主体的内驱力,从而促进被测道德主体向道德建设目标发展。

《新时代大学生道德品质量化测评方法》是从一个新的视角构建的道德品质量化评价方法,难免存在诸多不成熟的地方,期待同仁在应用时斧正!

第一章　道德品质测评综述

第一节　中国古代道德品质测评思想综述

道德品质量化测评思想不是近现代才产生的，素以文明古国、礼仪之邦著称于世的中国，在古代就产生了丰富的道德品质量化测评思想。这可从诸子百家中得到充分证明。他们的道德品质量化测评思想可从五个方面综述。

一、对个体道德品质的差异性认识

中国古代对个体道德品质的差异性认识，不仅比较深刻，而且能够在认知的基础上对道德品质进行等级分类，直至产生量化思想。这些为今天的道德品质量化测评，提供了较为坚实的思想基础。

我国古代教育思想的奠基人——孔子（公元前551—前479年），他在长期的德育实践活动中首先认识到弟子之间的道德品质、智能水平并不是完全相同的，相互之间存在差异。他认识到颜渊的道德品质最好，其次是闵子骞，继之是冉伯牛，接着是仲弓……。[1]同时，他认识到，这种差异性产生不是先天遗传而是后天的环境与教育所造成的。他认为人与人之间"性相近，习相远"。[2]

孟子（公元前372—前289年）不仅认识到个体道德品质存在差

---

[1]　《论语·先进》。
[2]　《论语·阳货》。

异性,而且把个体的道德品质区分为六种不同的类型。他认为人的本性虽然是善的,但由于后天环境及教育的影响,人可以成为有道德的人与无道德的人、道德高尚的人和道德不那么高尚的人,也就是"人本善"但"习相远"。人的道德品质存在着发展上的不平衡。他在与齐人浩生不害的一段谈话中认为,人的道德品质可以有"善"、"信"、"美"、"大"、"圣"、"神"六种基本类型。浩生不害问曰:"乐正子,何人也?"孟子曰:"善人也,信人也。""何为善? 何为信?"曰:"可欲之谓善;有诸己之谓信;充实之谓美;充实而有光辉之谓大,大而化之谓圣;圣而不可知之谓神。乐正子,二之中,四之下也。"①

荀子(公元前 313—前 238 年)把"勇"这一道德品质分为"上勇"、"中勇"、"下勇"或分为"猪彘之勇"、"贾盗之勇"、"小人之勇"、"士君之勇"。他说:"天下有中,敢直其身;先王有道,敢行其意;上不循于乱世之君,下不俗于乱世之民;仁之所在无贫穷,仁之所亡无富贵;天下知之,则欲与天下共乐之;天下不知之,则傀然独立之间而畏;而上勇也。礼恭而意俭,大齐信焉,而轻货财;贤者敢推而尚之,不肖者敢援而废之;是中勇也。轻身而重货,恬祸而广解苟免;不恤是非、然不然之情,以期胜人为意;下勇也。"②"争饮食,无廉耻,不知是非,不辟死伤,不畏众强,蚺蚺然唯利饮食之见;是猪彘之勇也。为事利,争货财,无辞让,果敢而振,猛贪而戾,蚺蚺然唯利之见;是贾盗之勇也。轻死而暴;是小人之勇也。义之所在,不倾于权,不顾其利,举国而与之不为视,重死,持义而不挠;是士君子之勇也。"③

朱熹(公元 1130—1200 年)否定了传统的性三品,他认为人的道德品质等级差别仅仅用上、中、下三个等级是远远不够的。他说:"如论三品亦是,但以某观,人之性岂独三品,须有百千万品"。(《朱子语

① 《孟子·尽心下》。
② 《荀子·性恶》。
③ 毛礼锐等主编《中国教育通史》卷一,第 197 页。

类》卷四)他深刻地认识到:道德品质测评,要宏观测评与微观测评相结合,正面反面相结合,主要与次要相结合,定性测评与定量测评相结合。他说:"品藻人物,须先看他大规模,然后看他好处与不好处,好处多与少,不好处多与少,又看某长某短,某有某无,所长所有底是紧要与不紧要,所短所无是紧要与不紧要。如此互将来品藻,方定得他分数优劣。"①朱熹在这里提出了颇具现代道德品质量化测评的思想。在 800 年前能产生这种思想,这是非常可贵的。

元朝的许衡(公元 1209—1281 年,今河南沁阳县人,元朝著名的思想家和教育家)使朱熹的这一量化思想得到了进一步的发展。许衡认为一个人道德品质的好坏,水平的高低,是由这个人受生与出生时所禀之气决定的。所禀之气中有清有浊,有美有恶,清、浊、美、恶的程度差异便决定人道德品质的发展及其等级。因此,他通过清、浊、美、恶的量化来测评一个人的道德品质,并由此认为人的道德品质水平有千万般等第。

他说:"春属木,夏属火,秋属金,冬属水,四季属土。土寄旺四季,各十八日,木是仁,火是礼,土是信,金是义,水是智,夫妇是阴阳,人受五行之气成人,天与人的仁、义、礼、智、信。仁是温和慈爱,得天地生万物的道理;义是决断事物,不教过去,不教赶不上,都是合宜的道理;礼是体面敬重为长的道理;智是分辨是非的道理;信是老实不说谎的道理,这五件虽是天与人的德性,每个人都有,人人各有禀受不同。""只为受生之初,所禀之气有清者,有浊者,有美者,有恶者,得其清者则为智,得其浊者则为愚;得其美者则为贤,得其恶者则为不肖。若得全清全美,则为大智大贤,其明德全不昧也,身虽与常人一般,其心中明德,与天地同体,其所为,便与天地相合,此大圣人也。若全浊全恶,则为大愚大不肖,其明德全昧,虽有人之全貌,其心中暗

---

① 《朱子语类》卷 13。

寒,与禽兽一般,其所为,颠倒错乱无一是处,此大恶人也。"因此,"清美之气所得的分数,便是明德存德的分数,浊恶所得的分数,便是明德暗塞了的分数,明德止存得二三分,则为下等人,存德七八分则为上等人。存德一半则为中等人。明德在五分以下,则为恶常顺,为善常难。明德在五分以上,则为善常顺,为恶常难。明德正在五分,则为善为恶常交战于胸中。战而未定,外有正人正言助之,则明德长而为善。外有恶人恶言助之,则明德消而为恶。清的分数、浊的分数、美的分数、恶的分数,参差不齐。所以有千万般等第。"①不难看出,许衡在这里是想采用10分制来量化人的道德品质,然后依据个人所得的实际分数划定其所属等级,同时给予教育发展的预测与建议,5分以上为上等道德品质,"为善常顺,为恶常难";5分以下为下等道德品质,"为恶常顺,为善常难";5分左右为中等道德品质,"外有正人正言助之,则明德长而为善,外有恶人恶言助之,则明德消而为恶"。在这里,许衡一方面看到了每个人的道德品德在清、浊、美、恶四方面所得分数参差不齐,组合即有千万般个道德品质等第;另一方面又依据其总分差异把人的道德品质划分为上、中、下三个大等第,这与我们目前采取百分制测评,再转换为优、良、中、差四个等级的思想是一致的。然而,许衡对人受生之时所禀之气进行量化是难以成立的。其一,所禀之气的清、浊、美、恶是一种神乎其神的东西,谁能对其分辨与量化? 其二,虽然许衡在其言论已承认人的道德品质发展可以随其环境与教育而变化,但对于5分以上及5分以下的人的发展却有一个预测规定。仅根据受生之初的清浊美恶所得分数就对人的道德品质的终身发展作出那样的规定能成立吗? 但是,虽然说许衡的测评前提不成立,但许衡对道德品质的量化测评思想仍具有较大的价值。

---

① 《许文正公遗书》卷三。

二、对道德品质的稳定性认识

中国古代对道德品质的稳定性认识,为道德品质的评价分级、预测未来提供了前提和基础,使对道德品质的评价更具有现实意义。事实上,不论孔子的"性相近,习相远",孟子的"善"、"俭"、"美"、"大"、"圣"、"神"六种基本类型,荀子的把勇分为"上勇"、"中勇"、"下勇"或分为"猪彘之勇"、"贾盗之勇"、"小人之勇"、"士君之勇",还是朱熹的"如论三品亦是,但以某观,人之性岂独三品,须有百千万品",许衡所看到的每个人的道德品德在清、浊、美、恶四方面所得分数参差不齐,组合即有千万般个道德品质等第,等等。他们认识到个体道德品质存在差异性,并且为这种差异性进行分级,其中重要的前提是承认道德品质具有稳定性。如果说个体的道德品质是瞬息万变的,那么,这种差异性就很难被发现,即使能够发现,也不具有任何比较的价值,至于为个体的道德品质分级就更加不可能了,即使为其分级,也没有任何意义。

古人不但在承认个体道德品质具有稳定性的前提下,为个体之间的道德品质找出差异性,分出等级,而且还利用道德品质具有稳定性的特征,预测个体未来的道德品质。墨子认为:道德品质作为一种事情,不但过去的可以测评,而且未来的也同样可以测评,可以通过过去道德品质的测评预测未来的道德品质。彭轻生子曰:"往者可知,未来不可知。"子墨曰:"焉在不知来?"[1]墨子这一思想与我们今天为升学、用人对个体所进行的道德品质测评,来预测个体未来的思想是一致的。

三、对道德品质测评的可行性认识

中国古代对道德品质量化测评的可行性认识,有许多地方是值

---

[1]　《墨子集解·鲁问》第457页。

得我们借鉴的。孔子认为道德品质测评是可行的,他认为了解与评价一个人的最大困难是被评者往往言行脱节,表里不一。他说:"有德者必有言,有言者不必有德。仁者必有勇,勇者不必有仁。"因此,他改变了听其言则可信其行的观点。他说:"始吾于人也,听其言而信其行。今吾于人也,听其言而观其行,于予与改是。"①

庄子(约公元前369—前286年)认为人的道德品质测评虽是困难的,也并不是不可能的。他列举了孔子的"九征"情境测验法,在《庄子·列御寇》中写道:"孔子曰:'凡人心险于山川,难于知天;天犹有春秋冬夏旦暮之期,人者厚貌深情。故有貌愿而益,有长若不肖,有顺怀而达,有坚而缦,有缓而悍。故其就义若渴者,其去义若热。故君子远使之而观其忠,近使之而观其敬,烦使之而观其能,卒然问焉而观其知,急与之期而观其信,委之以财而观其仁,告之以危而观其节,醉之以酒而观其侧,杂之以处而观其色。九征至,不肖人得也。'"

颜之推(公元531—595年,今江苏南京市人,六世纪后期最博学而有思想的学者,著名的历史学家和教育思想家)认为道德品质是可以测评的。他说:"诚于此者行于彼,人之虚实真伪在于心,无不风乎迹,但察之所鉴七伪不如拙诚,录之以羞大矣。"这就是说,含于内心的道德品质都会在其行为表现中留下痕迹,只要我们"察之熟"就能以"一"鉴"大"。实际上,关于含于内心之道德品质为什么可以被人测评。刘劭与魏晋玄学家都有过论述。刘劭认为:道德品质"虽体变无穷,犹依乎五质。帮其刚柔、明畅、贞固之征著乎形容,见乎声色,发乎情味,各如其象。故心质亮直,其仪劲固;心质休决,其仪进猛;心质平理,其仪安闲。夫仪动成容,各有态度。直容之动,矫矫行行;休容之动,业业跄跄;德容之动,颙颙昂昂。夫容之动作,发乎心气,

---

① 《论语·公冶长》。

心气之征，则声变是也。夫气合成声，声应律吕。有和平之声，有清畅之声，有回衍之声。夫声畅于气，则实在貌色。故诚仁必有温柔之色；诚勇必有矜奋之色；诚智必有明达之色，夫色见于貌，所谓征神。征神见貌，则情发于目。故仁，目之精，悫然以端；勇，胆之精，晔然以强。"①这就是说，刘劭认为不同的道德品质之性必然会露迹于"仪"、"容"、"声"、"色"、"目"，并以不同的迹象表现。

三国时期的玄学家王弼（公元 226—249 年）认为，"象"和"言"都是意的表现。他说："夫象者，出意者也。言者，明象者也。尽意莫若象，尽象莫若言，言生于象，故可以寻以言现象；象生于意，故可寻象以观意。意以象尽，象以言著"②显然这里的"象"即形象，包含行为举止、仪表风貌。"意"即言语与行为表现的"本意"。推而广之，人的道德品质之"本意"可寻"言"而观，可寻"象"而观。

四、对道德品质测评目标的认识

中国古代对道德品质测评目标的概括、提炼，简明扼要，高度浓缩；义深意广，内涵深刻；目标明确，导向性强。以下列举诸子的道德品质测评目标，以示其概貌。

孔子既是把义、智、仁、勇、温、良、恭、俭、让、宽、信、敏、惠、悌作为他的教育目标，又是把其作为测评人的道德品质的测评目标。此外，孔子非常重视对其弟子的学习品质的测评，他主要用"尚志"、"好学"、"乐学"、"笃信"、"有恒"、"虚心"等测评目标测评弟子们的学习品质。

老子把"无为"、"朴"、"柔"、"厚"、"实"、"静"等作为道德标准，即以此标准来检测个体的道德品质。他说："逆恒无为，而无不为"，③

---

① 参考《人物志·九征第一》。
② 参考《王弼集校释·周易略例·明象》。
③ 《道德经》37 章。

即道德最本质的特征是"无为"。"为"即私欲及其行动。"无为"表现为"无事"、"无欲"。所说"无事"就是对万事万物静以处之,呼吸自然,不勉强地干涉他人他事。所谓"无欲",就是没有私心妄念,生长万物而不据为己有,成长万物而不自居有功,为万物之长而不主宰万物。老子认为,如能做到这些,自然说明一个人有高尚的道德品质。他还说:"常德乃足,复归于朴。"①"含德之厚,比于赤子。"②"上德不德,是以有德;下德不失德,是以无德。上德无为而无以为,下德为之而有以为。"③"大丈夫,处以厚,不居其薄,处其实,不居其华。"④"上德若谷,广德若不足,建德若偷。"⑤等等。

孟子以"善"、"俭"、"美"、"大"、"圣"、"神"等作为道德品质测评目标。荀子把"君子者"、"善少者"、"恶少者"、"不详少者"作为少年儿童的道德品质测评目标;把"通士"、"公士"、"直士"、"悫士"、"小人"作为成人的道德品质测评目标。张载(公元1020—1077年,北宋重要哲学家和教育家)、朱熹、陈淳(公元1159—1223年,宋代哲学家)、陈颢(公元1032—1085年)、陈颐(公元1033—1107年)、吴澄(公元1249—1333年,元朝著名的理学家和教育家)等以"志"、"敬"等为道德品质测评目标。

古人的这些道德品质目标的确立,充分反映了古人对当时社会的道德关系、道德要求认识的深刻性,高度的概括性。这为我们今天制定道德品质测评目标提供了思想基础和借鉴作用。

五、对道德品质测评方法的认识

中国古代的道德品质测评方法丰富多彩,形式多样,很多方法包

---

① 《道德经》28章。
② 《道德经》55章。
③④ 《道德经》38章。
⑤ 《道德经》41章。

含着制定者对事物深刻的认识和丰富的思想,设计精巧,针对性强,操作简单易行,直至今天,有很多方法仍然值得借鉴,甚至有些方法一直在实践中被广泛应用。以下列举诸子的方法,以资说明。

孔子在道德品质测评中经常使用的方法是观察法和谈话法。他说:"有德者必有言,有言者不必有德。仁者必有勇,勇者不必有仁。"因此,他改变了听其言则可信其行的观点。他说:"始吾于人也,听其言而信其行。今吾于人也,听其言而观其行,于予与改是。"①例如,他对"孝"这种道德品质的测评,就用观察法长期考察。他说:"父在观其志,父没,观其行;三年无改于父之道,可谓孝矣。"②在《论语·先进》中还记录了孔子运用谈话法测评子路、冉有、曾晳、公西华等人理想的情形。孔子谈话法有集体谈话法和个人谈话法两种。除此两种方法外,孔子还采用过访问调查法,测评人的道德品质。例如,孔子为了考察颜渊的学习情况,便问子贡:在学习上,你与颜回两人相比哪一个好一些?

孔子在观察法中有自己深刻的见解,形成了一套辩证而系统的方法。他认为观察时不仅需要注意行为现象,而且要分析产生行为现象背后的原因及其所指向的目的。不要被表面现象所迷惑,要透过现象看本质。他说:"视其所以,观其所由,察其所安,人焉瘦哉!"③他提出了从错误行为测评道德品质的高见。他认为人不可能不犯错误,"君子之过也,如日月之食焉;过也,人皆见之。"④问题是道德品质水平高低不同的人,对待错误的态度也不一样。有人"闻过则喜",而有人"过而不改"。因此,他认为可以从人所犯的错误及其

---

① 《论语·公冶长》。
② 《论语·学而篇》。
③ 《论语·为政》。
④ 《论语·子张》。

所持的态度测评其道德品质。他说:"人之过也各于其党,观过,斯知仁矣。"①"不善不能改。"②孔子认为"德"从言、行表现出来,所以对道德品质总是言、行并举,综合考察。但侧重于"行","言"从属于"行"。例如,孔子说:"信近于义,言可复也"。③"君子敏于事而讷于言。"④"君子先行;其言而后从之。"⑤"君子欲讷于言,而敏于行。"⑥"君子耻其言而过其行。"⑦而且孔子还总结出从言谈区分有德之人与无德之人的测评方法。他说:"巧言令色,鲜矣仁!"⑧"其言之不诈,则为之也难。"⑨就是说,凡花言巧语,大言不惭者,一定品德不好,即巧言必寡德。他又说:"不知言,无以知人也。"⑩他把"言"区分为"雅言"、⑪"便便言"、⑫"法语之言"、"巽与之言"、⑬"巧言"五种。其中"巧言"为无德之言,其余皆为有德之言。

墨家对道德品质测评的方法主要有六种。一是依据传闻。二是身观,但要"循所闻而得其意"才能测评到品德的本质。⑭三是三表法。子墨子言曰:"有本之者,有原之者,有用之者"。⑮引而具之,即对某个体道德品质测评的依据,应有关他过去的行为资料,有关于现在的行为表现资料,以及实际所取得的绩效。四是调查考证以见知隐法。"天下之所以察知有与无之道者,必以众人耳目之实知有与亡为仪者也,请惑闻之见之,则必以为有,莫闻莫见则必以为无"。⑯五

---

①⑥　《论语·里仁》。

②⑪　《论语·述而》。

③④⑧　《论语·学而》。

⑤　《论语·为政》。

⑦⑨　《论语·宪问》。

⑩　《论语·尧曰》。

⑫　《论语·乡党》。

⑬　《论语·子罕》。

⑭　《墨子集解·经上》。

⑮　《墨子·非命》。

⑯　《墨子·明鬼下》第199页。

是辨论察实法。"夫辨者将以明是非之分,审治乱之纪,明同异之处,察明实之理,处利害,决嫌疑焉,慕略万物之然,论求群言之比,以名举实,以辞抒意,以说出故,以类取,以类予。"①六是环境条件分析法。"染于苍则苍,染于黄则黄。所入者变,其色亦变,五入必而已则为五色矣。故染不可不慎也!"②

道家对道德品质测评的方法,有以下几种值得借鉴:一是直接类比法。道德品质具有模糊性,当我们很难制定出明确的测评标准时,则可以利用道家直接类比的方法测评,从具体人的道德品质中去测另一个人的道德品质。《道家经·五十四章》上说:"以身观身,以家观家,以乡观乡,以国观国,以天下观天下,吾何以知下下然哉? 以此。"二是见小知常。道德品质是个人行为特征的总和,我们实际观察到的只有很少的一部分特征,如何通过这很少一部分去测评道德品质的整体呢? 道家见小知常的方法很值得借鉴。常即事物的变化规律或本质,小即细小。老子说:"知常口明,不知常妄作凶。"③"见小曰明"。④即怎样通过细小的行为,看出道德品质特征,达到能见小知常呢? 一要"用其光,复归其明";⑤二要于"虚极"、"静笃"中"观复"。⑥三是涤除玄览。道德品质测评是对人与人之间关系的一种价值判断,测评者难免会有这样或那样的主观或偏见,人们常会戴着有色眼镜去看待他人、他人与他人之间的道德关系。怎样排除偏见,保证道德品质测评结果的客观性呢? 老子说:"涤除玄览,能无疵乎?"⑦意为洗刷排除人们的成见,心底清明,就能深观远照,认识事物的全貌,整体把握事物的本质。

---

① 《墨子·小取》第 403 页。
② 《墨子·所染》第 15 页。
③⑥ 《道德经》第 16 页。
④⑤ 《道德经》第 52 页。
⑦ 《道德经》第 10 页。

　　孟子对道德品质测评的方法主要有三种：一是环境与背景条件分析法。他认为人的道德品质水平与道德品质修养，与其环境和背景有密切关系，这就是说，测评一个人的道德品质应该注意从其周围环境和背景条件入手，以背景条件的反差程度来判断一个人的高低强弱。他说："有恒产者，有恒心，无恒产者，无恒心。"因此，"无恒产者而有恒心，惟士为能。"①"富岁，子弟多赖（懒）；凶岁，子弟多暴，非天之降才尔殊也，其所以陷溺其心者然也。"②单若"贫贱不能移，威武不能屈，此之谓大丈夫。"③二是群众评议，观察验证法。孟子认为一个人道德品质如何，不能以左右及少数上层官员的意见为准，要广泛听取群众意见，以百姓的意见为依据，然后仍旧观察考证。他说："……左右皆曰贤，未可也；诸大夫皆曰贤，未可也；国人皆曰贤，然后察之，见贤焉，然后用之。左右皆曰不可，勿听；国人皆曰不可，然后察之见不可焉，然后去之。"④三是特征判断法。孟子认为一个人是否具备某种道德品质，通过一些特征能加以判断。他说："仁者爱人，有礼者敬人。"⑤"恭者不侮人，俭者不夺人。侮夺人之君，惟恐不顺焉，恶得为恭俭？恭俭岂可以声音笑貌为哉？"⑥

　　荀子对道德品质测评的方法主要有三：一是两极情境表现考验法，即考察人在逆境与顺境中的行为表现。若"隘穷而不失，劳倦而不苟，临患难而不忘细席之言。"⑦"贫穷而志广，富贵而体恭，安燕而血气不惰，劳倦力而容貌不枯，怒不过夺，喜不过予。"⑧"能则宽容易

---

① 《孟子·滕文公上》与《孟子·梁惠王上》。
② 《孟子·告子》。
③ 《孟子·滕文公下》。
④ 《孟子·梁惠王下》。
⑤⑥ 《孟子·离娄下》。
⑦ 《荀子·大略》。
⑧ 《荀子·修身》。

直以开道人,不能则恭敬缚绌以畏事人。"①则就是道德高尚的"君子"。若"能则倨傲违以骄溢人,不能则妒嫉怨诽以倾覆人。"②则就是道德低下的"小人"。二是情境测验法。"校之以礼,而观其能敬也;与之举措迁移。而观其能应变也;与之安燕,而观其能无流遵也;接之以声色、权利、忿怒、患险,而观其能无离守也。彼诚有之者与诚无之者若白黑然,可诎邪哉!"③三是三年考评法。他认为测评一个人的道德品质与才能,应有一个过程。有始、中、终之分,不同阶段应有不同阶段的测评方式。要以三年为期进行全面考评。他说:"临事接民而义,变应宽裕而多容,恭敬以先之,政之始也;然后中和察断以辅之,政之隆也;然后进退诛赏之,政之终也。故一年与之始,三年与之终。"④

王通(公元584—617年,隋代杰出的教育家)、韩愈(公元768—824年,唐代的思想家)、柳宗元(公元773—819年)等人,根据过去道德品质测评单方面的听言、观行或信貌难辨真伪的实际情况,提出了综合测评的思想。王通认为要"度其言,察其志,考其行,辨其德"⑤,显然这简单的12个字深刻地体现了定性定量相结合,耳闻目睹相结合,事实分析与综合归纳相结合的系统测评思想。韩愈认为对德性的测评不应该仅仅"观貌之是非",而应该"论其心与其行事"是否合乎标准要求。他说:"昔之圣者,其首有若牛者,其形有若蛇者,其喙有若鸟者,其貌有若蒙其者,彼皆貌似而心不同焉,可谓之非人邪?即有平胁曼肤,颜如渥丹,美而很者,貌则人,其心则禽兽,又恶可谓之人邪? 然则观貌之是非,不若论其心与其行事之可否为不失

---

①② 《荀子·不苟》。

③ 《荀子·君道》。

④ 《荀子·致仕》。

⑤ 《文中子·立命篇》。

也。"①柳宗元认为对人德性的测评,要"辞"、"行"、"智"并测综评。他说:"即其辞,观其行,考其智,以为可化人及物者,隆之。文胜质,行无观,智无考者,下之"。②

这些综合测评的思想,对我们今天的道德品质综合测评具有较高的借鉴作用。

第二节　近现代中外道德品质测评方法综述

近现代中外学者和教育者在道德品质测评方法上的研究,取得了丰硕的成果,据现有的资料显示,近现代中外道德品质测评方法可分为三种类型:一是由对道德主体的道德认知的测评,来推测道德主体的道德品质;二是由对道德主体的行为的认定,来推断道德主体的道德品质;三是根据所测定的道德主体的道德认知、行为,来推断道德主体的道德品质。

一、由道德认识推断道德品质的方法

由对道德主体的道德认知的测评,来推测道德主体的道德品质的方法较多,在中外各国应用都比较广泛,比如在中小学中对学生进行思想品德理论测验、问卷调查以及认知学派的道德判断测验法等,都是根据认知情况来推断主体的道德品质的。其中认知学派的道德判断测验法相对于通常的思想品德理论测验法、问卷调查法要深刻、全面,信度较高。因此,可以认为认知学派的道德判断测验法,是由道德认知推测道德品质的方法中的一种典型方法。以此为例,我们对由道德认知推断道德品质的方法进行进一步

---

① 《昌黎先生集·杂说·四首之三》。
② 《柳宗元集·送崔子符罢举诗序》。

分析。

认知学派是智德学派,他们认为人的道德品质发展,与其认识活动和发展水平密切关联。认为人的道德品质水平,是由诸如道德认识、道德判断等认知水平决定的。其代表人物有皮亚杰、科尔伯格、雷斯特等。他们的共同特点是以道德两难故事为假设性情境,然后提出一些道德问题,要求道德主体作出分析判断。

例如,科尔伯格编制了九个在道德方面难以判断是非的故事,采用面谈方式,让被试者听完后对故事中人物的行为作出评价,说出自己的想法;然后据此对每个被试者的道德品质水平作出评定,决定属于三阶段六水平中的哪一种。

这种认知测评形式在雷斯特手里得到了进一步的发展。雷斯特认为科尔伯格的故事法并非道德判断测评的唯一方法。在当今信息错综复杂、社会日趋民主的时代,常常需要对他人的道德判断进行再判断,因此,雷斯特对科尔伯格的道德两难故事法进行了改进。其形式如下:

故事:逃犯被判劳教十年。服刑一年后,逃出了监狱,以一个假名字唐信在另一个小镇上居住。他辛勤工作了八年,渐渐有了积蓄,自己开起了一个小店。他对顾客公道,给他店里的职员很高的工资,并把大部分赚来的钱捐给了社会福利机构。不料有一天,一个昔日老邻居张老太认出他就是八年前越狱的罪犯。公安局现在正通缉他。

1. 张老太应该向公安局报告而将他捉拿归案吗?(请选一个答案)

A. 应该报告　　　B. 不能决定　　　C. 不应该报告

2. 下表左边依"重要性"的程度有五个等级,假若你就是张老太,请对右边 12 个问题逐个考虑,判定它们对你决定该不该向公安局报告这一问题作用的重要性如何,并把判定结果以"√"符号标记在左边的方格内。

非常重要	比较重要	一般重要	不太重要	毫不重要	问　　题
					1. 唐信这么多年来的良好行为不是证明了他不是个坏人吗？
					2. 每次都容许罪犯逍遥法外,不是会鼓励更多的人犯罪吗？
					3. 如果没有监狱和压迫人的法律制度,我们会过得更好吗？
					4. 唐信是否已经真正偿还了以前对社会所欠下的一切？
					5. 社会将使唐信的合理愿望落空吗？
					6. 尤其对一个行善的人来说,监狱脱离了社会,会有什么好处吗？
					7. 谁能这样残忍无情,把唐信送进监狱呢？
					8. 假如让唐信逃出法网,对于其他必须服刑期的囚犯来说是否公平？
					9. 张老太是不是唐信的好朋友？
					10. 无论在什么情况下,报告一个逃犯不是每一个公民应有的责任吗？
					11. 大众的意愿和公共的利益,如何能得到最适当的照顾？
					12. 将唐信送进监狱,对他本人是否有好处,或者是否保护了其他人？

3. 现在再请你对上述 12 个问题作一纵向比较,依其重要性程度,从中选出四个,并依次把对象的题号填写在下表中。

重要性	第一重要	第二重要	第三重要	第四重要
题号				

雷斯特认为,凡是在第一、第二两个重要性排列部分的问题,有两则故事以上,或六则故事合计有八个问题(含)以上,与前面判断结果比较有倒错现象时,则此问卷作废,不予计分。另外,若学生对两则故事 24 个问题重要性的判断有十个(含)以上,同在某一等级中,则该问卷作废。

显然,雷斯特量表与科尔伯格量表相比更标准、更客观、更易行与更科学。无论是雷斯特量表、科尔伯格量表,还是调查问卷等,它们都是从品德结构中认知因素出发,来测评个体的道德品质发展水平的。其假设的前提是道德认知判断与道德行为完全相关。事实上在当今日趋复杂的社会中,道德认知的"巨人"与道德践行的"小人"并存于同一个人身上的现象大量存在。因此人们对此仍有争论。不可否认,道德行为是建立在道德认知的基础上,但在道德认知转化为道德行为过程中,还存在中介变量,涉及个体对自己愿望的调节、行为的控制以及行为习惯的形成等很多因素。道德判断的高水平并不等于人的整个道德品质的高水平。这一点科尔伯格自己也有所认识。

国外研究最近也指出,由于传统价值观念与现代生活方式的冲突性,赞同的道德标准与实际的道德实践严重分离。

然而,由道德认知推测道德品质的方法,却给我们提示了可以从认知这一角度去测评学生道德品质发展水平的可能性。我们要研究的问题是,在什么条件下或什么范围内,采取什么方法从认知方面去测评学生的道德品质;另外,认知学派道德两难道德品质水平测评法,还给我们一个启示,道德品质测评可以是对个体认知"最佳"行为反应的测评,因而可以由此消除被测评者的许多防卫心理与行为,提高测评的真实性。

二、由道德行为推断道德品质的方法

由行为推断道德品质的方法,它是一种依据道德主体的行为表

现,来对道德主体的道德品质进行定位的方法。这种方法主要有:

1. 哈特逊和梅(Hanshosn, May)的道德品质测评方法。在二十世纪初,哈特逊与梅设计了一系列内容广泛的真实情境测验。这些测验的共同特点是,给被测者提供各种各样可以乘隙作弊或撒谎的机会,甚至可以从中行窃。然后根据被测者面对这些机会的行为反映情况,对其诚实予以评定。例如,纸上画有大小不等、杂乱的小圆圈,要求学生闭上眼睛依次在每个圆圈里打点。由于难度大,不经练习谁也做不成功。如果某个孩子做成了,则可以断定他已经作弊,是偷偷睁开眼睛做的。因此这个孩子不诚实。又如把放有硬币的盒子分发给每个孩子做游戏,游戏结束后,叫每个孩子将硬币放回盒子并盖紧交回。这些盒子事前已按照编码顺序发放,知道哪个盒子是谁的。只要核对盒子中硬币的数目,就可以知道哪些孩子擅自拿了几个硬币。由此测评其是否诚实。类似的测验还有很多。例如考试完收回试卷,教师登记后不评分。再把试卷发给学生自己评分。如果某个学生的评分结果与原来教师暗中登记的分数不一致,则这个学生不够诚实。[①]这种道德品质测评方法的特点是操作简便,可比性强,测评意义明确,设计得较为巧妙,被测者很难觉察到真正的测评目的。寓测评于游戏或正常的教学活动之中。但这种测评方法无法把出于好奇心或情境因素影响下产生的不诚实行为,与真正的不诚实行为相互区别开来。众所周知,对于品德,自从 20 世纪 30 年代开始,就存在两种对立的观点:麦考莱、瓦特金斯等人认为人的道德品质,其行为表现与发展存在一条明显的主线,具有一定的模式和稳定性,是系统化的产物,其行为表现与发展有阶段性。哈特逊、梅等人认为人的道德品质,其行为表现与发展并不存在一条明显的主线,只

---

① 参阅[英]R. L. 桑代克等著,叶佩华等译:《心理与教育的测量与评价》下,第 216—218 页,人民教育出版社,1985 年版。

存在个别差异和特定性,不是系统化的产物,其行为表现与发展完全由情境所支配。因此,有人研究各种诚实性情境测验间的相关性,结果发现相关性非常低。某课堂作弊测验,和竞技作弊测验之间的平均相关系数只有 0.16,而与盗窃测验的平均相关系数只有 0.17。[①]

由此可见,许多行为表现是因情境不同而不同的。情境测验单独作为道德品质测评的方法是不太可靠的。改进道德品质情境测验的途径至少有两条。一是精心设计与选择情境,提高单个情境测验的效度与信度。例如,狄斯科迪莱的"分配性测验"就比哈特逊与梅所设计的情境测验更科学些。另一改进途径是,把多个情境测验组合在一起,从整体上提高测验的效度与信度。桑代克认为:"一个学生参加任何一个哈特逊和梅所设计的整套测验中的任何一个,其分数只能粗略地反映被测者的某一典型行为。因此如果想获得一种令人满意的、稳定而又可靠的测量结果,就有必要将单个测验加以扩展,增加几个同一类型的附加测验。"

2. 威特金行为操行间接测验法。威特金等人,1962 年开创了一种称之为现场依赖性的测验。所谓现场依赖性是指一个人极大地受到周围环境的影响和依赖整个环境现场(典型特征为可视的)而作出的知觉方式。例如下面是三个关系相当密切、共同用于现场依赖性测评的测验。

(1)倾斜房面和倾椅的测验;在倾斜的"房面"所给予的可见提示与受试者自身所感觉到的姿势提示发生矛盾时,要求受试者将他所坐的椅子调整到垂直位置。

(2)棒框测验:要求受试者将棍棒调整为垂直方向,此时唯一的参照物,是一个框架,而这一框架却比正常的垂直——水平方位倾斜一个角度。

----

① 参考《心理与教育测量与评价》下。

（3）嵌入图形测验：受试者必须在较为复杂的图示中，找出"隐藏"在里面的简单图形。

以上三个测验，从性质与感觉上看，都是属于认知能力的测验，但它们实际上都是用来测验个性道德品质的。

例如，若一个人在以上三种知觉测验中，都不受周围环境的影响，那么就可以说，这个人比较自信，自控能力较强，敏感性较高。

这类测验的特点是，使被测者"以任务为重点"而不是以自己为重点。要求他们注意的中心和所作出的努力，就是迅速有效地完成个人或小组的工作任务。测评者通过记录、观察与分析某人与所分配的工作任务有关的典型行为信息，间接地测评个体的道德品质特征。这种因此可以称为行为操作间接测验法。其优点是能够让被测评者置于同一的操作情境中作出行为表现，保证了测验的公平性与客观性；其次是采取声东击西的策略，使我们能够绕过被测者为反对直接测评其道德品质而建立的防线。但是这种行为操作的间接性测验步骤既复杂又费时，且其设计也比较难，煞费苦心。而且这种测验的得分会受到个体普通认知能力大小的直接影响。

3. 投射测验法。所谓投射测验，就是给被测评者提供一个模棱两可、结构不定的刺激情境，要求被测评者依据这些情境，通过自己的理解与经验确定、辨认或完成其结构。被测者所做的这些行为反应结果可以被认为与人的个性品德有着密切的联系。因此，测评者就可以由此进行一系列的分析，推断出被测评者的品德特征。投射测验的三个基本前提是：（1）个体对外界的反应都有其原因，并且是可以预测的；（2）在测验情境下表现的行为，不仅是个人平时有规律性行为的样本，而且可以直接反映他的个性品德在其他情况下的行为；（3）投射测验的刺激都是模棱两可的，没有明确固定的意义，因此被测评者可以自由反应，其所表现出的反应结果是发自内心的创见，是有代表性的。

　　关于投射法的类型,美国心理学家林德泽(G. Lindzey)根据测验所引起的反应把它分为五类:即①联想法;②构造法;③选择或排列法;④完成法;⑤表露法。①

　　比较典型的投射测验,除罗夏墨迹测验外,特别适用于道德品质测评的是主题统觉测验(TAT)。主题统觉测验的创始人美国心理学家默里认为,当一个人解释一种含糊不清的社会情境时,他就易于表露自己的个性品德。因此品德主题统觉测验的基本模式是,给被测者提供几十张画有人物和情节的图片,有的非常抽象。要求被测者根据每张图片内容编写故事,说明发生了什么事,画中人物的思想情绪如何,为什么会这样,其结局将会如何?

　　主题统觉测验的目的主要是唤起被测者的幻想,引起他们对生活中重要事件的联想,当要求他们猜想眼前的画面代表什么可能发生的事情时,被测者的道德品质特征就会在他想象的故事中流露出来。当被测者认真地去理解这种模棱两可的情节时,心理防御就会更少,他们的内在倾向和欲望也就更易表露出来。这就为我们测验他们品德特征提供了信息。

　　类似的投射测验还有语句完成法、绘画测验法、完形测验法、团体人格投射测验、逆境对话测验和人物关系测验等。

　　投射测验法突出特点是,大多数以图形作为刺激物,因此其应用受语言差异、文化程度差异的影响较小。同时,许多投射测验注意了被测者的情感反应、时间反应及其他许多细节问题。例如,罗夏墨迹测验与主题统觉测验,除了把被试者所说的话记录下来外,还要把被试者其他的行为反应特征记录下来。例如,回答用的时间长度、面部表情拿卡及叙述的方式等,评分也要考虑多方面的因素,因此其信息量比普通的问卷测验多得多。然而投射测验的评分带有极大的主观

---

① 韩进文:《德育心理学概论》,第 290 页。

性,不如问卷测验客观。许多决定都是由评分者视被测者的反应临境作出,没有什么具体统一的硬性规定。另外投射测验法的信度、效度与客观性难以分析与论证。

4. 系统观察评定法。系统观察法主张从现实的具体情境中的行为去测评学生的道德品质。

系统观察评定法,与一般的日常生活中的观察有所不同。日常生活中的观察是随意的、偶发的、不系统的。通常只注意那些和我们发生联系的事与人,对这些事与人所形成的印象,几乎是毫不在意,随其自然,并不断地改变着。然而系统的品德观察评定却不同,它是一种有目的、有组织、有计划、有步骤的观察。它有三个显著特点,一是对观察资料有系统的科学的收集方式,二是所收集的资料与所要测评的品德特征有直接的关系,三是直接的面对面的观察评定。测验者事先都对观察什么,什么时间在什么地点观察,以及观察多久非常明确。对于通过观察所获得的行为样本,测评者将依据一定的标准对他们一一赋分。每个学生得到一个总分数,表明这个学生的道德品质水平。显然,这种测评是以被观察评定行为的缩减样本为依据的。这种样本必须保证足够的数目,否则结论就不一定可靠。

采取系统观察评定法测评道德品质,西方盛行于 20 世纪 30 年代,40、50 年代有所停滞,70 年代后随着新行为学派的出现,又有新的发展现在仍是运用最为广泛的一种品德测评法。这种方法特别适合于少年儿童或小学生,因为他们还没有完全发展到像成人那样善于在公开场合中伪装和掩饰自己。另外,这种系统观察评定法对于那些言语表达能力差或有障碍的人的品德测评特别有效。有些人行为表现都很好,但是因为语言表达或自我认识判断能力差,而采取问卷测验法常常效果不佳。

系统观察评定法与其他各种方法相比,其他各种方法虽然有既相对统一又标准化的测验情境,在这些测验情境中因人而异的测评结果具有一定的可比性,但是它们需要人们花费许多人力、物力去准备、设计测验情境而且所获资料并非真实情况中的行为资料。系统观察评定法是依据道德主体自然出现在日常生活中的各种情况,虽然没有前述测验情境中那种一致性,在日常的生活情境中也不一定会出现我们观察中所特别关注的行为。然而个体在这些情境中的行为却具有现实性与真正的自然性,代表了个体的真实道德品质面貌。同时也不需要我们另外花费精力与时间去设计测验情境,而且这种系统观察评定法既适用自然生活情境也适用实验情境,适用范围广。

　　然而系统行为观察评定法也有它的局限性。首先是观察过程中要花费观察评定者许多时间,每个被测对象都需要往复地从某瞬间到几小时之久的多个观察期的观察,才能获取相对完整的资料。记录行为表现与最后分析评定所记录的结果也是相当费时的。其次,系统行为观察评定存在主观性与偏见性。任何观察都是有所选择的。我们不可能观察和记录个人行为的所有方面,测量学家桑代克说过:"利用词语对一个活泼的孩子,即使是 5 分钟时间的生活情形,作出十分充分而详尽的描述也是不可能的。"①当我们决定观察记录这些而不是其他一些行为的时候,就已受到主观偏见性的某些影响。当我们对所观察记录的行为进行评价与处理时,也必然会受到主观性、偏见性的影响。例如当我们对所观察的行为进行定量分析时,必须对它们分类、综合与计算。任何分类系统,都是一个或多或少带有任意性,其实是将生活现实中无穷无尽的行为表现塞进某一范畴的框框,当我们决定某一行为应该归为哪一类时,实际就已对其价值作出评定。例如,8 岁的 A 拥抱了 8 岁的 B 这一行为,可能有人会把它归为钟爱行为,而有人会把它归为攻击行为,最后对所有行为记录作

---

① 参考《心理与教育测量与评价》下,第 234 页。

出综合评价时,主观偏见性更是不可避免。这种观察评定的主观性与偏见性虽然可以采取一定的措施加以控制,但不能彻底根除其影响。当行为现象十分复杂或解释范围宽广时,其影响就更大。

再次,行为观察评定法容易被表面现象所迷惑而流于表面。这种表面性在偏离行为主体及其他行为孤立片面地去分析一小点一小点的行为时,就会更加明显增大。

5. 行动记录法。"行动"在这里不是心理学中的所谓行动,而是指道德品质行为。①日本的"行动记录"法是根据 1984 年 2 月 27 日日本文部省通告而制定的。其记录的内容主要是学生的品德表现与性格特点,包括评定、所见及兴趣特长三个方面。

所谓评定,即我们所说的测评,它是依据一定的测评项目,要求按 A、B、C 三个等级进行记录。A 为优秀,B 为普通,C 为需要考虑给予特别指导。每个测评项目的测定与记录,都是以学生明确的行为特征为依据,对于那些特征不太明显或者说难以判定的项目,可以不加测定而仅画一斜线,对于那些特征明显但属于测评项目范围之外,则可以进行补充并加以测定与记录。

有关资料显示,日本有关道德品质行为与性格特征的测评项目,中学品德行为测评目标共有 12 项:基本的生活习惯;乐观与活泼;自主与自律;上进性;责任感;创造能为;同情性;宽容与合作性;爱护自然;勤劳与奉献;公正与公平性;公共性。小学品德行为测评目标共有 11 个,它们分别是:基本的生活习惯;乐观与活泼;自主性与意志坚强性;责任感;创造能力;同情性;合作性;爱护自然;勤劳与奉献;公正与公平性;公共性。

为了做好上述三个栏目的测评记录,这种方法要求测评者平时要仔细观察每个学生,做好行为表现的事实记录,或者多查看掌握有

① 参考[日]辰见敏夫编:《教育评价法》,第 408 页,1986 年,协同出版社。

关的调查资料,或者借用一些全国性的调查表对照检查班上学生的品行表现,积累材料与依据。

要求所测评记录的内容侧重于发掘学生的长处与潜能,帮助其克服缺点与不足,具体地说,包括以下六个方面的内容:

(1)从整体上捕捉学生的道德品质特征,并作概括性记述;

(2)记述在各学科,道德特别活动及其他集体活动中观察所获得的品德特征;

(3)对那些够不上评定符号"O"的项目,对那些缺乏充分判定依据的优点,要把其中有把握的那一小部分优点或长处加以记述;

(4)记录学生整个行为特征中最为突出的优点;

(5)记录学生整个学年中进步最明显的优点;

(6)记录那些应特别注意的指示意见以及儿童的健康状况。

指导参考诸事栏纪录的内容,除兴趣与特长外,还包括校外生活中的显著行为以及奖励表扬。

行动记录法发展的历史启示我们,行动记录法的作用主要有四个:①使学生整个学年的全体行为特征明了化;②让学生注意到自己的长处与发展潜力,促使其为争取更好的测评成绩而努力;③为学生的品德教育提供重要依据与意见;④通过测评记录行为特征,使老师发现学生的长处与潜力。

行动记录法是以可视行动为主要测评对象的。行动即逐渐被定义为测评者能够把握、明了其状的行为或品行。行动记录法是以可以捕捉到的行动为主要测评对象。有些行动虽然是可见的,但是很难捕捉到。例如那些舍己救人、与坏人搏斗等惊险助人行为,虽然给人印象深刻,但却极少遇到,因此品德测评应以日常学习生活中经常可以捕捉到那些行动作为测评对象。这样才能提高品德测评的信度或可靠性。

然而并非所有的品德行为都可视,都可以捕捉到,也存在一些不可视与难以捕捉到的行动。例如,采取行动的动机和诱发行动的因素等,对道德品质测评十分重要,但却既不可视又难以捕捉;还有一些行动,虽然看见容易,但要看准、看透却极其困难。因此,观测者应努力提高观察能力与观察水平,从多角度、多方位对所观察的行动进行综合分析,平时要多加留心观察,搜集与积累各方面的品行资料与情报。例如,各学科的学习记录、特殊活动的记录、班级生活笔记、小组讨论记录及寒暑假的作文、调查报告,其他教职员工、保健人员、社区负责人等提供的观察结果及其情报,对于道德品质的测评、诊断与分析,都是极其重要的。

6. OSL 品德测评法。OSL 品德测评法是我国近阶段一些德育测评者提出的新方法。它是一种以品德教养为目的的行为测评方法,或称为"养成品德测评法"。O、S、L 就是品德养成结果主观测评的一种简便标记符号,其中 O 代表 On(做到),S 代表 Short(稍差),L 代表 Long(较差或需努力)。具体测评时,以 O、S、L 的符号分别代表"做到"、"稍差"、(需努力)三种差异情况。这样既便于记录,又可以避免直接显示层次差异对被测评人带来刺激作用。

学期末综合时,累计 O、S、L 的个数并分别表示为 m_1、m_2、m_3,然后用公式 $P = 3/2m_1 + m_2 + 1/2m_3$ 或者 $1/2(3m_1 + 2m_2 + m_3)$ 算出总分。式中 m_1 为 O 的个数;m_2 为 S 的个数;m_3 为 L 的个数;P 为总分。在品德测评的报告书中,使用"优秀"、"良好"、"中等"、"尚可"、"需努力"等词语代表等级。"优秀"为 $P > 85$;"良好"为 $75 < P \leq 85$;"中等"为 $65 < P \leq 75$;"尚可"为 $55 < P \leq 65$;"需努力"为 $P \leq 55$。在使用这一方法对学生品德做出评定时,还要特别注意学生的自我测评,以了解学生个人自主意识和主体观念的"自律"水平。[1]

---

[1] 参见肖鸣政《品德测评的理论与方法》,福建教育出版社 1994 年版,第 503—506 页。

7. FRC 品德测评法。FRC 品德测评法是一种事实报告计算机辅助分析的考核性品德测评法。FRC 是"事实报告计算机测评法"的缩写，F 代表英文单词 Fact(事实)，R 代表 Report(报告)，C 代表 Computer(计算机)。该方法旨在借助计算机分析技术从学生品德结构要素中确定一些基本要素，再从这些基本要素中选择一些表征行为或事实，然后要求学生就自己是否具备这些表征行为和事实以个别谈话或集体问卷的方式予以报告。学生所报告的表征行为与事实，经计算机信息处理后储备于个人品行信息库中，然后由计算机根据专家仿真测评系统就此进行分析，对被测试者的品德做出定量和定性的评定。[①]

三、由认知、行为综合推断道德品质的方法

知识行为测评法的理论假设是，有知无行不是德性，有行无知是不具有道德意义的行为，至少说是不完全的德性。既知又行，既行且知，这才是真正的德性。故知行结合统一的测评，才反映道德品质的真实水平。这种方法在中国、日本、韩国等国家都有使用。

1. 日本的认知、行为测试法。日本学者把道德品质定义为个体"依据一定社会的善恶原则及规范标准所作出的一致性行为"。[②]因此，在对道德品质测评时，他们把道德品质划分为三个层次：规范意识、实践意识以及行动面。不同的层次采取不同的测评方法。规范意识与实践意识的测评，一般采用客观测试、情境测试以及问卷测试等方式；行动测评一般采取自我诊断、是非判断、行动记录等行动测评方法。其具体内容如下表：

[①]　参见肖鸣政：《品德测评的理论与方法》，福建教育出版社 1994 年版，第 536—539 页。

[②]　参考［日］辰见敏夫编：《教育评价法》，协同出版社 1986 年版，第 408 页。

道德品质结构因素及其测评方法表

道德品质结构因素		测评主要方法	备　　考
意识面	规范意识	情境测试 客观测试	以与智育测验相同的形式测试道德判断力、知识、思维能力等。
	实践意识	自我诊断测试	其测试对象主要是学生的态度与品行，测试方式并不是客观判断，而是自我诊断。
行　动　面		是非判断测试	以学生平时相互之间对具体行动的观察结果为基础。
		教师评定法	以教师平时对学生具体行动观察的结果为依据。

　　日本学者把道德品质划分为意识层与行动层，并分别采取不同的测评方法，这对我们是有启发的。它的规范意识层相当我们所说的"知"，而实践意识层相当于我们所说的"情"与"意"，行动面即相当于我们所说的"行"。"知"可以通过一般测验形式进行短时测评，"情"与"意"既可以通过自我诊断或情境测试形式进行短期测评，也可以通过长期的观察进行评定。而"行"的测评则必须以教师长期的观察评定为主，再辅之以短期的情境测试。

　　2. 韩国的认知、行为测评方法。韩国把德育定义为：道德规范的内化、道德习惯的形成以及道德判断力的提高。[①]由此不难看出，韩国道德品质测评包括规范意识、道德判断与行为习惯三个方面。他们道德品质测评中所遵循的原则有四条：一是对道德品质结构中的诸要素施以综合测评。因为道德品质发展较为成熟的学生，绝大多数情况下，其道德判断、情感体验以及行为反映总是综合在一起的；二是测评过程与测评结果应力求客观。道德品质测评应尽量采用多项选择等客观测验的形式，实现测评的公正性、客观性。三是道德品质测评过程中所采用的材料、例子与问题，尽可能不要依赖于教科

――――――――――

　　① 　参考［韩］李美英："中学德育情意领域的评价方案"，《教育研究》，1991年。

书,否则,所测评到的结果可能就是学生对所教道德书本知识的记忆。四是道德品质测评的内容与方式,要最大限度地有利于德育目标的实现和学生道德品质的发展。

韩国比较重视道德品质测评方法的研究,但所研究的方法比较适用于规范意识、道德判断的测评,不太适用于道德品质行为的测评。他们所提出的、关于道德品质测评的内容与方式,要最大限度地有利并促进德育的发展与学生道德品质水平的提高,以及坚持量化方向、提高测评客观性等思想,很值得我们注意。

3. 中国的认知、行为测评方法。在中国采用这种方法的人,他们主张把道德品质测评与思想品德课的学习成绩的测试结合起来。认为完整的道德品质行为应包括知与行两种因素,道德品质测评既应考其相关的知识与判断力,又要观其实践行为表现。在中国高校、中小学广泛应用知行结合的方法对道德主体进行评价的基础上,并且这种评价的量化趋势越来越彰显,而且在许多高校、中小学的道德品质量化评价已经成为事实存在。

由认知、行为综合推断道德品质的方法使道德品质测评趋于合理。人们是否可以把某一行为作为测评对象,取决于行为主体对这一行为是否具备了鉴别是非的认知能力。当一个四五岁小孩误把老鼠药放入食物中毒死人时,人们不会判他不道德。当一个疯子破坏了公共设施时,人们也不会去谴责他动机不良。因为人们确认小孩和疯子对他自己行为的是非无能力辨别。因此,把道德知识作为道德品质测评的有机组成部分是必要的。但这种方法掌握不好,道德品质测评中容易以知识考试影响行为考核,降低测评结果的效度。

在上述三大类道德品质测评中,各自针对不同的对象,构建了不同的方法,当然还有很多方法没有涉及。这些方法具有各自的优点,也存在不足,需要进一步完善和创新。

第三节 新时代大学生道德品质量化测评原则和方法

一、新时代大学生道德品质量化测评原则

在新时代大学生道德品质测评具体化操作过程中,从宏观到微观,从设计到实施,都必须遵循以下一些基本原则。这些基本原则既是新时代大学生道德品质测评具体化操作实践经验及其技能技巧的科学总结,又是道德品质量化测评实践的思想方法。

1. 方向性原则。方向性原则是指整个新时代大学生道德品质测评具体化操作工作必须前后一贯,始终与新时代的道德要求相一致,而且要注意利用道德品质测评目标的导向作用,使人们的道德品质发展的方向与新时代的道德要求方向相互一致。这一原则是由社会的发展要求和人的全面发展要求所决定。在我国建设有中国特色的社会主义时期,这一原则就是由新时代的中国特色的社会主义性质所决定。

2. 教育性原则。教育性原则是指负责道德品质测评的人,在新时代大学生道德品质测评具体化操作中要发挥道德测评的教育作用,使道德测评过程成为一种教育过程,而不仅仅是一种评定过程。

这一原则是由德育过程的规律和道德品质评价的性质所决定的。德育过程是一个长期反复与不断提高的过程,尤其是大学生,他们的道德品质正处于形成发展的时期,道德品质还不稳定,加上经验不足,能力较差,他们的道德品质容易受环境影响而发生变化。因此,道德品质测评对学生目前的不足不能妄加"定罪"。另外,道德品质测评,始终要注意强调它是德育工作的一个环节,是为德育服务的。因此,道德品质测评应侧重于改进和促进德育工作,而不是去干

扰或破坏德育工作。

教育性原则的贯彻,首先必须重视发挥测评客体(被测评者)自我测评的积极性和自觉性切忌使测评客体把测评看成是被动地接受检查,并注意防止测评客体产生抵触情绪。在德育效果或道德品质水平的测评中,测评客体本身的自我测评及其对测评的所持的态度,对测评结果的准确性与客观性有着很大的影响。因为测评客体本身积极参加测评,能够为测评提供更加全面、更加丰富的测评信息,从而能够使测评的结论有更加客观的测评依据;同时,测评客体积极参加测评,也有利于改进德育工作,引起测评客体及其有关主体的重视和努力,调动一切积极因素。

其次,贯彻教育性原则,还应把测评与指导结合起来,使测评客体与第三者能够真正理解测评结论,明确改进教育工作的方向或自己所应努力的方向,增强信心,纠正缺点与错误。测评之后给予指导,对测评客体来说更具有重要意义。尤其是对青少年,他们对自己的缺点与不足容易失去克服与改进的信心,对于自己的优点,则容易产生骄傲自满的情绪。如果在测评的同时辅之以具体的指导,则道德品质测评的过程就真正成为了一种教育过程。

再次,贯彻教育性原则,还要注意正确处理与利用测评结果,注意使测评结果成为促进德育工作和测评客体的良好道德品质形成的积极因素,避免产生打击、伤害测评客体的积极性和自尊心的消极因素。

3. 客观性原则。客观性原则是指在制订测评方案、建立测评目标体系及开展测评活动时,都必须符合德育活动及道德品质形成的客观规律。

这一原则是由德育活动与道德品质本身的特点、德育测评和道德品质测评的内在要求所决定的,如果德育测评或道德品质测评缺乏客观性,仅凭个别人的主观臆断,那么,测评对于德育工作和道德品质形成不但不能起促进作用,反而会起阻碍或消极的作用。

客观性原则的贯彻,首先要求测评目标体系本身制定具有科学性,要求目标体系能够反映测评对象和测评内容本身的特点。

其次,要求测评的方法合理,与测评的客观需要相适应。有人认为,道德品质测评的客观性就是定量性。量化的程度则说明客观化程度越高,忽视了道德品质本身的特点。毫无疑问,数学方法本身的科学性与客观性是不容置疑的。然而方法本身的客观性并不等于测评结果的客观性。例如,当我们用一个天平去测量物体的体积时,虽然天平本身具有非常客观的标准,但我们却不能因此说,由它去测得的物体体积也是准确的。因为当物体的比重发生变化时,重量与体积之间并不存在正比例关系。因此,一方面我们在测评过程中,要尽量采用模糊数学与统计学的理论与技术,对获取的信息尽可能地量化,使测评结果尽可能客观、准确,避免主观随意性。但另一方面,因为作为精神产品的道德品质是非常复杂的存在状态,因此,测评不宜过分追求数量化、而应把测评结果的量化、测评结果的解释和道德品质特性的评语很好地相互结合起来。

再次,实施道德品质测评时,要注意控制无关因素及主观因素的影响,保证测评过程的客观性,测评的客观性将使测评的结果能够得到社会舆论和有关认定主体道德品质的单位、个人一致拥护与赞同。实际上,只有当测评结果获得了整个集体和社会的一致支持的时候,测评才有力量,才有权威,才能对德育工作和道德品质起评定和促进作用。

4. 综合性原则。综合性原则是指要用全面联系的观点去测评德育工作和道德品质,而不能孤立地测评其中某几个因素。这一原则是根据德育过程及其效果具有多层次性,道德品质形成是由多种因素综合作用所提出的。

综合性原则的贯彻,首先是必须建立一套能全面系统地反映德育工作测评和道德品质测评对象的目标体系。

其次,要采取不同的方法来获取各种信息。例如,对于道德品质测评,可以采用笔试的形式并结合思想品德课的教学考试来考查学生对特定道德内容的掌握程度;用问卷、谈话及观察等方法来考查学生的道德行为。然后,分析与综合各个方面的测评结果,得出评价结论。

值得注意的是,道德品质表现是多方面的,又是相互联系的,对单方面测评结果的简单相加并不能得出道德品质的整体结论,而必须参考道德主体行为的所有方面,从道德主体整个时期的动态发展和横向比较中全面综合地测评其道德品质。也就是说,贯彻这一原则,要注意时间与空间上的综合性,既要对行为在时间和空间上进行测评,又要对认知进行对应测评,做到行为测评与认知测评相结合。

5. 动态性原则。动态性原则是指道德品质测评的目标体系要具有一定的变化性。这一原则是根据德育过程的规律及道德品质本身具有一定的变化性所提出的。

德育过程是一个受多种因素影响的劳动过程。德育效果的形成与反映也有一个发展过程。另外,人们的道德品质随着社会的变化而变化,同时,由于社会的发展变化,又对道德主体提出新的道德要求。对于新时代大学生而言,他们的道德品质正处于形成与发展时期,会随着时间与环境的改变而不断变化与发展。因此,随着道德要求的变化、德育工作性质的转变,以及测评对象的道德品质的变化,要注意动态把握。

动态性原则的贯彻,首先要求测评者要不断地检查目标与测评工作,以便及时地对测评目标和测评工作作出修改或调整,以适应德育要求的变化。

其次,对测评目标的内容及外在道德规范价值量予以相应的再认定,以适合对不同道德主体的测评。

再次,测评德育工作的效果,不能凭一时一事作判断,而要看过去、现在和将来的发展全过程,既要看原有基础,也要看进步与发展趋势。同样,测评一个主体,既要测评他(她)现在已达到的水平,即静态测评,同时又要纵观主体的过去,预测他(她)将来的发展趋势。尤其要注意测评主体自我修养的态度与能力。因为自我修养的态度与能力是主体进一步发展的动力。只有注意贯彻动态测评的原则,才能通过对主体现有的道德品质水平的测评去促进主体的自我修养,发挥测评的教育作用。

6. 可行性原则。可行性原则是指测评要简单、方便,能为人们所普遍接受。这一原则是由测评工作的实践要求所提出的。道德品质测评的可行性,在一定程度上将决定它能否在更大的范围内开展起来。

可行性原则的贯彻,首先要求测评者从实际情况出发,分层次、分类别进行测评,使测评的结果相互具有可比性。

其次,制定的目标体系要适宜可测。若目标体系过于繁琐,主次不分,则测评工作十分麻烦,造成浪费。若目标体系过于简单,则又不能反映测评对象或内容的全貌,有失偏颇,同时,按照这种目标体系测评的结果必然是片面的,会把德育工作及主体的发展引向死胡同或错误的方向上去。

再次,整个测评过程要力求简化,做到简易可行,切忌繁琐复杂。总之,从制订测评方案,确定测评对象,建立目标体系,选择获取信息的方法,对测评信息的统计分析以及测评结果的运用与解释,都要从实际出发量力而行。

7. 有序性原则。有序性原则是指新时代大学生道德品质测评目标的内容及标准,要根据新时代大学生道德品质发展顺序及其螺旋式的发展特点来确定。这一原则是根据德育内容的阶段性及思想品德形成具有一定的顺序性而提出的。

这一原则的贯彻,首先要求测评目标的排列要与思想品德的发展顺序及实践中人们测评的习惯顺序相适应。

其次,外在道德规范价值量应针对不同阶段主体的实际情况进行重新认定。因为主体在不同阶段具有不同的心理特征,同时,社会对他们所提出的道德要求也不同,因此,相同的道德规范相对于不同阶段的道德主体的重要性可能不同。

再次,要求测评目标的结构排列要遵循主体道德品质形成与发展的自然顺序。因为大学生的道德品质系统虽然是处于不断变化与发展的过程中,但这种变化与发展不是随意的,而是依据一定的规律而形成发展的。在道德品质系统发展的总序列中,各子序列发展的顺序不能颠倒,系统的发展不能逆转。因此,测评目标的结构排列应有不同的层次性与一定的顺序性。

8. 大阶段原则。这一原则指的是新时代大学生测评工作要按半年、一年、两年的大阶段来测评。这是因为:一是道德品质的形成是一个长期并具有反复的过程,因此德育过程也是一个长期而反复的过程,德育工作的效果不能在短期内显现出来,有时显现出来的德育效果又隐没了或倒退了,有反复性。因此必须从时间的整体与工作的总体上把握德育的效果。二是一个人的道德品质是在长期的行为中表现出来的。因此,对道德主体的道德品质测评不能短期实现,而要经过一个较长的时间段。

二、新时代大学生道德品质量化测评方法

新时代大学生道德品质测评具体化操作方法主要包括测评对象的确立方法、测评目标的确立方法、测评目标的价值定位方法、道德认知水平测评方法、道德行为水平测评方法、道德知行离合情况测评方法和道德品质水平测评方法等。

1. 新时代大学生道德品质量化测评对象的确立方法。道德知行

测度可以揭示新时代大学生个体的道德知行情况及其道德品质水平，也可以揭示新时代大学生群体的道德知行状况和道德品质水平。当其揭示新时代大学生个体的道德知行情况及其道德品质水平时，测评对象就是新时代大学生个体的道德认知、道德行为、道德品质；当其揭示新时代大学生群体的道德知行状况和道德品质水平时，测评对象的确立有两种方法，一是把新时代大学生群体的每一位成员的道德认知、道德行为、道德品质都作为测评对象；二是为了操作简单，根据统计学理论，可以在群体中采取随机抽样法，随机抽取 m 个个体代表群体，把此 m 个个体的道德认知、道德行为、道德品质作为测评对象。

2. 新时代大学生道德品质量化测评目标的确立方法。新时代大学生道德品质测评目标的确立，首先要明确测评目标是什么？道德知行测度理论是以道德、道德品质都是道德规范体系为前提的，并以道德规范为测评对象的价值标准或尺度。由此可见，道德知行测度理论的测评目标是道德规范体系。但是，道德规范是人们根据道德关系、道德要求制定出来的，而在现实中，虽然在长期的历史文化中积累了许多的道德规范，还仍然不能够满足道德测度理论的需要，因此，道德规范的具体化构建是道德知行测度理论测评目标确立的根本性工作。

其次，道德规范的具体化构建。道德规范作为社会生活对人们的一种要求，它是体现人们在道德生活中应当如何行为的规范总和。任何一个社会对人们都有一定的道德要求。社会性质不同，人们的社会生活方式不同，对人的道德要求也就不同。同样，时代和社会发展阶段的不同，道德规范体系构建的要求也会不同。因此，我们在应用道德知行测度理论时，就要根据特定的道德要求和道德准则进行道德规范的具体化构建。

3. 新时代大学生道德规范的价值定位方法。道德规范是道德评价的依据和标准,尤其在道德品质量化测评中必须对道德规范进行价值定位。此处涉及两个问题,一是对具体的道德规范进行价值定位,二是对不同性质的道德规范如何进行同一定位。本文用新时代社会主义核心价值观作为统一标准,建立道德规范价值量的共性量,从而对不同性质的道德规范进行赋值,实现对新时代大学生道德规范在数量上的价值定位。

4. 新时代大学生道德认知水平量化测评方法。道德品质的知,是个体对一定社会的道德的基本观点,及其价值、规范的认知。包括对有关事物是非、好坏、美丑善恶的辨别、评价及其相应的智能,它是个体道德品质整个结构中最为基本的因素。从心理学角度来看,它与布鲁姆在教学目标中所划分出的一般认知因素没有实质性的差别。因此它实际上就是一种特殊领域中的具体认识,我们可以对这一因素进行类似的分类。

(1) 知识:一般指对道德的具体行为规范、事例与普遍原理的回忆,或者对与其有关的方法和过程的回忆,或者对与其有关的模式、条件、结构或框架的回忆。

1) 个别的特定内容的知识:这种知识是一些具体的、零碎的和涉及范围最小的道德知识。它可以具体地分为以下两种:①术语知识:即对于道德和行为规范具体名词或符号(言语或非言语)所指事物的知识。它可以通过指出属性、特征或关系来解释或列出专用名词的方式来测量;②具体事例事实的知识:即对有关道德方面日期、事例、事件、人物、地点等的知识。

2) 评价方式方法的知识:即指辨别判断和批评道德领域中具体事物的方法知识。它所涉及的对象往往不止一个,而是要参照同一对象的属性、特征、关系,或个别对象在整体中的关系进行判断或批评。它可以具体分为以下三种形式:①关系特征知识:即对各类事物关系的知识、共同类事物本质特征的知识;②准则知识:有关检验、判断或评论各种事例、事实、现象、行为和观点所依据的准则知识;③评价方法知识:即有关判断与评论道德领域中事物技术、方式和程序的知识。例如对道德行为与不道德行为的区别的方法知识。

3) 处理具体问题的方式方法知识:即有关道德领域中具体对象的研究和处理的方法知识。这种知识主要表现在它的实践性上。具体地说,它有以下几种形式:①惯例知识:即对于表达各种观念和现象特有方式的知识;②趋势和顺序知识:即有关道德领域各种现象、事物及其发展过程在时间上、方向上趋势的知识;③分类与范畴的知识:即对于道德领域中的有关现象、事例或对象的类别、组织、部类及排列的知识;④方法的知识:即认识与控制自己各种行为的方法知识。例如对于如何改变与克服自己上课爱说闲话习惯的知识。

4) 道德领域中普遍准则、法则和抽象理论的知识:即关于如何将道德领域中的某些现象、概念组织起来的主要方案和主要方式的知识。这是一些容量广阔的结构、理论和通则,是用来进行思维并产生新知识的必备性知识。它有两种形式:①原理概念知识:这种知识是从具体的观察中抽象出来的。例如尊老爱幼、尊师爱生就概括了社会主义关系中儿童与成人的具体关系;②理论结构知识:即有关许多原理与概念实质或框架的知识。这是在道德领域中占据支配地位或常用于研究问题、解决问题的基本理论。它们处于高度抽象和复杂的水平上。例如对集体主义是社会主义道德原则的有关知识。

(2) 理解:指对道德方面的理论、事实或现象整体的领会、微观的分析及宏观的综合。它表现为以下三种水平:

1) 领会:指对道德理论、事实或现象的了解或领悟。这是一种整体上的模糊的理解。它表现为个体正在与人交流的是什么,而不必与其他辅助性的材料相联系,并不必弄清其全部含义便能运用它、理解它。这种领会通常以转换、解释和推断三种形式来表现:①转换:指在将认识对象中包含的道德的信息用易懂的文句重述或将其从一种语言或思想行为翻译转换成另一种语言或交流形式时所表现的理解。例如能将"助人为乐"这一语言形式中所包含的道德信息以某种具体的行为来举例说明。实际上转换是最低程度的理解。它可以依据忠实程度和准确程度来测评。即看信息形式变换后原始信息的内容保存到什么程度;②解释:指能够用自己的语言或一些基本原理准确地说明或高度地概括道德领域中的某些理论、事实或现象。例如能用生产力和经济基础的关系来解释某些社会现象。解释可以依据其准确性与全面性的程度来测评,它不同于转换。转换是把一项信息一部分一部分地表述,而解释则包括对材料的重新排列、整理或赋予新的看法;③推论:指超越眼前道德现象、事实、资料的限制,把它们推广到书籍范围之外。例如根据存在决定意识这一原理推断一个从小失去家庭温暖流落街头的小孩可能会产生哪些不良行为。推论式的测评可以以推论中与书籍条件相符合但又不相同的信息量为依据。

2) 分析:指对道德领域中某一理论、事实或现象要素及其关系的寻找与辨认。其目的在于弄清对象的组成成分、层次结构、内部关系及来龙去脉。实际上这是一种对事物内部结构的理解。分析按其对象的不同可以分为要素分析、关系分析和原理分析三种:①要素分析:指辨认某一现象、事例和材料中的各个要素。例如辨别某次打架现象产生的原因或后果;②关系分析:在要素分析的基础上,对诸要素与各个部分之间的关系和相互作用的分析。例如分析某人好吃懒做与道德败坏的关系;③组织原理分析:指对于组成某一现象、事实或材料的各个部分成为一个整体的组织体制、排列方式和结构方法的分析。这里包括对"明显"的和"隐涵"的结构关系的分析,包括对基础、必要条件及其机制的分析。

3) 综合:将道德现象各个有相互关系的诸要素或部分组成一个整体,构成有别于原来的形式与结构。这种形式与结构可能是一个过去尚未明显存在过的。这实际上是对事物各要素或组成部分宏观关系的理解。按其综合的程度可以分为以下三种形式：①表达内部的思想：指组合所学过的知识或经验使他人明白自己的意见、情感和经验。例如向他人或组织汇报自己的思想情况；②拟定计划：指综合自己的各种知识、经验与当前任务编制一个工作或学习计划；③设计构想：指从许多已知的资料信息中概括出一套能够区分或解释具体事实现象的理论框架，或从一组基本原理或理论中演绎出若干命题和关系来。

（3）应用：指将道德领域中抽象的概念、原理或方法用于特定的具体情境中。根据应用的复杂程度又可以分为两种水平：

1）运用：指将有关道德方面的知识用于特定的具体情境中解决某一问题，例如能将矛盾对立统一规律来解释自己行为的改变。

2）评价：指根据一定的目的、理论或准则来判断一件事情的价值。按标准可分为以下两种形式：①依据内部的证据判断：指判断事实、行为或现象内部的组织是否符合逻辑性、同一性等内在性准则的要求。例如依据道德形成机制的理论对道德败坏是遗传的结果这一结论进行批评；②依据外部的准则判断：指根据所选择的或回忆的准则对某一现象或符合程度作出数量上品质上的判断。例如将自己的行为与雷锋同志的行为进行比较，或依据学生守则对某人的行为进行评价等。

道德认知的检测，就是根据上述的道德认知的内容，设计检测道德主体的试题，从而来检测主体的道德认知水平。这种方法在大学生中是经常应用的。在道德知行测度理论应用中，所不同的是要针对具体的道德规范设计试题，来检测道德主体对具体道德规范的道德认知。

5. 新时代大学生道德行为水平量化测评方法。道德行为情况检测，主要是检测道德行为的质量，也就是道德行为程度。检测道德行为质量的方法,在中外相关理论中有许多种。譬如:哈特逊和梅(Hart-shosn,May)的品德测评法,卡特尔 16 因素个性问卷测评法,认知学派的道德判断测验法,詹金斯活动性量表测验法,威特金行为操行间接测验法,投射测验法,系统观察评定法等。不管采用哪一种方法对道德行为进行检测,都是对道德行为所表现出来的知、情、意的认定。因此,对主体道德行为自身的进一步分类,及其在道德行为中所表现出来的知(在上文已作分析)、情、意的进一步分类,显得尤为必要。

(1) 道德品质中的行,是指个体在道德领域中的行为习惯。它是一种基于道德品质的知、情、意的基础上形成的稳固的动力定型。它使主体对道德要求与规范的遵守变得更加容易。倘若受阻就会引起消极的体验。良好的行为习惯是主体由零散片断的道德行为转化为系统的道德品质的关键因素,也是道德品质形成与发展的内部动力因素。它可以分为三个次级目标。

1) 行为定向:即个体的道德行为逐渐向符合道德要求与规范化方向发展。按其程度它可以分为以下两种水平:

① 表现出一些符合要求的规范行为,但不经常。例如上课能做到不讲闲话,但经常会违犯。

② 经常表现出符合道德要求的规范行为,但常常会结果不佳。即没有完全掌握正确行为的技巧,不能采取合理的行为方式或方法来表现自己的行为。如小学生中常出现好心办坏事、弄巧成拙的事情。

2) 习惯定型:即个体符合道德要求的规范行为已达到经常化自动化程度。按其程度可分为以下三种水平:

① 经常能正确地做出某些规范行为,但当阻止主体的行动时,不会感到不安或反感,例如小孩子常常在学校会自觉主动去扫地,而在家奶奶叫他歇着,小孩子便心安理得不扫了。

② 经常能自觉地做出符合道德要求的规范行为,但一旦受阻便

会引起消极体验,感到不安。例如有的人偶尔迟到一次就心感不安主动找老师或班干部说明情况。

③ 乐意的习惯:即个体的行为不但符合规范,成了习惯,而且还伴随着兴奋快乐之感。例如有的人每天都坚持早晨锻炼,每次跑步做操后心里就有一种说不出的愉快感。

3) 持久的习惯:个体的行为习惯有时会随着环境的改变而消退。持久稳定则与此相反,它指个体在某种环境中形成的习惯行为,不但在它形成的那个环境中能保持下来,而且还能在其他环境中终身地保持。它有下列三种形式:

① 环境性习惯:指个体在某种特殊环境中形成的行为习惯,仅仅能够在这种特殊的环境中保持。例如许多学生在校都有早起锻炼身体的习惯,但放寒暑假回家后,由于环境的改变就保持不了已形成的习惯。

② 阶段性习惯:即主体的某种行为习惯只限于他生活中的某一阶段,在其他生活阶段则不能保持。例如许多小学生在少年前期,见到长者就会主动行礼,但到高中阶段以后这种行为习惯就改变了。

③ 终身性习惯:即个体无论何时何地都能自觉地保持已有的行为习惯。例如助人为乐,就是雷锋同志终身性的习惯行为。

(2) 道德品质中的情,即为情感。它是个体从道德品质知识的因素出发,对道德方面的事实、理论、活动或现象等所体验到的爱憎好恶情感。它是个体道德品质中一个动力因素。它作为一种心理特征与一般的情感有许多相似之处。因此在某些方面也可以参照Krathwohl 等人的情感目标来分类。

1) 接受或留意:是个人对某种道德要求、道德现象或有关刺激存在的感知情形。具体表现为个体接受或留意到了这些要求或现象。按程度的不同有四种水平:

① 视而不见或不理不睬:个体对某种存在于他周围的道德要求

或道德现象熟视无睹。例如有人根本不把规则放在眼里。

② 知觉到了道德要求的存在。例如班主任讲解学生守则时,学生听了有关内容。

③ 愿意接受:留意有关的行为要求、事实或活动,但保持中立或不表示自己的态度。例如有人只想了解一下某人的先进事迹但并不打算向他学习。

④ 自觉地控制自己的注意,定向接受:即有意识地控制自己的注意或把接受的意愿定向到某个方面。例如当政治活动的消息与另一个文娱活动的消息同时播放时,能把自己的注意力集中并稳定于有关政治活动的消息广播上来。这种知觉主要不是指这项注意的选择性而更多的是指它的控制性,它不带有心理张力或评定意义。

2) 反应:即主体不但知觉到了有关的道德要求,而且还表现出某种兴趣并作出相应的反应。这种反应按其程度可分为以下五种水平:

① 负向反应:即个体对道德的要求、活动或现象流露出抵触情绪。例如当听到下午团组织生活是去郊外植树造林时,脸上就显出不乐意的表情。

② 默从反应:即个体对某种活动、道德要求没有明显的情绪反应,或者虽然有所反应但并没有完全承认这样做的必要性。例如有的人是顺从大家或出于服从参加某一活动。

③ 愿意反应:即个体对某种道德的要求、活动或事情表现出自动(主动)的情感反应。例如:一听到下午要外出劳动时自愿与大家一起去。在这里反应者对所作的反应有了相当充分的责任感,是出于"自愿"而不是怕受处罚。

④ 乐意或满意的反应:即个体对道德的现象、活动或要求表现出一定的兴趣。例如当某人一听到集体去做件好事立即拍手赞同或感到高兴。这种反应超过了同意、赞成的反应或自愿反应的情感,它

表现在作出行为后有一种满意感与愉快感。

⑤ 情趣表现：情趣是情感作用于兴趣的结果，它表现为主体对某种道德品质的喜爱与追求。例如不少人喜爱谦虚谨慎的人，自己也自觉地加强修养并由此感到快乐。

（3）道德品质中的意，是指个体在实践或修养思想品德过程中为一切内外困难所作努力的顽强性。意志以思想认识为基础以情感动力并与行为紧密相联，具体体现在学习与工作中。它是克服困难调节行动的精神力量。我们可以按个体克服不同程度困难或矛盾时的行为表现分为三种水平：

1）在主客观要求顺利一致情况下的意志水平：即个体在周围环境非常有利或规范要求与主要思想动机相一致条件下的意志水平。它分别表现于以下三种行为中：

① 意志形成阶段的表现：即在开始贯彻执行某种规范要求之前的意向态度的表现。这种表现按其程度的不同有如下三种形式：一是紧张；二是彷徨不安或踌躇不前；三是泰然自若，始终如一。

② 意志决定阶段的表现：即指个体在即将贯彻执行某种规范要求时的意志表现。这种表现按其程度不同有以下四种形式：一是紧张；二是犹豫不决；三是思索了很久才下决定；四是迅速果断。

③ 意志执行阶段的表现：即指个体在具体执行某种规范要求时的意思表现。按其方向与持续的程度有下列三种表现形式：一是行为既无方向也无连续性；二是行为断断续续但表现出一定的方向性；三是行为始终如一向一个方向持续地进行。

2）在存在某些矛盾情况下的意志水平：即个体在主要思想动机与规范要求或环境条件存在某种矛盾时的意志水平。其分类形式与在顺利一致条件下的意志水平相同。

3）在困难的情况下或个体的主要思想动机与规范要求处于尖锐矛盾时的意志水平：即指个体处于逆境、主要的思想动机与规范要

求或环境条件相互对立或相互排斥情况下的意志水平。其分类形式
与在顺利一致条件下的意志水平相同。

　　根据上述对道德行为、道德情感、道德意志的具体分类,我们就
可以通过观察道德行为来对道德行为程度进行检测,从而在定性的
基础上,为具体的道德行为赋值。

　　6. 新时代大学生道德知行离合水平量化测评方法。新时代大学
生道德知行离合水平量化测评是依据新时代大学生道德认识测评结
果、道德行为测评结果计算知行离合状态的。针对同一个测评对象
和目标,测出其道德认识、道德行为量化数据,以此数据为依据进行
数据处理和比较,生存新时代大学生道德知行离合水平状态。

　　7. 新时代大学生道德品质水平量化测评方法。新时代大学生道
德品质水平量化测评是依据对道德规范价值量、道德认识、道德行为
等的测评结果,按照道德品质诸要素之间的逻辑关系构建数学模型,
进行数据处理而生存测评对象的道德品质水平状态。

第二章　道德的本质规定性

道德是一种社会意识,是特殊的意识信念、行为准则、评价选择、应当理想等的价值体系,是社会制定或认可的关于人们具有社会效用(亦即利害人己)的行为应该而非必须如何的非权力规范。是未转化为个人内在心理和人格的规范。

第一节　道德是一种社会意识

在中外伦理思想史上,对道德本质的认识是众口不一的。西方基督教神学家认为,道德是上帝意志的表现上帝在造人时,曾把德性赋予人类,但人滥用自己的自由意志,听信魔鬼的诱惑,违抗上帝的命令,犯下了原罪,走向堕落。只有诚挚地向上帝忏悔,恳求主的宽恕,热爱、信仰、寄希望上帝,才能重新进入幸福和道德的世界。我国汉代的大儒董仲舒说,"今善善恶恶,好荣憎辱,非人能自生,此天施之在人也".[①]他认为道德的本质乃是上天的命令和规定:"道之大原出于天,天不变,道亦不变。"这些观点把道德归于上帝或人格神的天,不但没有真正解决道德本质的问题,反而将其掩盖起来或推到神秘主义的彼岸世界。

除神学家之外,大多数唯心主义思想家认为,道德乃是精神的产物。主观唯心主义者认为,道德是受人的主观精神如先验的善良意志、自我意识、良心等决定的;客观唯心主义者认为,道德是客观精神

---

① 　董仲舒:《春秋繁露·竹林》。

如理念、绝对精神、天理的外化和表现。这些观点虽然看到了道德乃是人的意识或精神,但它把这种意识无限地夸大,以至于否定了其客观的社会基础和内容,使之成为自我决定、自我发展,甚至先于人和人类社会的东西,又从根本上歪曲了道德的本质。

马克思主义伦理学首先从批判这些错误的观点出发,揭示出道德的一般本质,认为道德既不是人主观自生的,也不是神的意志,道德的本质蕴藏于社会生活之中,道德是一种特殊的社会意识形态,受着社会关系特别是经济关系的制约。

对此,罗国杰在《伦理学》中作了详尽的阐述,书中认为:全部的社会关系可以分成两类:一类是物质关系即经济关系,它是决定其他一切社会关系的基础;另一类是思想关系,如法律关系、政治关系、道德关系等,它是通过人们的意识而形成的,受着物质关系的制约。具体而言,社会经济关系对道德的决定作用表现在以下几个方面:

第一,社会经济结构的性质直接决定各种道德体系的性质。有什么样的社会经济结构,就相应地有什么样的社会道德。社会经济结构即社会的生产关系包括三个方面,即生产资料所有制、人们在生产过程中的地位,以及消费资料的分配形式,其中生产资料的所有制是社会经济结构的基础。在人类历史上,社会的经济结构归根到底只有两种基本形式,一种是以生产资料公有制为基础的经济结构,一种是以生产资料私有制为基础的经济结构。与这两种经济结构相适应,也产生了两种不同类型的道德:一种是统一的社会道德,包括原始社会的原始共产主义道德和在资本主义社会萌芽、社会主义社会不断发展和完善并随着共产主义社会的实现而形成的全人类道德;另一种是对立的阶级道德,包括奴隶制社会中奴隶与奴隶主的道德、封建社会中农民阶级与地主阶级的道德,以及资本主义社会中无产阶级与资产阶级的道德。

第二,社会经济关系所表现出来的利益,直接决定着道德的基本原则和主要规范。恩格斯指出:"每一个社会的经济关系首先是作为利益表现出来的"。①这种利益作为道德的直接根源,决定着人们对个人利益与社会利益关系的理解和调整。原始公有制的经济,必然产生统一的社会利益,道德以风俗习惯这样的最初形态自发的维护社会整体利益,把个人利益从属于氏族部落的利益。在阶级社会,经济关系将人们分成两大对抗集团:剥削阶级和被剥削阶级。利益是从属于阶级经济地位的利益,从而造成阶级利益与阶级利益、阶级利益与个人利益、个人利益与个人利益的分裂与对立。统治阶级的道德虽然在名义上也强调社会整体利益,但这种整体利益不过是以普遍形式表达的少数剥削者的利益,是"虚幻的"整体利益。因此,他们维护社会整体利益,常常仅限于口头上,仅限于装饰门面,在实际生活中通行的确是"人人为自己,上帝为大家"的个人主义和利己主义。社会主义社会,消灭了阶级对立的经济根源,为形成真正的社会整体利益、为整体利益与个人利益的统一创造了条件,同时也为集体主义的道德原则和爱祖国、爱人民等道德规范奠定了基础。由此可见,如果社会上根本不存在共同的利益,那也就根本不存在全社会统一的道德原则和规范;只有在社会上有着根本一致的或完全一致的共同利益的前提下,才可能出现大体统一的道德原则和规范。

第三,在阶级社会里,人们在统一经济结构中的不同地位和不同利益,也决定着各种道德体系的阶级属性、社会地位和彼此间的矛盾斗争。"人们自觉地或不自觉地,归根到底总是从他们阶级地位所依据的实际关系中——从他们进行生产和交换的经济关系中,吸取自己的道德观念。"②在各个阶级社会的经济结构中,由于人们所处的经济地位不同,形成了不同的或根本对立的阶级利益。这些不同的

---

① 《马克思恩格斯选集》第2卷,第537页。
② 《马克思恩格斯选集》第3卷,第133页。

阶级利益,必然要形成各个阶级不同的甚至完全对立的道德观念、道德情感和道德规范体系,他们之间的矛盾和斗争,也总是围绕着本阶级的现实的和未来的利益而展开的。

阶级社会的经济关系,不仅决定着不同道德体系的阶级属性,而且直接决定着各种道德体系的社会地位。马克思恩格斯指出:"支配着物质生活资料的阶级,同时也支配着精神生产的资料,因此,那些没有精神生产资料的人的思想,一般地是受统治阶级支配的。占统治地位的思想不过是占统治地位的物质关系在观念上的表现,不过是表现为思想的占统治地位的物质关系;因而,这就是那些使某一个阶级成为统治阶级的各种关系的表现,因而这也就是这个阶级的统治的思想"。①也就是说,在阶级社会中,各个阶级的伦理思想及其道德体系能否居于社会的统治地位,最终是与这些阶级是否在当时的社会经济结构中居于支配地位相联系的。

阶级社会的经济利益,不仅产生了彼此不同甚至对立的道德,而且也是各阶级道德之间相一致的成分即全人类道德形成的根本前提。由于在同一社会中的各阶级,生活于同一社会经济结构中,处于同一历史发展阶段,有着共同的历史背景,从而形成了共同的利益。在共同的利益基础上形成的公共生活规则,调节着每一个阶级的行为活动。首先,共同的利益表现在人类征服自然的活动中。生产实践活动是人类第一的和首要的活动,而自然又是这种活动的基本对象。人尽管分为不同的阶级,但在面对自然时,人又结为一体,征服自然、改造自然以及保护自然,表现着人类的本质力量,代表着人类的共同利益。在此基础上产生的道德观念、道德要求,是全人类的共同财富,也应该为各个阶级的道德体系所吸取,成为支配人们行为态度的普遍准则。其次,在社会生活的某些领域,如在职业范围内,也

---

① 《马克思恩格斯全集》第 3 卷,第 52 页。

会由于经济活动而产生出共同的利益,由此而形成统一的职业道德要求、职业态度和情感。尽管不同阶级对职业道德的看法可以不同甚至相反,但维持职业内的特定秩序,延续职业的良好习惯,履行职业的社会责任,是由职业分工的共同利益决定的,应该成为职业内所有人的道德要求。我们今天不仅引进资本主义企业的技术,而且还借鉴、吸收和学习它们的组织管理等经验和方法,正是以此为基础的。第三,共同利益还表现在某一特定历史时期的几个阶级之间。这几个阶级虽然在经济地位上不同,但有着共同的政治利益。他们为实现这一利益,会暂时联合起来,形成共同的或相近的政治纲领,其中往往包含着共同的或相近的道德要求。例如,在 18 世纪法国大革命期间,在反对以波旁王朝为代表的封建专制统治的斗争中,农民、城市手工业者和资产阶级联合起来,提出"自由、平等"的政治口号和道德要求,形成了一股巨大的革命洪流。

但是我们也应看到,由于在阶级社会中,各阶级间共同利益是有限的,所以在此基础上产生的公共生活规则和共同的道德要求并没有成为各阶级道德体系的主要成分。并且由于各个阶级基本利益之间的对立,还往往给这些共同的道德要求打上不同阶级的烙印。特别是占统治地位的剥削阶级,为了维护自己的统治,总是要对公共生活规则加以歪曲、破坏或践踏,以致使这些本来是靠社会舆论和内心信念来维持的道德要求,不得不靠国家、法庭、警察等暴力手段来强制地维持和执行。只有在从根本上消除了阶级的经济对立、利益对立,形成社会的共同利益的时候,共同的道德才能出现并受到尊重,正如列宁所说:"人们既然摆脱了资本主义奴隶制,摆脱了资本主义剥削制度所造成的无数残暴、野蛮、荒谬和卑鄙的现象,也就会逐渐习惯于遵守数百年来人们就知道的、数千年来在一切处世格言上反复谈到的、起码的公共生活规则,自动地遵守这些规则,而不需要强制,不需要服从,不需要所谓国家这种实行强制的特殊机构"。①

第四,经济关系的变化必然引起道德的变化。这种变化一般表现为质和量两种形式。当旧的社会经济关系日益腐朽、新的社会经济关系日益形成时,旧的社会道德关系也必然随之日益衰微,新的社会道德关系便随之日益兴起。一旦旧的社会经济关系完全被新的社会经济关系所代替,新的社会道德便会或迟或早地取代旧道德而居于社会的统治地位,决定着新时代整个社会的道德面貌。尽管新道德总是要从不同的方面或多或少地继承前人的某些道德传统,但由于不同时代的人们毕竟生活于不同的社会经济关系中,有着不同的利益。因此它与旧道德也有着质的不同。由于社会关系的变革是一个由低级形态向高级形态发展的过程,因而历史上前后相继的道德体系也组成了道德进步的过程,表现着人类道德不断发展、不断提高。进而言之,在人类道德史上,一切道德上的兴衰起伏、进退消长,归根到底,无不导源于社会经济关系的变革。即使在同一个社会里,社会经济关系的某些变化,也常常引起社会道德的相应变化。当某种社会经济关系内部发生某些变化时,生活于这一经济关系中的人们,就会随着对自己利益认识的发展而不断地给道德加进新的内容,或赋予原有道德要求以新的意义。

综上所述,道德是在一定社会经济基础之上产生的一种社会意识形态。道德反映着社会和人类发展的要求,反映着特定阶级的利益。道德的内容、特征、发展和演变都是受经济关系制约的,具有人类精神的一般特征。同时,道德作为社会意识,又不能仅仅停留在精神领域,它要发挥作用就必须有特定的实际附属物,正像法律要借助于国家、警察,艺术要借助于语言、文字、物质材料一样,道德也必须借助于社会舆论、宣传教育,以及相应的实施机构等,并将它们包容

---

① 《列宁选集》第3卷,第247页。

于自身之中,成为社会上层建筑的一部分。道德作为社会上层建筑和意识形态,既具有相对独立的发展过程,又受制于现实社会的经济生活和政治生活,从而表现出与其他社会现象不同的一般本质。

第二节 道德是特殊的外在规范体系

我们把道德放在整个社会中进行考察时,就会发现道德是一种受经济基础决定的社会意识和上层建筑,从而恰当地揭示出道德的一般社会本质。但是当我们再深入到社会意识形态的内部,比较诸社会意识形态的异同时,又会发现道德还有着区别与其他意识形态的特殊本质:道德是一种特殊的调解规范体系。

在人类社会长期的发展中,人的活动、人与人的交往和联系会逐渐形成一定的秩序、节奏;在人与人尤其是个人与他人、个人与整体的关系中,也会相应地产生一定的要求。这些秩序和要求是人类社会实践的产物,也是人们自觉认识到的,正向列宁所说的那样,"人的实践活动必须亿万次地使人的意识去重复各种不同的逻辑的格,以便这些格能够获得公理的意义"。①秩序、公理、要求相对于个人而言是一种普遍的规律,是一种"应当",它们改变了人类早期时只知道"日出而作、日落而息",而不知道自己"应该"怎样生活的状况,使人们开始对自己提出了要求,开始把个别的、偶然的、特殊的活动与一般的、普遍的、必然的东西相对应,并把它们区分为现有与应有、事实与应当。因此,"应当"首先是一种关系,是一种人们自觉认识到的关系。"应当"立足于现有事实,但又不等于现有,应当是对现有的肯定与否定的统一,是从现有向应有的过度。只有对社会发展的规律必然性达到自觉时,才能发现应当的关系,也才能产生应当的意识。并

① 《列宁全集》中文第1版第38卷,第123页。

非所有的可能性都可以转化为应当,只有那既具有现实基础又符合社会内在必然性的可能才能形成应当,才能作为引导人们达到某一特定境界的应当关系而为人们所认可。其次,应当也是一种秩序,是一种"客观的"力量,支配、左右着人们生活的各个领域。应当本来就是从秩序中来的,但未发展为应当的秩序还是一种潜在的、无所依托的东西,既不为人们所理解,也得不到自觉地遵守。作为应当的秩序保留了原先的强制性,又具有了相当大的灵活性,人不是秩序的奴隶而是秩序的主人,因为正是人发现、制造了应当,形成了秩序。但应当作为秩序,就变为任性的对立物,它要求人放弃偏执,按照"应当"的生活方式、行为模式去生活、去行动。

应当表现为关系、意识和秩序,是联系社会生活、维持社会秩序存在的必要纽带。经过阶级、国家等群体有意识地加以总结、提炼、概括之后,就形成了人类社会特有的行为规范。行为规范不是单一的个别的要求,而是包括原则、准则、戒律、标准等多层次多方面要求在内的规范体系,是特定的行为方式和生活方式。它们共同组成一个规范之网,将人与人、人与社会联系在一起,保证社会生活的正常进行。

在古代社会,由于社会生活的单纯性和上层建筑的统一性,规范本身并没有或基本上没有分化,同一个规范既是政治的、法律的,也是道德的,甚至宗教的。但总的来说,社会的发展必然要造成规范的分化,形成既相联系又相区别的道德、法律、政治等各种上层建筑和社会意识形态。它们从根本上说都是受社会关系,尤其是经济关系决定的,都是以规范为核心内容的,但彼此之间又有着明显的区别。与政治、法律相比,道德的规范本质更明显、更突出,道德就是由各种各样的规则组成的规范体系。离开规范就无所谓道德。

王海明在《新伦理学》中对此说得更清楚,他认为:道德是社会制定或认可的关于人们具有社会效用(亦即利害人己)的行为应该而非必须如何的非权力规范。他在书中论述:"道"本义为道路。《说文》曰:"道,所行道也。"引申为规律和规则。所谓天道,大都指自然事物事实如何之规律,如子产曰:"天道远,人道迩,非所及也。"①所谓人道,大都指社会行为应该如何之规则,如《礼记》云:"亲亲、尊尊、长长、男女有别,人道之大者也。"于是,从词源上看,"道"与"理"实为一物,同是规律和规则。所以,段玉裁注《说文》"伦"字曰:"粗言之曰道,精言之曰理。""德"本意为得。《说文》曰:"(德),外得于人,内得于己也。""得即德也"。得到了什么呢? 从"德"字的构形看,从(直)从心:心得正直。于是,"德"便引申为"品德"、"道德品质"。可是,一个人的心怎样才能得到正直的品德? 只有长期按照应该如何的道德规范行事。所以,朱熹说:"德者,得也,行道而有得于心者也。"②这里的"道"(即与"德"相结合因而受"德"限定的"道",亦即"道德"的"道")显然只是指行为应该如何地规范,而不是指事物事实如何的规律。因为一个人按照事实如何的规律行事,并不能得到正直的品德;只有按照应该如何的规范行事,才能得到正直的品德。因此,构成"道德"一词的"道"与"德"的词源涵义也就都是指应该如何的行为规范。只不过"道"是外在规范,是未转化为个体内在心理的社会规范;而"德"则是内在规范,是已经转化为个体内在心理的社会规范。因此,任何规范,如"忠"、"信"、"卑让"等等,究竟是"道"还是"德"只能看它们存在于何处——如果存在于个体心中,是个体的内在心理,那么它们就是"德";如果存在于个体心外,是外在于个体的社会规范,那么,它们就是"道"。所以,《左传》曾说:"凡君即位,卿出并聘,践修旧好,要结外援,好事邻国,以卫社稷,忠、信、卑让之道也。忠,德之正也;信,德之固也;卑让,德之基也"。③于是,"道"与"德"所合成的

---

① 《左传·召公十七年》。
② 朱熹:《四书集注·学而篇》。
③ 《左传·文公元年》。

"道德"一词的词源涵义也就无非是应该如何的行为规范。

　　道德是应该如何的行为规范,但应该如何的行为规范不一定属于道德范畴。其实,"应该"只是道德的最重要属性,却不是其特有属性。因为许多应该如何的行为规范并非道德。斯温(John Hartland Swann)在论及道德与习俗的区别时,曾以吃饭为例说,西方人习惯用刀叉,而许多有教养的印度人却习惯用手指。这两种习惯无疑是两种应该如何的行为规范,却皆非道德。[①]那么,道德与这些应该如何的行为规范区别何在? 在于是否具有利害之效用:道德是具有社会效用的行为应该如何的规范,是社会制定或认可的关于人们的对于社会具有利害效用的行为应该如何的规范。试想,为什么用筷子还是刀叉抑或手指吃饭都无所谓道德不道德? 岂不就是因为三者对于社会存在发展都不具有利害关系,因而都不具有社会效用? 为什么诚实与欺骗、谦虚与骄傲、节制与放纵、公正与不公正、平等与不平等、人道与非人道等等都是道德规范? 岂不就是因为这些规范具有利害社会之效用? 所以斯温——他把社会效用称作社会重要性——说:"道德是关于遵守或违犯被认为是具有社会重要性的习俗的术语或概念,这种重要性存在于人与人之间以及人与社会之间的相互关系之中。"[②]

　　然而,具有利害社会之效用的行为,具体说来,是否仅为利害社会的行为,而不包括利害他人和利害自己的行为? 非也。因为所谓社会,众所周知,也就是人群、集体、两个人以上的共同体,也就是自己和他人的共同体。所以,自己和他人便是构成社会的两个部分,因而有利或有害自己和他人,也就间接地有利或有害社会。因此,具有社会效用的行为实为三种。一是利害社会的行为;二是利害他人的行为;三是利害自己的行为——只不过前一种具有直接利害社会之

---

①② John Hartland-Swann: *An Analysis of Morals*, London George Allen & Unwin Ltd 1960, p.57, p.62.

效用；而后两种则具有间接利害社会之效用罢了。

　　于是，所谓道德，说到底，也就是关于有利或有害社会与他人以及自己的行为之应该如何的规范，简言之，亦即利害人己的行为应该如何的规范。所以，一个人用大碗还是用小碗吃饭，是穿西服还是便服，是打扑克还是下象棋，都无关人己利害，因而都无所谓道德不道德。但是，他若为了占便宜用大碗抢吃别人的饭、偷了人家的西服穿、打扑克妨碍了他人睡眠，便都有害他人了，因而都是不道德的行为了。一个人行走观望，无关人己利害，因而无所谓道德不道德；但是他若长久东游西逛、虚掷光阴，就有害于己了，因而就是不道德的行为了。可是，人们大都以为，道德与利害自己的行为无关，而仅仅规范利害社会与他人的行为。这是片面的。因为照此说来，也就只有如何善待他人和社会的利他规范才是道德规范，而如何善待自己的利己规范便不是道德规范了。然而，实际上，众所周知，许多极为重要的道德规范恰恰是如何善待自己的利己规范，如幸福、节制、智慧、自尊、贵生、谨慎、勤俭、坚毅、机敏等等。究其原因可知，一种规范是不是道德规范或一种行为是否为道德所规范，全在于它是否具有利害社会之效用；而利害自己的行为，说到底，无不利害他所参加的社会。试想，如果每个自我都是健康的、强盛的，那么，他们所构成的社会岂不也就是个健康的强盛的社会？反之，如果每个自我都是病夫，那么社会岂不是个病态的社会？如果每个自我都最大限度地实现自我、充分发挥自己的创造潜能，那么，社会岂不是个最大限度的繁荣富强的社会？反之，如果每个自我都最大限度地害己：自杀身亡，那么，还有什么社会的存在与发展？所以，西田几多朗说："只有生活在一个社会里的每一个人都能充分地活动，分别发挥他们的天才，社会才能进步。或是个人的社会决不能说是个健全的社会"。①

————————

　　①　西田几多朗：《善的研究》，商务印书馆1965年版，第119页。

可见,利害自己的行为确与利害他人的行为同样具有厉害社会之效用,因而同样为道德所规范。因此,斯宾诺莎说:"一个人愈努力并且愈能够寻求他自己的利益或保持他自己的存在,则他便愈有德性。反之,只要一个人忽略他自己的利益或忽略他自己存在的保持,则他便算是软弱无能"。①

那么,"社会制定或认可的关于人们具有社会效用(亦即利害人己)的行为应该如何规范"是道德的定义吗? 还不是。因为法,不但众所周知,也是社会制定或认可的具有社会效用的行为规范;而且如法学家所说,也是人们应该如何的行为规范:"法是决定人们在社会中应该如何行为的规范、规则或标准。"②道德与法的这一共同点,包尔生早就注意到了:"道德律宣称应当是什么……法律也无疑是表现着应当是什么"。③那么,道德与法的区别何在? 康德答道:

"一切立法都可以根据它的'动机原则'加以区别。那种使得一种行为成为义务,而这种义务同时又是动机的立法,便是伦理的立法;如果这种立法在其法规中没有动机的原则,因而允许另一种动机,但不是义务自身的观念,这种立法便是法律的立法。至于后一种立法……必须是强制性的,也就是不单纯的诱导的或规劝的模式"。④

人们大都沿袭康德此见,认为道德是人的内在的思想动机之规范,因而不具有强制性;法则是人的外在的行为效果之规范,因而具有强制性。⑤这是错误的。首先,内在思想动机与外在行为效果,众所周知,乃是构成行为的两个方面:动机是行为者对于所从事的行为

---

①　斯宾诺莎:《伦理学》,商务印书馆1983年版,第110页。

②　邓正来等译:《布莱克维尔政治学百科全书》,中国政法大学出版社1992年版,第393页。

③　包尔生:《伦理学体系》,中国社会科学出版社1988年版,第18页。

④　康德:《法的形而上学原理》,商务印书馆1991年版,第20页。

⑤　参阅管欧:《法学绪论》,[台湾]1988年版,第94页。

的思想,也就是对于行为结果和行为过程的预想,是行为的主观意识方面,是思想中的行为;效果是动机的实际结果,是实际出现的行为,是实际出现的行为结果与行为过程,是行为的客观的实际的方面。一句话,思想动机与外在行为都是行为,只不过前者是思想中的行为,后者是实际的行为罢了。因此,所谓思想动机规范与外在行为规范以及行为规范也就是毫无区别的同一概念、同一规范。就拿"不应偷盗"这一行为规范来说,它岂不既是思想动机规范又是外在行为规范? 普天之下,那里有什么仅规范思想动机而不规范外在行为抑或相反的规范呢?

其次,道德也并非仅仅规范、评价动机,而是既看动机又看效果——只有评价行为者品德才仅仅看动机;而评价行为本身则只看效果。我们不是常说好心办坏事吗?"事"是行为,"心"是动机。"好心办坏事"意味着:对"事"、行为本身的好坏之评价是不依据动机、不看动机的。否则,便不会有好心办坏事,而只能有好心办好事了。那么,当我们说好心办坏事时,我们是依据什么断定事是坏的呢? 显然是依据事、行为之实际、效果。举例说,夏菲母亲痛打夏菲致死的行为是坏的,是依据什么说的? 是动机吗? 不是。因为其动机是为了夏菲学习好,是为了夏菲好,是好动机。那么,是依据什么呢? 显然是依据她痛打夏菲致死之实际、效果。同样,法也并非仅仅规范、评价外在行为效果,而是既看效果又看动机的。否则,为什么同一罪行会因动机不同,如故意还是误伤人命,而遭受不同的刑罚?

最后,并非只有法才是强制性规范;实际上,道德也是一种强制性规范。因为所谓强制,也就是使人不得不放弃自己意志而服从他人意志的力量:"当一个人被迫采取行动以服务于另一个人的意志,亦即实现他人的目的而不是自己的目的时,便构成强制"。①因此,强

①　哈耶克:《自由秩序原理》,三联书店 1997 年版,第 164 页。

制的外延极为广泛。有肉体强制,如各种刑法;也有行政强制,如各种处分;还有舆论强制,因为舆论无疑也具有使人不得不放弃自己意志而屈从众人意志、他人意志社会意志的力量。道德确实不具有肉体强制性和行政强制性,却具有舆论强制性。因为一个人不遵守道德,如在公共汽车上不给老弱病残让座位,不会受到肉体和行政制裁,却会受到舆论制裁。人们岂不是往往因畏惧舆论谴责而违己从众、把座位让给老弱病残的吗? 因此,道德也具有使人不得不放弃自己意志而服从他人意志的力量,因而也具有强制性。所以,狄骥说:"我以为道德的规则是强迫一切人们在生活上必须遵守这全部被称为社会风俗习惯的规则。人们如果不善于遵守这些习惯,就要引起一种自发的、在某种程度上坚强而确定的社会反映。这些规则由此就具有一种强制的性质"。[①]于是,道德与法的区别便不在于有无强制。

那么,道德与法的区别究竟在于什么? 事实上,二者的区别在于有无一种特殊的强制:权力。

原来,任何社会,哪怕仅有两个人组成,要存在和发展,都必须有管理者、领导者;而管理者、领导者还必须拥有一种被该社会所承认的迫使每个被管理者、被领导者服从的强制力量。只有这样,方可确保人们的社会活动互相配合、遵守秩序;否则,人们各行其是、互相冲突、乱成一团,社会便不可能存在、发展了。所以,管理者所拥有而为社会承认的强制力量,是任何社会存在、发展的根本条件。这种强制力非他,正是所谓权力。这就是说,权力首先属于强制范畴:凡是权力都是强制力量,都是迫使人们不得不服从的力量。所以,韦伯说:权力是"一个人或一些人在某一社会行动中,甚至是在不顾其他参与

---

① 狄骥:《宪法论》,商务印书馆 1959 年版,第 67 页。

这种行动的人进行抵抗情况下实现自己意志的可能性"。①克特·W. 巴克认为:权力是"在个人或集团的双方或各方之间发生利益冲突或价值冲突的形势下执行强制性的控制"。②但是,强制并不都是权力;只有管理者、领导者所拥有的强制才是权力。为什么只有上级对下级才拥有权力,而下级对上级却没有权力? 岂不就是因为上级是管理者,而下级却是被管理者? 为什么在民主社会,每个公民都拥有权力? 岂不就是因为他在一定时间对一定对象是管理者,而在另一定时间对另一定对象则是被管理者? 所以,迪韦尔热说:"一种权力的存在意味着一个集体的文化体制建立起了正式的不平等关系,把统治他人的权力赋予某些人,并强迫被领导者必须服从后者"。③不过,权力虽是仅为管理者拥有的强制,但管理者所拥有的强制却未必都是权力:管理者所拥有的只有得到社会承认的强制才是权力。为什么老师有强迫学生遵守课堂纪律的权力,却没有打骂学生的权力? 岂不就是因为前者得到而后者却未得到社会的承认? 所以,迪韦尔热把社会的承认、大家同意当作权力之为权力的根本特征而称之为"权力的合法性":"权力的合法性只不过是由于本集体的成员或至少是多数成员承认它为权力。如果在权力的合法性问题上出现共同同意的情况,那么这种权力就是合法的。不合法的权力则不再是一种权力,而只是一种力量"。④

　　总而言之,可以得出结论说:权力是仅为管理者拥有且被社会承认的迫使被管理者服从的强制力量。这样,从权力是仅为社会管理者所拥有的迫使人们不得不服从的力量方面看,权力具有必须性,是人们必须服从的力量;从权力是社会承认、大家同意的力量方面看,

---

① 　马克斯·韦伯:《社会和经济组织理论》,自由出版社 1947 年版,第 152 页。
② 　克特·W. 巴克:《社会心理学》,南开大学出版社 1984 年版,第 420 页。
③ 　莫里斯·迪韦尔热:《政治社会学》,华夏出版社 1987 年版,第 116 页。
④ 　莫里斯·迪韦尔热:《政治社会学》,华夏出版社 1987 年版,第 117 页。

权力具有应该性,是人们应该服从的力量。合而言之:权力是人们必须且应该服从的力量。

从权力之如是界说不难看出:法是权力规范,是应该且必须如何的行为规范;道德则是非权力规范,是应该而非必须如何的行为规范。这是被道德与法所规范的行为的性质所决定。道德所规范的每个人的全部具有社会效用的行为;而法所规范的则仅仅是其中的一部分,即那些具有重大社会效用的行为。试想,为什么"不应该杀人放火"是法,而"应该让座位给老弱病残"则仅仅是道德? 岂不就是因为杀人放火具有重大社会效用,而让座位则不具有重大社会效用? 所以,狄骥说:"一种道德规则或经济规则是在组成一定社会集团的个人一致或几乎一致地具有这样感觉,认为如果不使用社会的强力来保障遵守这种规则,则社会连带关系就会受到严重危害时才成为法律规则"。[1]西季威克说得就更清楚了:"在一个组织良好的社会中,最重要、最必要的社会行为规则通常是由法律强制实行的,那些在重要程度上稍轻的规则是由实证道德来维系的。法律仿佛构成社会秩序的骨架,道德则给了它血和肉"。[2]法所规定的是具有重大社会效用的行为,决定了法不能具有各种强制性:从最弱的舆论强制到最强的肉体强制;决定了法的强制是有组织的强制,是仅为社会的管理者、领导者所拥有的强制,说到底,是权力强制,是应该且必须如何的强制。所以,奥斯丁说,法是政治上的优势者(即管理者、领导者)给予政治上的劣势者(即被管理者、被领导者)的命令:"优势一词包括在命令一词的含义之中。因为优势是强迫服从某种意志的权力"。[3]欧阳谷说得就更准确了:"法律者,依社会力即公权力之强制

---

① 狄骥:《宪法论》,商务印书馆 1959 年版,第 91 页。

② 西季威克:《伦理学方法》,中国社会科学出版社 1993 年版,第 469 页。

③ 《西方法律思想史资料选编》,北京大学出版社 1983 年版,第 507 页。

而为社会生活之规范也"。①但说得最好的还是庞德:"法是一种权威性的行为规范"。②反之,道德所规范的是一切具有社会效用的行为,便决定了道德只具有最弱的强制性:舆论强制。这显然是一种无组织地因而为全社会每一个人所拥有的强制;说到底,是非权力强制,是应该而非必须如何的强制。

因此,综观上述分析,可以得出结论:道德是社会制定或认可的关于人们具有社会效用(亦即利害人己)的行为应该而非必须如何的非权力规范;简言之,也就是具有社会效用的行为应该而非必须如何的规范,是具有社会效用的行为应该如何的非权力规范。"是外在规范,是未转化为个人内在心理和人格的规范"。③

第三节　道德是一种实践精神

道德不仅是一种特殊的社会意识、行为规范,而且是人类的实践精神,是人类把握世界的特殊方式,是人类完善发展自身的活动。

马克思在《1857—1858 年经济学手稿》中,曾把人类把握世界的方式分为四种,即科学理论的、艺术的、宗教的和实践精神的。道德是社会意识,是一种思想关系,因此它是一种精神。但道德作为精神又不同于科学、艺术等其他精神,而是一种以指导行为为目的、以形成人们正确的行为方式为内容的精神,因此它又是实践的。道德区别于其他社会意识的根本特征就在于它是一种实践精神。

道德作为实践精神是一种价值,是道德主体的需要同满足这种需要的对象之间的价值关系。需要是人类活动的基本动机,但需要

---

① 欧阳谷:《法学通论》,上海法学编译社,民国 35(1946)年版,第 102 页。

② 罗·庞德:《通过法律的社会控制·法律的任务》,商务印书馆 1984 年版,第 102 页。

③ 王海明:《新伦理学》,商务印书馆 2002 年版,第 610 页。

又是分层次的,在物质需要的基础上产生出的精神需要是一种高级的需要,包括艺术的、宗教的和道德的需要。道德需要促使人类结成相互满足的价值关系,推动人们改善这种关系,调节人与人的交往、协作,完善人的人格,形成人类特有的实践精神。

道德作为实践精神不仅是价值,而且是实现价值的行动,是有目的的活动。目的性是人类活动的最基本特征,也是人类精神能够进入实践的主要依据。在所有存在物中,只有人才能根据自己的需要和现有的手段自觉地提出一定的目的。在社会中,"任何事情的发生都不是没有自觉意图,没有预期目的的"。①道德也不例外。正是目的决定了道德行为的方向、价值,表现了精神的实践功能。反过来讲,实践精神要成为道德的,就必须转化为一定目的和在这一目的支配下的行动,就必须干预、调节人们的目的,并通过调节目的而达到调节行为。目的是行为的预期目标。与现有的状态相比,目的是一种理想,因此道德作为实践精神又具有理想性。道德理想是一种善,是集所有特殊物于一身的普通物,是个别与特殊的统一。黑格尔曾经说过:"道德概念,其真正的内容就是纯粹意识与个别意识的统一,个别意识应该看出这种统一对它来说就是一种现实,这种现实,作为目的的内容,就是幸福,作为目的的形式,就是特定的存在一般"。②黑格尔的道德概念就是道德理想,实践精神把这种理想变为现实,就是实现了自己的目的。实践精神的理想性又在于其行为的义务性。义务是被意识到的道德必然性,既是外在的职责、使命,又是内在的要求,出于义务的行为是道德的行为,也是将现实升华为理想的实践精神的行为。

马克思主义伦理学不仅强调实践精神的能动性,而且强调其把

① 《马克思恩格斯全集》第 21 卷,第 341 页。
② 黑格尔:《精神现象学》下卷,第 127 页。

握世界方式的特殊性。道德作为特殊的实践精神,与以真假范畴把握世界的科学、以美丑表现世界的艺术不同,道德是通过价值方式把握世界的,即道德要以评价对象、调节社会关系、预测社会发展、形成行为准则等等方式来认识、反映、改造和完善世界。它把世界分成两部分,即善的和恶的、正当的与不正当的、应该的和不应该的,高扬前者、鞭笞后者,不断推动着人类社会的发展。

道德把握世界的特殊性是随着人类实践精神的分化而形成和逐渐发展起来的。在人类社会的早期,劳动的原始状况和意识的混沌统一决定了当时人们对世界的把握是一体化的,他们还没有意识到自己面前的世界具有多种本质,他们自己也还没有必要形成多层次的精神领域。人类活动日益复杂而分化,人类精神也日益精微而相对独立,人们在认识世界的同时,又在艺术地表现世界、能动地评价世界,并因此形成了科学、艺术、道德等把握世界的方式。这些方式互相联系,在认识中包含有价值和艺术的因素,评价也必须借助于科学认识和艺术形象来发挥作用,艺术将认识与评价集于一身,通过创造出真实的具有道德意义的形象来显示出美的价值,这些就构成了人们常说的真、善、美统一的基础。但另一方面,这些方式又相互区别,既不能以科学代替道德和艺术,也不能以艺术否定科学,它们各自从特定的角度反映着社会生活和世界的本质,从不同的方面促进着社会的进步。

概括地讲,道德把握世界的特殊性表现在以下几个方面:

第一,道德不是被动地反映世界,而是从人的需要出发,从特定的价值出发来改造世界。这里的改造不仅仅是以物质手段作用于物质客体的实践活动,而且是以精神的手段来调节人与人的关系,使社会关系符合某一价值要求的精神活动。这里所说的世界也主要不是指与人类社会相对立的自然世界,而是指人类社会、人类活动和人类品质。道德的这种把握之所以必要,是因为人类只有结成群体、社会才能进行生产和再生产,而人类群体和社会只有在有一定秩序和行为准则下才能不至于分裂、不出现混乱,道德就是通过形成特殊的社会秩序和行为准则来实现社会的稳定、和谐和发展的。

第二,道德的目的不是再现世界,而是对世界进行价值评价。评价是道德把握世界的基本手段。道德评价最初是与风俗习惯交织在一起的,通过传统的生活方式和行为方式的延续而维持着人类自身的发展。风俗评价、舆论评价一方面既是按特定的道德准则进行的,另一方面又创造出新的行为规范,制约、指导着人们的行为。这些准则作为评价的依据,规定着评价的对象和内容;它们作为评价的产物,又代表着评价主体的价值取向。评价将有意义和无意义、有价值和无价值、善和恶等等加之于评价对象,往往会左右着人们的态度和价值取舍,从内和外两个方面形成道德的环境。对于个人而言,道德评价将外在的准则直接灌输到人们内心,形成个人自己的做人标准和价值目标。而这种标准和目标反过来又作为内心的评价主体,审查过滤自己的动机、欲望、需要、意图,使之符合社会的价值要求和指向社会的价值目标。

第三,道德把握世界不是让人盲目听从外在权威、屈从于现实中的邪恶势力,而是增强人的主体意识和选择能力,动员全部身心力量克服恶行、培养德行,既提高自身的道德境界,又实现社会的道德理想。由于社会中善与恶、高尚与卑劣总是相伴而生,而且在特定时期、特定场合,后者还可能占上风。因此,在把握世界时,道德绝不允许随波逐流。要通过对世界的道德把握来形成人的价值和人生意义,形成人的责任心和义务感,确立人的道德理想,就必须同邪恶势力作斗争。道德也不允许甘居中游,它要人在把握世界的同时,形成上进心和荣誉感,做到"见贤思齐"、"见不贤而内自省也",不断提高自己的道德境界。道德要求人们在面临几种行为可能性的情况下,在道德冲突的困境中,自觉地选择高尚而弃绝卑鄙,自愿地选取较大的价值而牺牲较小的价值,并以此为人类社会的发展做出自己的贡献。

总之,道德作为一种实践精神,是特殊的意识信念、行为准则、评价选择、应当理想等的价值体系,是调节社会关系、发展个人品质、提高精神境界诸活动的动力。

第四节　道德规范是主观见之于客观的结果

道德规范在本质上是主客观因素相统一的结果。当道德规范与道德主体发生作用时,具有能量的属性,表现为道德规范对道德主体的他律性和自律性。

道德规范是人类社会生活中普遍存在的现象,就其一般意义上讲,它是关于人们道德行为的标准、准则。它是人们制定的或认可的,反映人们的主观意志,但又不随人们的主观意志。它是主观与客观相统一的结果。它的客观性主要表现在:它是一定的道德关系的反映,是一定的社会对人们提出的一定的道德要求的反映,不以道德主体的意志为转移的。马克思指出:"人们按照自己的物质生产的发展建立相应的社会关系,正是这些人又按照自己的社会关系创造了相应的原理、观念和范畴"。[①]这就是说,道德规范总是在社会关系中产生出来的对人们的一种客观的道德要求,这种客观的道德要求既不以人们的主观需要为转移,也不是人们在头脑中臆造出来的,它首先得是一种客观的东西。对此,王海明先生在他的《新伦理学》一书中认为:道德的规范、准则、原则、标准的正确性或优良性是客观的、不以人们的意志而转移的。他在书中论述:人们究竟制定什么样的正义原则,是主观任意的;但是,他们所制定的正义原则究竟是不是

---

① 《马克思恩格斯选集》第1卷,第108页。

真正的正义原则，却是客观的、不以人的意志而转移的。试想，人们可以随意约定这样一条"正义"原则：均贫富。但是均贫富原则究竟是不是真正正义原则，显然不是主观任意的：它作为正义原则是主观任意的；但是这一原则的正义性却是客观的、不以人的意志而转移的。……价值、应该、行为之应该如何，是行为之事实如何对于社会创造道德的目的的效用，因而只能通过社会创造道德的目的，从行为事实如何中产生和推导出来。所以，人的行为应该如何的道德规范虽然都是人制定的、约定的；但是，只有那些恶劣的、不科学的道德规范才可以随意制定、约定。反之，优良的道德规范绝非可以随意制定，而只能通过社会制定道德的目的，从人的行为事实如何的客观本性中推导、制定出来：所制定的行为应该如何的道德规范之优劣，直接说来，取决于对行为应该如何的价值认识之真假；根本说来，则一方面取决于对行为事实如何的客观规律的认识之真假，另一方面取决于对道德目的的认识之真假。例如，"无私利他"作为道德规范，究竟是优良的，还是恶劣的，直接说来，便取决于"无私利他具有正道德价值，因而是行为应该如何的道德规范"的价值认识之真假；根本说来，则一方面取决于"每个人的行为事实上能够无私利他"的认识之真假，另一方面则取决于"道德目的是增进每个人个人利益"的认识之真假。

道德目的的客观性表现在三个方面：首先，目的与动机不同。目的与手段是构成行为的两部分：目的是达到的行为结果；手段是用来达到目的的行为过程。因此，目的属于行为范畴。反之，动机则是行为者对于所从事的行为的思想，也就是对于行为目的与行为手段的思想，属于主观思想范畴。其次，人们的行为目的，粗略看来，似乎都是主观任意的。例如，一个人刻苦读书的目的，便既可能是为了搞学问，也可能是为了当官，还可能是为了发财。他的目的究竟是什么，不是客观的、必然的，不可选择的；而是主观的、任意的、以其意志而转移的。然而,细究起来,在一定领域,人们的行为目的却是客观的、必然的、不可选择的。例如,每个人的人生目的虽然千差万别,但莫不追求幸福:追求幸福是每个人的客观的、必然的、不以自己的意志而转移的人生目的。最后,个人行为的起因和目的可以是主观任意的;但是人们所结成的团体的起因和目的却大都是客观、必然的。例如,家庭、社会、国家等等的起源和目的,岂不都是客观的、必然的、不以人的意志而转移的吗? 因此说道德的起源和目的是客观的、必然的、不以人的意志而转移,又有什么奇怪的呢?

可见,道德的正确性或优良性是客观的不以人的意志而转移的,因为说到底,它一方面决定于客观的、不以人的意志而转移的道德目的;另一方面决定于客观的、不以人的意志而转移的行为事实如何之本性。道德的这种客观本性,更确切些说,可以归结为如下五点:

1. 道德的客观结构:道德是行为事实如何对于道德目的的效用,因而由"行为事实"与"道德目的"两种客观事物构成:前者是道德构成的源泉和实体;后者是道德构成的条件和标准。

2. 道德优劣的客观标准:道德的客观结构表明,评价道德优劣的标准是客观的:符合、促进道德目的的道德,便是优良的、正确的、好的道德;违背、阻碍道德目的的道德,便是恶劣的、错误的、坏的道德。道德目的,众所周知,是保障社会存在发展、增进每个人利益。所以,增加还是减少全社会和每个人的利益总量,便是评价一切道德优劣的客观标准:哪种道德促进社会发展速度最快、增进每个人利益最多,哪种道德便是优良;反之,则最恶劣。

3. 优良道德制定的客观过程:道德客观结构表明,优良道德的制定,全在于把握三个东西:一是道德本性,主要是道德目的之本性;二是人性、人的本性,亦即人的行为事实如何的客观规律;三是行为应该如何的道德规范——优良的道德规范绝非可以随意制定,而只能通过社会制定道德的目的,从人的行为事实如何的客观本性中推导、制定出来：所制定的行为应该如何的道德规范之优劣，直接说来，取决于对行为应该如何的道德规范的认识之真假；根本说来，则一方面取决于对行为事实如何的客观规律的认识之真假，另一方面取决于对道德目的的认识之真假。

4. 优良道德的客观本性：优良道德必是可普遍化的；不可普遍化的道德必定恶劣。这就是所谓的道德可普遍化性原理。这一原理源于康德。他称之为"道德的普遍符合性"："只有行为对规律自身的普遍符合性，只有这种符合才应该充当意志的原则。这就是，除非我愿意自己的准则也变为普遍规律，我不应行动"。[1]黑尔发挥康德这一思想，而名之为"道德可普遍化性"。他认为一切道德判断都具有两种特性："第一种有时被叫作道德判断的规定性……第二种特色通常被叫作可普遍化性（Universalizability）。可普遍化性的意思是，一个人说'我应该'，他就使他自己同意处在他的环境下的任何人应该。"[2]可见，"道德的可普遍化性"与道德普遍性不同。这种不同，一方面是应该与事实的不同。道德普遍性是道德在事实上所具有的一种属性：普遍性是道德必然具有的。反之，"道德的可普遍化性"则不是道德必然具有的，而只是道德应该具有的属性：具有普遍化性的道德是优良道德；不具有普遍化性的道德是恶劣道德。另一方面，道德普遍性亦即普遍道德而非特殊道德；反之，道德可普遍化则是一切优良道德——不论是普遍道德还是特殊道德——都具有的属性。因当一个人说"我应该"，无疑既包括"我应该"遵守普遍的道德，如仁爱；也包括"我应该"遵守特殊的道德，如剖腹自杀。所以，按照道德可普遍化特性，不但当我说"我应该仁爱"，我就使自己同意处在我的环境下的任何人都应该仁爱；而且当我在战败时说"我应该剖腹自杀"，我

---

① 康德：《道德形而上学原理》，上海人民出版社 1986 年版，第 51 页。

② R. M. Hare：*Essays in Ethical Theory*，Clarendon Press Oxford 1989，p.179.

也同样使自己同意处在我的环境下的任何人都应该剖腹自杀。因此,道德可普遍化不但是普遍道德、共同道德、道德原则所应该具有的属性,而且也同样是特殊道德、特定道德、道德规则所应该具有的属性:它是一切优良道德所应该具有的属性。

5. 道德优劣发展的客观规律。所制定的道德的优劣,既然取决于对道德目的和行为事实如何的客观规律的认识的真理性,那么,可以断言:人类社会的道德的发展变异必然越来越优良。因为人类的道德知识——特别是对于道德目的和行为事实如何的规律的认识——无疑是越来越丰富而不会越来越贫乏;无疑是越来越真而不会越来越假。所以,达尔文指出:与现代道德规范相比,蒙昧初开的野蛮人的道德规范极为低下;因为野蛮人"推理的能力差,不足以认识到许多德行,尤其是那些独善其身的德行,和部落的一般福利未尝没有关系"。[①]"社群对于好坏的判断一般也有些粗糙的经验作为依据,作为指导,就是,从长期看,到底什么是对全部成员最为有利的那种经验。但由于无知,由于推理能力的薄弱,这种判断也难保不发生一些错误。因此,在全世界各地,我们才会看到种种离奇怪诞得不可名状的风俗和迷信,尽管和人类真正的康乐与幸福完全背道而驰,却比什么都强大有力,控制着人们的命运"。[②]可见,社会越早远,道德知识就越少而假,人们对于道德目的与行为事实如何的客观规律的认识便越缺乏真理性,因而所制定和奉行的道德便越不利于实现道德目的,便越恶劣;社会越晚近,道德知识便越多而真,人们对于道德目的与行为事实如何的客观规律的认识便越富于真理性,因而所制定和奉行的道德便越利于实现道德目的,便越优良。

道德规范的主观性主要表现在:它作为对社会某种客观关系的

---

① 达尔文:《人类的自由》,商务印书馆1983年版,第180页。
② 达尔文:《人类的自由》,商务印书馆1983年版,第183页。

反映形式,是非客观性的东西。就道德规范对一定的客观关系的反映和抽象概括形式而言,道德规范的形成要以人的意志为转移。在同一社会生活领域中所产生出来的不同的甚至相反的道德规范形式,就表明了道德规范形成的这种人的主观因素。这种人的主观因素,在越是发达的社会和越是成熟的社会关系中,就越超越约定俗成的形式,越变成人们有意识的主观选择。

很多学者对道德规范的主观性都有论述,吉尔波特·哈曼(Gilbert Harman)在"道德契约(Moral Bargaining)论"中,在捍卫伦理相对主义时写道:"我的论点是,道德发生于一个人群关于他们彼此的关系达成一种暗含的契约或无言的协议的时候"。[①]接着他解释说:"为了增进我们的利益,我们形成某种带有一定条件的意图,希望其他人也和我们一样。而具有不同利益的其他人,将形成多少有些不同的带有一定条件的意图。经过暗含的契约之后,便达到了某种妥协。以这种方式将道德作为一种基于暗含契约的妥协,有助于解释,为什么我们的道德认为损害他人比拒绝帮助他人更坏"。[②]诚然,任何道德原则、道德规范都是人制定的,因而也就都可以看作是某种契约、协议的产物。在哈曼之前,很多人已经看到了这一点。埃斯库鲁说:"正义是一种防止人们相互伤害的权宜契约"。[③]休谟说:"正义起源于人类协议"。[④]

王海明先生在《新伦理学》中阐述道:"道德规范既然是一种契约、约定、协议,也就确如伦理相对主义所说,是以人的意志而转移的,是主观任意的、自由的、可以选择的。"他从共同道德与特定道德

①　Louis P. Pojman: *Ethical Theory: Classical and Contemporary Readings*, Wadsworth Publishing Company USA 1995, p.38.

②　Louis P. Pojman: *Ethical Theory: Classical and Contemporary Readings*, Wadsworth Publishing Company USA 1995, p.43.

③　《西方思想宝库》,吉林人民出版社 1988 年版,第 944 页。

④　休谟:《人性论》下,商务印书馆 1980 年版,第 535 页。

的角度,对道德规范的主观性作了深入的阐释。他在书中写道:共同道德虽然是人类共同道德,是适用于人类一切社会一切人的道德;但是,人们所制定和奉行的共同道德却大都各不相同,甚至截然相反。就共同道德原则来说,其变异,众所周知,至少有四种:一是利他主义,只主张无私利他;二是合理利己主义,只主张为己利他;三是个人主义,只主张单纯利己;四是己他两利主义,既主张无私利他,又主张利己不损人。就终极道德标准来说,其变异,众所周知,至少有两种:功利主义与义务论——前者把增减每个人的利益总量奉为道德终极标准;后者把增减每个人的品德完善程度奉为道德终极标准。

共同道德的变异,与社会的变异无关。因为不论任何社会,不论社会如何变异,都同样有人倡导利他主义道德(如新老儒家、新老基督教伦理学家、墨家、康德、赫起逊等等);都同样有人倡导合理利己主义道德(如老子、韩非、爱尔维修、霍尔巴赫、费尔巴哈、车尔尼雪夫斯基、梁启超、陈独秀、潘晓等等);都同样有人倡导个人主义道德(如杨朱、庄子、尼采、海德格尔、萨特等等);都同样有人倡导己他两利主义道德(如马克思、恩格斯、达尔文、弗洛伊德、弗洛姆、海克尔、道金斯、威尔逊等等);都同样有人倡导功利主义道德(如苏格拉底、休谟、边沁、穆勒、西季威克、摩尔、斯马特等等);都同样有人倡导义务论道德(如新老儒家、新老基督教、康德等等)。

共同道德的变异之所以与社会的变异无关,是因为共同道德是一切社会一切人的伦理行为应该如何的规范,是超社会、超历史的道德。这个道理,如果考察共同道德规则,至为明显。试想,不论社会如何变异,任何人岂不都一样地应该诚实而不应该说谎?岂不都一样应该自尊而不应该自卑?岂不都一样应该爱人而不应该恨人?岂不都一样应该勤勉而不应该懒惰?

共同道德是超社会的,其变异与社会的变异无关。所以,一个社会究竟推行何种类型的共同道德——是功利主义,还是义务论;是利他主义,还是个人主义、合理利己主义,抑或是己他两利主义——便完全以该社会人们的意志而转移,因而是偶然的、自由的、可以选择的:任何社会都可以因人们的意志而自由地实行任何类型的共同道德。由此可以理解,为什么任何社会都有人倡导利他主义、合理利己主义、个人主义、己他两利主义、功利主义、义务论。

　　反之,特定道德,如前所述,则是人类不同道德,是仅仅适用于一定社会的道德,是一定社会而非一切社会的伦理行为应该如何的规范。所以,粗看起来,制定什么样的特定道德便不是自由的,不是以自己的意志而转移,而是被社会的发展所必然决定的,是随着社会发展到一定阶段必被推行,又随着社会发展到另阶段必被废止。然而,细究起来,并非如此。

　　特定道德依其与社会发展的关系,可以分为两种。一种特定道德,其变异与社会的发展变异无关,而完全取决于人们的意志,因而是可以自由选择的。例如,美国人谴责自杀;日本人却敬重自杀。这两种相反的特定道德与两国社会的发展变异显然毫无关系,而完全以两国人民的意志而转移,是自由的、任意的、可以选择的。再比如,在大多数国家,妇女都可以露出面孔,但必须遮住乳房和臀部;而在非洲的许多地区,妇女却可以裸露乳房和臀部;火地岛的妇女不得露出后背;菲律宾的塔萨代妇女在日常生活中则是全裸的;而在传统的阿拉伯社会中,妇女必须遮住全身。这些五花八门的特定道德与社会的发展变异有什么必然联系吗? 显然没有。他们完全是人们自由选择、相沿成习的结果。

　　另一种特定道德的变异则是被社会的变异决定的。例如,19 世纪哈逊湾部落流行勒死年老体衰的父母的道德原则。这种特定道德的流行无疑取决于社会发展阶段的低下:所提供的食品不足以养活不断增加的人口。那么,由此是否可以说:这种特定道德是必然的、不以人的意志而转移的？不可以。因为特定道德的变异极为广泛复杂。社会的发展变异只能笼统地、一般地决定特定道德，却不能具体地决定某一种特定道德。也就是说，对于决定特定道德的同一社会变异，并非只能制定一种特定道德；而是可以制定多种特定道德。这种特定道德的制定，总的来说，决定于社会发展变异；但究竟制定哪一种，则与社会变异无关，而完全是主观任意、可以自由选择的。

举例说，许多社会都处于同样的社会发展阶段：所提供的食品不足以养活不断增加的人口。但是，人们因此而制定和奉行的特定道德规则却不相同。爱斯基摩人的规则是将一部分女婴和年老体衰的父母置于雪地活活冻死。巴西的雅纳马莫人的规则是杀死或饿女婴，并在男人之间不断进行流血的战斗。新几内亚的克拉基人的规则是男人在进入青春期以后的数年内只可建立同性恋关系。

可见，一切特定道德，不论是否被社会的发展变异所决定，在一定的限度内，皆以人的意志而转移，都是任意的、自由的、可以选择的。

总之，任何道德——不论是共同道德还是特定道德——都是人们任意制定、自由选择的结果。因此，任何道德便不能不有优良与恶劣、正确与错误之分。

由此可见，道德规范作为一定道德关系的反映，一定的社会对人们提出的一定的道德要求的反映，在揭示道德关系和道德要求的正确性上，无疑是不随人的意志而转移的；而道德规范既作为客观的道德关系和道德要求的反映形式，就必然包含着道德主体的抽象、概括等主观思维活动，并必然以纯主观的形式（道德概念、道德范畴、道德判断等）固定下来。因此，正确的或优良的道德规范是主客观因素相统一的结果。

第五节　道德规范的能量属性

一、道德规范能量的客观存在性

　　道德规范是否具有能量？对此，至今未见他人探讨，为下文的需要，笔者在此提出并作分析。我们知道："道德是社会制定或认可的关于人们具有社会效用(亦即利害人己)的行为应该而非必须如何的非权力规范"。①它"是通过价值方式把握世界的，即道德要以评价对象、调节社会关系、预测社会发展、形成行为准则等等方式来认识、反映、改造和完善世界"。②从道德的定义上看，道德规范具有社会效用。这种社会效用是当道德规范主体与对象发生作用时，是由道德规范主体发出的。这就如同煤在燃烧时发出热、电在照明时发出光、水中载舟时产生浮力一样。因此，这种社会效用就相当于物理学中的"功"，因为"功"是主体对客体作出主动性行为而产生的功效。据《现代汉语词典》解释，"能"是"度量物质运动的一种物理量，一般解释为物质做功的能力。"如果把道德规范产生的社会效用看着"功"，也确实可以看着"功"，那么，道德规范确实具有"能"的特性。从道德把握世界的方式上看，道德是通过自身的价值来实现对世界施加影响，从而产生社会效用，以致把握世界。此处的道德价值，实际上也是对道德规范能够产生社会效用、把握世界的能力的价值定位。这也说明道德规范具有"能"的特性。所以，不论从道德的定义上看，还是从道德把握世界的方式上看，道德规范都具有"能"的特性。我们通常所说的道德力量，只是道德能量的一种转化形态。这就如同风

---

① 王海明：《新伦理学》，商务印书馆，第112页。
② 罗国杰：《伦理学》，人民出版社，1989年，第55页。

吹风车、水推水车、蒸汽推轮机一样,风力、水力、蒸汽力都是风能、水能、蒸汽能转化而来的。

道德规范在不同位势上具有不同能量,并有三种存在形态。根据构成"道德"一词的"道"与"德"的词源涵义"都是指应该如何的行为规范。""'道'是外在规范,是未转化为个体内在心理的规范;而'德'则是内在规范,是已经转化为个体内在心理的社会规范"。①所以,道德有两种存在状态,一种是外在规范形态,一种是内在规范形态。

在外在道德规范形态下,外在道德规范在特定的道德规范体系中具有层次性,不同的外在道德规范可能处于不同的层次,也就具有不同的重要性。比如,在社会主义道德体系中,分别关系国家、集体、个人的道德规范,它们的重要性是不同的;即使在关系同一道德主体(如个人)的所有道德规范,相对主体而言,它们的重要性也不同,如"珍爱生命"与"不随地乱扔果壳"。在特定的条件下被人们普遍接受的所具有的地位、重要性,我们称之为"外在道德规范位势(位势:指道德规范在一定位置上所具有的态势,下同)",地位高、重要性大,则位势高。其中对于那些被某一道德体系所否定的道德规范,则具有负位势。每一条外在道德规范都具有自己的重要性,即有自己的位势。

在内在道德规范形态下,内在道德规范在道德主体身上也是具有层次性,处于不同层次上的内在道德规范对道德主体具有不同重要性。如:张三认为孝敬父母比尊敬老师重要,而李四认为尊敬老师比孝敬父母重要。此处的"孝敬父母"与"尊敬老师"两条规范,在张三、李四的心目中处于不同的层次,所具有的重要性也不同。我们把道德规范被道德主体接受的所具有的地位、重要性,称之为"内在道德规范位势"。道德主体认为其地位高、重要性大,则位势高。每一条

---

① 王海明:《新伦理学》,商务印书馆,第105页。

道德规范被道德主体内化后,都具有一定的重要性,也就具有相应的位势。与之相反,对于未被道德主体内化的道德规范,我们称之为零位势;对于道德主体对其存在背离倾向的道德规范,我们称之为负位势。

　道德规范(不管是外在道德规范,还是内在道德规范)既然在不同的层次上具有不同的重要性,即具有不同的位势,那么,具有不同位势的道德规范,当与道德主体发生作用时,对道德主体所产生的影响就不同,即产生的社会效用就不同。相对道德规范而言,对具有不同位势的道德规范,就具有不同的道德规范能量。我们把道德规范在不同位势上所具有的道德规范能量,称之为道德规范位能,具体可分为三类。

　1. 外在道德规范位能。"外在道德规范位能"是指外在道德规范在某一位势上所具有的能量,是就"道"的层面探讨道德规范产生社会效用的能力大小问题。外在道德规范是客观的社会要求和人们的主观意识相统一的产物。一方面,它是对一定的道德关系的反映,是一定的社会对人们提出的一定的道德要求的反应;另一方面,它既作为客观的道德关系和道德要求的反映形式,就必然包含着道德主体的抽象、概括等主观思维活动,并必然以纯主观的形式固定下来。由外在道德规范这一特性决定:一旦外在道德规范形成以后,其本身就要求人们的行为遵守道德规范,也就是外在道德规范对人们产生一种道德影响,即产生社会效用,也就是说外在道德规范自身具有道德能量。这种道德能量因外在道德规范位势不同而不同,即外在道德规范在不同位势上具有不同的能量,位势高的位能高,位势低的位能低。正如列宁所说:"我们承认有同志的义务,承认有支持一切同志的义务,有容纳同志意见的义务,但是在我们看来,对同志的义务从属于对俄国社会民主运动和国际民主运动的义务,而不是相反"。[①]

----

　① 罗国杰:《伦理学》,人民出版社,1989 年,第 195 页。

再如,讲究公共卫生与讲究个人卫生是两个不同的外在道德规范,它们在同一道德体系中具有不同的地位和重要性。它们所扮演的角色不同,所产生的社会效用就不同。所以,它们拥有的道德能量也不同。当然,在同一道德体系中不同的外在道德规范可能具有相当的位势,那么也就具有相当的能量。我们称具有相当的位势的外在道德规范为同位能规范。另外,外在道德规范作为客观的社会要求,在特定的道德体系中所具有的社会效用是相对稳定的,所以,它的道德位能也相对稳定,即同一外在道德规范具有相对稳定的位能。

为了下文的需要,我们在此提前构建外在道德规范位能的数学模型。由上文知,外部道德规范位能的量值是由外部道德规范位势决定,而外部道德规范位势是指某条外部道德规范在一定社会道德体系中所具有的地位或重要性。因此,要拟构外部道德规范数学模型,必须用数值表示在一定社会道德体系中所具有不同重要性的道德规范值,并使赋予的值能揭示外部道德规范位势。

为此,我们先讨论在一定社会道德体系中具有不同重要性的外在道德规范是否可以赋值,如何赋值?马克思主义认为,世界上没有无质的量,也没有无量的质,任何事物都是质与量的有机统一体。著名的教育测量学者桑代克也断言,凡是存在的东西都会有数量,凡是有数量的东西都可以测量。道德规范是对一定的道德关系的反映,是社会对人们提出的一定的道德要求的反映,因而它是客观的,不以道德主体的意志为转移的。因此,外部道德规范具有客观规定性,有质和量的存在,可以赋值,并在一定社会中具有不同重要性的外部道德规范具有不同量值,重要性大的量值大。

当然,虽然外在道德规范存在量的规定性,亦可以赋值,但并不代表具有可操作性。若要使之具有可操作性,并使所赋予的值能代表实际位势,首先要确定外在道德规范的评价标准,正常情况下是以善恶为标准;其次是依据特定的社会道德体系中的道德评价的善恶标准,对外在道德规范进行善恶(或重要性)评价,按善恶(或重要性)大小进行排序;三是依排序大小进行赋值。本文是以善恶为评价标准,依据所评价出的善恶(或重要性)的大小,借用数轴上数值来表示善恶的量值,善为正数,恶为负数,无善无恶为零。若用 V_{oj} 表示某条外在道德规范位势,那么,在数轴上就可以找到一个数值与之对应;反之,在数轴上确定一点 P,那么,在特定社会的道德体系中就可以找到一条或多条外在道德规范位势与之对应,这一点在无穷尽的外在道德规范中是可以实现的。若道德评价力度处于理想状态,外在道德规范位势在量值上与该条外在道德规范位能在量值相等,这与单位正电荷在某点上的电势与在该点上的电能在量值上相等一样。因此,若用 E_{oj} 表示某条外在道德规范位能,则 $E_{oj}=V_{oj}$;设 E_o 为特定的 m 条道德规范的集合位能,则 $E_o=\sum_{j=1}^{m}E_{oj}=\sum_{j=1}^{m}V_{oj}$。若考虑道德评价力度的影响,那么,设道德评价力度参数为 T,$0 \leqslant T \leqslant 1$,则 $E_{oj}=TV_{oj}$,$E_o=\sum_{j=1}^{m}E_{oj}=\sum_{j=1}^{m}TV_{oj}$,其中,当 $T=1$ 时,道德评价力度处于理想状态;当 $T=0$ 时,道德评价力度为 0。

关于外在道德规范位势的确定,通常在实际操作中是结合特定的人群的要求,经过社会调查统计得出的,即是社会广泛认同的重要性值。譬如,关于大学生方面的外在道德规范位势。它要结合大学生需要养成哪些道德品质? 在大学生所涉及的道德规范中相比较,哪些最重要? 哪些较重要? 哪些一般重要? 这要通过对大学教育工作者进行广泛调查统计获得。

2. 内在道德规范位能。"内在道德规范位能"是指某条道德规范在主体心理、思想和行为上处于某一位势上所具有的对主体产生影响的能量。它是就"德"的层面探讨道德规范产生社会效用的能力大小问题,也就是探讨能够对道德主体产生影响的能力大小问题。我们知道"道德品质是一定社会的道德原则和规范在个人思想和行为中的体现,是一个人在一系列的道德行为中所表现出来的比较稳定的特征和倾向"。①这种比较稳定的特征和倾向不仅体现主体的行为表象,而且体现主体的心理特点和思想倾向。它是外在道德规范经个体内化后所形成的态度体系。道德品质既然是个人的心理、思想和行为的比较稳定的特征和倾向,是个体的态度体系,那么,道德品质就反身对道德主体未来的行为、思想和心理产生影响。这种倾向越明显、态度越坚决,对主体未来的行为、思想和心理产生影响越大,而且是起着关键的、核心的影响,也是通常所讲的道德是灵魂、是方向的原因所在。这就是说道德品质具有一种能量,能够对道德主体产生影响的能量。而内在每条道德规范品质实质上就是主体道德品质组成部分之一,因此,每一条内在道德规范也具有对道德主体产生影响的能量,以支持该条道德规范得以外化。内在每条道德规范的品质所指的就是每条道德规范所处的位势,道德规范的品质高其位势就高。内在道德规范位能的大小与某种道德规范在主体身上所处的位势有关。若某内在道德规范位势高,则该内在道德规范位能高,反之,则其内在道德规范位能低。主体内在某条道德规范的位势与主体对该条道德规范内化程度有关,内化程度高的具有高位势,内化程度低的具有低位势。由此得出,内在道德规范位能与外在道德规范被主体内化的程度成正相关。因此,不同的道德规范被同一主体内化后所具有的内在道德规范位能,内化程度相同的道德规范具有相同的内在道德规范位能,主体在所对应的规范方面也具有相当的道德规范品质;内化程度不同的道德规范,内化程度较高的,该道德规范内在道德规范位能较高。譬如,热爱祖国与礼貌待人两条道德规范。如果主体对此两条道德规范内化相同,则热爱祖国与礼貌待

①　罗国杰:《伦理学》,人民出版社,1989年,第394页。

人的内在道德规范位势、位能均相同；若内化程度不同，则内化程度高的，内在道德规范位势、位能均高，反之则低。

相同的道德规范在不同的主体身上可能处于不同的位势，具有不同的内在道德规范位能。譬如，一个贫民为灾区捐献一万元与一个富翁为灾区捐献一万元，虽然他们遵守的是同一条道德规范，但该条道德规范在两者心里此时的地位不同，所处的位势不同，所具有的道德规范品质能量也不同。虽然不能仅就这一次行为来判定谁在该条道德规范上的品质水平高低，但毋庸置疑，贫民比富翁需要更多的该条内在道德规范能量来支撑这次行为，而这些能量来自贫民的该条内在道德规范品质。只有高水平的内在道德规范品质，才有源源不断的足够的能量供给高水平的道德行为。反之，如果主体出现经常性的高水平的某方面的道德行为，正常情况下是因为道德主体具有这方面的较高水平的内在道德规范位能，也就是说主体在这方面的内在道德规范上具有较高位势，即主体在这方面的道德规范上具有较高品质。

但是，在此必须提出，因道德规范有优劣之分，对于符合社会发展要求的规范被主体内化后，其位势越高，其"善"越大；若是背离社会发展要求的规范被主体内化后，其位势越高，其"恶"越大。因此，文中所讲的内在道德规范品质的高低并不代表其"善"的大小，只是代表该条道德规范在道德主体心中的位置和重要性，即内在道德规范位势。所以，内在道德规范位能也只是代表内在道德规范所能够对道德主体产生影响的能力。在日常生活中，人们对道德品质评价时，往往会说道德品质高低或优良，实际上此处隐含着"善"的标准。它是建立在所有的道德规范都符合社会要求的基础上评价道德品质"善"的高低或优良的。这可能是因为"道德"常常被理解为"善"的缘故。

与上述情况相反，如果某条外在道德规范对主体不存在任何影响，或者存在背离倾向，那么，该条道德规范对道德主体不具有任何约束力,主体则对该条道德规范具有潜在的违反能量,对于这种能量,我们称之为负内在道德规范位能。

3. 道德位能。在上述对外在道德规范位能和内在道德规范位能的讨论基础上,我们先对道德提出两点认识,然后再给道德位能作界定。一是道德是一个集合概念。因为道德"是指道德作为在普遍依赖于社会经济条件基础上形成的系统,其内部各构成要素遵循某种关系结连并相对稳定的整合形式。"①是"具有社会效用的行为应该如何的非权力规范"②的总和。所以,道德是道德规范(无论是外在道德规范,还是内在道德规范)及其相互联系的集合。由此可发现,道德与具体道德规范之间的关系是整体与部分的关系,是共性与个性的关系,如同人类与个人之间的关系一样。二是道德评价是自我评价与社会评价的统一。因为"人们在道德上的自我评价,要受社会评价的制约;而道德的社会评价,只有为社会成员的自我评价所认同,才能发生有效的作用"。③所以,我们在给道德位势、位能界定时,必须考虑道德主体的主观评价与社会的客观评价相统一。事实上,本文上述讨论的外在道德规范位势、位能所反映的就是社会评价的结果,内在道德规范位势、位能所反映的就是自我评价的结果。

我们研究道德规范位能,不能将外在道德规范位能与内在道德规范位能割裂开来,事实上两者存在着必然的联系,是一个问题的两个方面,存在着统一性,即道德是自我评价与社会评价的统一。为了实现这种统一,我们提出"道德位势"、"道德位能"概念,从社会的角度或从某一道德体系的角度,探讨道德主体所具有的道德能量。

这样,"道德位势"作为站在社会的角度,揭示道德主体身上所具有的所有道德规范的综合态势,它应该是道德主体的自我评价与社

---

① 罗国杰:《伦理学》,人民出版社,1989 年,第 58 页。
② 王海明:《新伦理学》,商务印书馆,第 112 页。
③ 罗国杰:《伦理学》,人民出版社,1989 年,第 434—435 页。

会评价的统一,也就是道德主体与社会在对道德规范重要性的认识上实现统一,具体说,就是道德主体对于某一条道德规范的重要性的认识与社会对其重要性的认识实现一致。当然,这是一种理想,在现实道德生活中是不完全这样的。他们之间在认识程度上常常会存在一定的差异。如何反映这种差异,同时在统一性上又能准确地代表两者各自的认识程度?我们认为用道德主体身上所具有的一切内在道德规范位势与其相对应的外在道德规范位势的乘积之和代表道德位势的大小比较合适。这样既体现了外在道德规范在某一道德体系中的重要性(社会评价结果),也体现了内在道德规范在主体身上的重要性(道德主体评价结果),同时也体现了道德位势与内在道德规范位势和外在道德规范位势的相关性。因为,在现实的道德生活中,道德主体与社会在对道德规范的重要性认识上,存在仅存在如下四种可能:一是道德主体认为其重要性大,社会也认为其重要性大;二是道德主体认为其重要性大,社会认为其重要性小(包括负重要性);三是道德主体认为其重要性小(包括负重要性),社会也认为其重要性小(包括负重要性);四是道德主体认为其重要性小(包括负重要性),社会认为其重要性大。用内在道德规范位势与之相对应的外在道德规范位势的乘积表示道德位势,都可以在上述四种情况中体现道德主体的自我评价与社会评价的统一,并可以在量值上体现他们的统一程度。因此,我们可以界定:道德位势是道德主体身上所具有的一切内在道德规范位势与其相对应的外在道德规范位势的乘积之和。其中对应乘积是指同一条道德规范所具有的外在道德规范位势与内在道德规范位势的积。此处所给的位势值是人为测量后的统计值,这就如同给物体定义重量、长度一样,只要给出单位值的大小,就可以称出重量、量出长度。

　　"道德位能"作为站在社会的角度,揭示道德主体在某一道德位势上能够产生社会效用、把握世界的道德能力,那么,"道德位能"就应该是外在道德规范位能与内在道德规范位能的统一。这样,"道德位能"就应该是道德主体身上所具有的一切内在道德规范位能与其相对应的外在道德规范位能的乘积之和。其中对应乘积是指同一条道德规范所具有的外在道德规范位能与内在道德规范位能的积。其中的道理与道德位势的道理一致。

其次,分析影响道德位能变化的因素。要分析影响道德位能变化的因素,首先应厘清道德位能的产生根源。从根源上说,道德能量来源于社会的道德关系和社会的道德要求,是社会的整体利益,也是社会的每一个社会成员的利益在道德上的反映。因为道德规范是社会的道德关系和道德要求的具体化体现。从直接根源上说,道德位能来自道德评价。因为,"道德是社会制定或认可的关于人们具有社会效用的行为应该而非必须如何的非权力规范"。这里的"社会制定或认可""应该……如何"都是以评价为前提,没有评价为前提就无从制定或认可,即使有也是盲目的;没有评价为前提也无从说应该如何,还是不应该如何。由于道德是在社会评价的基础上而制定出来的规范,并被社会赋予一定的要求。这些要求是一定社会成员共同认同并希望共同遵守的。社会成员是否遵守道德规范,都要受到其他社会成员和自己的监督和评价。由于社会监督和评价的存在,从而为道德规范赋予了能量,使之反身对社会成员产生约束和导向的能量。表现在个体身上的道德位能也具有深刻的社会性。个体的行为,"在自我评价的同时,必须受到社会评价的导向。道德规范之所以具有约束力,一个很重要的方面,就在于有社会舆论这样一种强大的力量"。[1]这种约束力的存在是道德主体自我评价与社会评价统一的结果。如果没有道德评价的存在,那么作为脱离社会的抽象的道德规范是没有任何约束力和导向力的,道德位能也就无从谈起。道德评价的结果直接决定道德位能的大小。

---

① 罗国杰:《伦理学》,人民出版社 1989 年版,第 433 页。

道德位能来自道德评价,因此,影响道德位能最根本的因素是道德评价。但从道德位能变化的性质上看,仍可把这些因素分成两类:一类是导致道德位能量值变化的因素,另一类是导致道德位能转化的因素。前者是真正意义上的量的变化,后者实际上是道德位能做功的过程,也就是产生社会效用的过程。在这个过程中所产生的社会效用是需要道德主体具备支撑该行为的应有道德位能,但不直接消耗道德主体自身的道德位能,只不过有时会因某种原因导致道德主体心理上的变化,从而间接地导致增加或减少道德主体的道德位能。现就上述两类作进一步分析。

二、影响道德位能量变的因素

由上文知,道德位能是外在道德规范位能与内在道德规范位能的统一,它体现了自我评价与社会评价的统一。这样,不论外在道德规范位能变化,还是内在道德规范位能的变化,都会导致道德位能的变化。外在道德规范位能的量值是由社会评价标准决定,内在道德规范位能的量值是由道德主体对外在道德规范内化的程度决定,也就是由道德主体对道德规范的倾向性决定,当然,这种倾向性受社会评价制约。由此可见,影响道德位能的量变因素主要有:

1. 道德评价标准。道德评价标准是影响道德位能量值的最根本因素,标准不同,其评价结果就不同,当然其道德位能也不同。我们知道道德评价"主要是把对个体和群体活动的善恶价值判断,反馈给行为者和其他社会成员,使人们通过舆论的谴责或赞许,自觉地对照检查自己的行为,并为自己符合准则的、道德的行为而体验到一种道德崇高感和尊严感,进而使这种行为发扬光大;为自己违反准则的、不道德的行为而知耻、愧疚,进而能够及时改正,去恶从善。"[①]这里

---

①　罗国杰:《伦理学》,人民出版社 1989 年版,第 403 页。

的善恶就是道德评价的标准,但此处的善恶是不确定的,不同的阶级、不同的人都有不同的回答。因此,对善恶回答的不同,道德位能也不同。而对善恶的判定,最根本的是因善恶的标准而定,不同的善恶标准,就会得出不同的善恶结论。不同的社会,不同的阶级,不同的人,都会有不同的善恶标准,我们可把这些善恶标准分为三类:一是善恶的历史标准。它为道德规范赋予了最根本的位能。道德规范是善还是恶,最根本的标准是看其是否有利于社会的进步和人的全面发展,有利的为善,不利的为恶。由于历史标准的存在,道德规范就被其赋予了不同的位能。因此,当社会发展了以后,其标准也发生了变化,当然,原有道德规范的善恶量值也发生变化,而且是一种根本性的变化。二是善恶的阶级标准。它为道德规范打上了阶级的烙印,"凡是符合本阶级利益的行为就是善,凡是危害本阶级利益的行为就是恶"。①从而使道德位能充分体现阶级的能量。在阶级社会里,统治阶级为了本阶级的利益,为道德规范赋予了不同的善恶量值,从而导致某些道德规范位能量值发生变化。当阶级标准代表生产力发展要求时,此时的道德规范位能与按历史标准所赋予的道德规范位能在量值上相近;当阶级标准背离生产力发展方向时,道德规范位能更多地体现是阶级能量,与以历史标准所赋予的道德规范位能在量值上有很大的差异。三是善恶的个人标准。它为道德规范赋予了道德规范位能以个性色彩。一方面,"善恶作为一种道德评价、作为一个价值判断,总是同人们的利益相联系的。人们根据自己的利益和社会的利益,根据自己和社会的意向、愿望和要求,来观察和判断他人和群体的活动,并把那些有利于自己或有利于社会的行为,称为善,反之,则称为恶。"②因个人利益有时与他人、阶级、社会利益

---

① 罗国杰:《伦理学》,人民出版社 1989 年版,第 408 页。
② 罗国杰:《伦理学》,人民出版社 1989 年版,第 407 页。

常常发生冲突,因此,善恶的个人标准与善恶的阶级标准、社会标准往往不一致。所以,外在道德规范经主体内化后具有的内在道德规范位能也不一样,并且被个体赋予了更多的主观色彩,其中符合善恶的阶级标准、社会标准的部分才被该阶级、社会所肯定。另一方面,个体对道德规范内化程度不同,也会导致不同的善恶标准。

2. 社会风俗。社会风俗是在一定的地域内长期形成的风尚和习惯。它不仅包含道德风尚和习惯,而且包括政治、经济和其他文化内容。在道德方面,社会风俗以其特有的方式在影响着道德位能量值的变化。它不同于善恶的历史标准、阶级标准,也不同于善恶的个人标准,而是以社会风俗的标准评价人们的思想和行为的善恶。不同的风俗有不同的善恶标准。当道德规范成为社会风俗时,此时的道德规范对人们的控制力相当强大,也就是说此时的道德规范位能的量值很大。譬如,中国的春节,它作为节日与其他的节日相比没有什么特别的伦理要求,但当其中一些伦理道德成为习俗以后,每逢新春佳节,中华儿女内心都怀着强烈的欲望——回家过年。当没有实现这个愿望时,人们就会产生强烈的良心自责。这就是因为其成为社会风俗,才使春节应该回家过年这条道德规范具有强大的道德能量,即使仅为一顿年饭,也会不远千里,乐此不疲。再如,近代有几种旧风俗习惯比较突出:男人头上的辫子与女子毁形的小脚,是中国特有的风俗,使男人屈从于满人的压迫,使妇女成为家庭的奴隶。相信风水、迷信鬼神的信仰;孝顺父母、溺爱子女的家族情结;男尊女卑、三从四德的封建礼教;尊卑有等、长幼有差的等级秩序等等,更对国民性产生了许多负面的影响。迷信影响到开矿山、修铁路,迷信使人们受宿命论的影响,不敢与不公平的命运抗争。重视孝道使人们不敢轻易地更改祖、父之道,思想趋于保守,活人成为死人的奴隶。家族情结的沉重使青年产生对家庭的依赖性,缺乏应对社会环境的能力。男尊女卑、三从四德的习俗使妇女人受到歧视,个性发展受到压抑。

等级制度使人丧失独立人格,让人不成其为人。这种在社会风俗作用下所具有的道德能量是巨大的,其中无法说是善恶的历史标准、阶级标准,还是善恶的个人标准所为,只能是社会风俗的作用,不同的社会风俗会赋予道德规范不同的道德位能量值。

3. 道德评价力度。由上文知,道德位能来自道德评价,但不仅是道德评价的标准影响道德位能的量值,而且道德评价的力度也影响道德位能的量值。罗国杰、宋希仁在《伦理学》一书中论述:"社会道德评价的强弱,往往成为一个社会道德水平的试金石。当一个社会的道德评价声音非常微弱以致几乎不能为人们听到的时候,这个社会的道德准则、道德要求也就会丧失其权威性,整个社会成员的道德水平,也就必然会日趋下降,甚至会在一段时期内,出现严重的道德堕落现象。相反,强有力的、正确的社会舆论,则代表着一个社会大多数人道德上成熟的善恶判断,反映着人们共同的感情、意志、信念和愿望,体现着历史进步的要求。这种社会舆论,通过大众传播工具的信息传递,形成了一种独特的社会力量,使'恶'的不道德行为,犹如过街老鼠,人人喊打;使'善'的道德行为,能够不胫而走,对社会成员产生强烈的感染作用。这样,一个社会的道德水平和风尚习俗,就会不断进步、不断升华"。①上述的论述说明了道德评价的强弱与道德水平的关系。在此处需要指出,道德评价标准与道德评价力度,是一个问题的两个方面,道德评价离不开评价标准,没有评价标准根本谈不上评价力度;但是只有评价标准,没有评价力度,标准也就失去应有的意义,两者都是不可或缺的。我们可以这样来理解,道德评价标准为道德规范赋予了潜在能量,道德评价力度使道德规范能量显现,从而产生效用。当道德评价力度大时,外在道德规范的约束力、导向力就强,同时对道德主体产生感染作用,促使道德主体加速内

---

① 罗国杰:《伦理学》,人民出版社 1989 年版,第 434 页。

化,从而提高内在道德规范位势,最后实现提高外在道德规范位能和内在道德规范位能的目的。

三、影响道德位能转化的因素

不论是外在道德规范位能,还是内在道德规范位能,只有当其产生社会效用时,才具有社会价值,否则也就没有存在的意义。道德之所以具有社会价值,就是因为道德具有社会效用,而社会效用主要是通过道德行为体现,因此,道德行为应是道德位能的转化目标。当然,道德位能要转化为道德行为是有条件的,即道德主体应具有足够的道德位能来支撑该道德行为。如果说道德主体具有一定的道德位能,但不足以支撑该道德行为,那么,该道德行为在正常情况下也不会发生,即使发生也不是道德主体的真正意愿,可能是因其他外力使然,不得已而为之。道德位能在转化为道德行为的过程中,正常情况下不直接消耗道德主体的道德位能,而是因道德主体为自己的道德行为而快乐或痛苦所产生的心理变化,最终导致道德主体的道德位能的量值变化,因享受快乐而增加道德位能量值,因感受痛苦而减少道德位能量值。影响道德位能转化的因素非常复杂,大体可分三类:

1. 外在道德规范位能的量值对道德位能转化的影响。外在道德规范位能的量值是由其位势决定,也就是由外在道德规范在特定的道德体系中所具有的重要性决定。这种重要性是由道德评价界定,正常情况下,对外在道德规范的评价是以善恶的历史标准为依据,以是否适应生产力发展要求为依据,在阶级社会里善恶的阶级标准起主导作用,但每一个新兴阶级在推翻旧的统治阶级时,都是代表着当时社会生产力的发展要求,其善恶的标准比前一阶级的标准更接近当时生产力的发展要求,更具人民性。因此,外在道德规范的重要性,是看其所代表的人民性的程度,人民性程度越大,其重要性越大,也就是其道德位能越大。本文认为,外在道德规范位能越大,道德主体要产生符合该道德规范的行为所需的该条内在道德规范位能也越大。因为这是由伦理行为原动力规律所决定。"伦理行为原动力规律表明:我之所以无私为他人谋利益,是因为我爱他人;而我之所以爱他人,又只是因为我的利益是他人给的"。①包尔生曾对此论述:"我们的行为实际上是由这样的考虑指导的,我们可以说,每一自我都在一个同心圆中把所有其他的自我安排到自己的周围:离这个中心越远的利益,他们的重要性和驱动力也就越少。这是一条心理力学的法则。"②心理学家弗洛伊德也曾论述:"在个人发展过程中,主要的特征大都在于利己的需求;而另一个可能被描述成'文化的'需求,则通常只满足于赋予强制性限制的作用"。③由于受这种行为原动力规律的作用,当人民性程度越大时,也就是当外在道德规范位能越大时,外在道德规范所代表的利益与个体利益的相关性越小,也就是它所代表的利益离圆心越远,离自我越远,于自我的重要性和驱动力也就越少,因此,要产生这种道德行为,就需要更大的所对应的内在道德规范位能作支撑。

2. 道德实践的难易程度对道德位能转化的影响。在道德实践过程中,在相同道德规范上,因道德主体所处的情境不同,其所需产生符合相应道德规范行为的能量也不同。道德实践难度大的,其所需相应的道德位能也大,即道德位能转化难度也大;反之则小。我们主要从四个方面对此进行阐释:一是道德主体心理距离量与道德位能转化的难度成正相关。心理距离量是反映道德主体与他人之间的亲疏程度,若心理距离量大,则说明道德主体与对方比较疏远,反之,则比较亲近。根据伦理行为原动力规律,"谁给我的利益较少,谁与我比较疏远,我对谁的爱比较少,我比较少地为了谁谋利益;谁给我的

---

① 王海明:《新伦理学》,商务印书馆,第231页。
② 包尔生:《伦理学体系》,中国社会科学出版社1988年版,第335页。
③ 弗洛伊德:《文明及其缺憾》,安徽文艺出版社1987年版,第92页。

利益较多,谁与我比较亲近,我对谁的爱比较多,我比较多地为了谁谋利益。"①由此可见,当心理距离量较大时,道德主体对对方的爱就比较少,也就比较少地为对方谋利益,也就是为对方产生道德行为难度较大,即道德实践难度较大。如要为对方产生道德行为,那么,道德主体必须具有更高的道德位能作支撑;反之,当心理距离量较小时,道德主体就对对方的爱比较多,就能比较多地为了对方谋利益,也就是道德主体容易为对方产生道德行为,即道德实践难度较小,所需相应的道德能量也较小,即道德位能转化就容易。二是道德主体利益付出绝对量与道德位能转化的难度成正相关。"马克思主义伦理学认为,世界上不存在纯粹的道德,道德是人们利益关系的反映,是受社会物质生活条件制约的"。②因此,道德主体在产生道德行为时,与之同时也伴随着利益(精神或物质)关系的发生,即道德主体需要作出一定的付出(精神或物质)。当道德主体所付出的绝对量(不计已获得或预期获得的回报)增大时,导致道德实践的难度增大,因此,道德位能转化为道德行为的难度也增大;反之,难度减小。三是道德主体利益付出相对量与道德位能转化的难度成正相关。在现实中,当道德主体产生道德行为时,道德主体都或多或少地获得来自社会或对方的回报,我们把道德主体因此所付出与所获得回报的差额,称之为道德主体利益付出相对量。当相对量为负值时,道德主体为此所获得的比所付出的多;当相对量为正值时,道德主体为此所获得的比所付出的少。这样,当相对量越大时,道德主体所付出的就越多,付出的越多,所要产生相应的道德行为所需的道德能量越大,即道德位能转化为相应的道德行为的难度越大。四是道德主体自身利益相对量与道德位能转化的难度成正相关。道德主体所付出的量与

① 王海明:《新伦理学》,商务印书馆,第231页。
② 罗国杰:《伦理学》,人民出版社1989年版,第367页。

其自身所拥有的利益总量的比例,我们称之为道德主体自身利益相对量。道德主体自身利益相对量越大,其对道德主体的重要性越大,为此付出的难度也越大。因此,道德主体要为此产生道德行为的难度越大,即道德位能转化为道德行为的难度越大;反之则越小。上述之所以具有这种规定性,其主要是因为"自爱必多于爱人、为己必多于人之人性定律"①所决定。如果要道德主体背离这个人性定律,道德主体必须借助道德能量来加以克服,背离程度越大,越需要更多的道德能量。

3. 个人需要的迫切程度对道德位能转化的影响。需要是"人的本质属性,是人对自身生存和发展条件的特殊等待状态和主体趋势"②如若"失去人的固有需要,就没有人的存在"③由此看出,需要对人的重要性是不言而喻的。因此,当人处于严重缺乏状态时,等待就处于十分焦急状态,因此需要就非常强烈和迫切。本文认为,个人需要(此处的"需要"是指道德主体对其在道德行为中能够付出的对象物的需要。)的迫切程度与道德位能转化的难度成正相关。其原因有二,首先是有需要的客观性所决定。需要的客观性"是指一个主体在特定的现实条件下必然产生一定的需要,这是有客观规律可循的,并不完全由人的主观意志所决定"。④由于需要具有客观必然性,因而它会"以一种客观力量支配着主体,使人的自觉意识陷于不能自控的地步"。⑤当然,"需要也并非是人的异己力量,并非绝对客观而无主体能动性",⑥只是在主体克服需要的过程中,需要主体付出更多的努力。这样,当主体需要比较迫切时,要让主体将其需要的对象物付出,那是比较困难的,需要的迫切程度越大,将其对象物付出的难

---

① 王海明:《新伦理学》,商务印书馆,第233页。
②④ 韩民青:《新时代哲学人类学》第二卷,广西人民出版社,第94页。
③ 韩民青:《新时代哲学人类学》第二卷,广西人民出版社,第93页。
⑤⑥ 韩民青:《新时代哲学人类学》第二卷,广西人民出版社,第95页。

度越大;反之,难度越小。譬如,当一个人饥肠辘辘时,要让他将手中仅有的一个馒头捐给别人,那是相当不容易的一件事,需要具有相当的道德位能才能做到;相反,如果这个人没有明显饥饿感,他就很容易做到。其次是"自爱必多于爱人,为己必多于人之人性定律"所决定。根据人性定律,当自我需要比较迫切时,道德主体会首先考虑到的是自身,其次才是他人,只有先满足自己,而后才能满足他人,需要越是迫切,其人性定律作用越强烈;反之,则相反。因此,道德主体的需要越迫切,要让其克服人性定律作用的难度越大,也就要道德主体具备足够的道德位能来支撑相应的道德行为,即道德位能转化难度增大;反之,则减小。

第六节　道德规范的社会效用

由上文知,道德规范具有能量,当它与道德主体发生作用时,这种能量就表现为——对道德主体施加影响,以达到规范道德主体行为的目的。这就如同煤燃烧发热取暖、水浮力载舟运输、风吹动轮机发电产生的效用一样。道德规范对道德主体施加影响,规范道德主体行为,就是道德规范所具有的社会效用。具体说,可以分两个方面:道德规范的他律性和道德规范的自律性。

一、道德规范的他律性

道德规范的他律性,就是外在道德规范与道德主体发生作用时,对道德主体所产生的约束力和导向作用。这就是外在道德规范对社会产生社会效用所具有的能力。关于道德规范具有他律性的社会效用,历史上绝大多数规范伦理学派别对此都有共识。在规范伦理学中,道德规范他律性的直接内涵,就是指人或道德主体赖以行动的道德标准或动机,首先受制于外力,受外在的根据支配和节制。这些外力或外在的根据,是超出道德自身和道德主体自身之外的。马克思主义伦理学认为,这些外力或外在根据就是客观的社会道德关系和客观的社会道德要求。由于道德规范是客观的社会道德关系和客观的社会道德要求在人们的道德意识中的反映,所以,这种外力就体现在道德规范身上,使外在道德规范具有能量,并通过道德评价传递给道德主体,从而产生社会效用。因此,在道德实践活动中,道德规范就对人们具有节制或限制能力。这种节制或限制对道德主体来说,是一种具有约束力的东西,因而在相当的程度上,一个试图过社会生活的人,是无法抗拒这种约束力的节制的,更谈不上完全摆脱这种节制或约束,而只能顺应这种力量,或者在受这种力量节制或约束的前提下,取得个人道德活动的相对自由。

这种外力,即客观的社会道德关系和客观的社会道德要求,来自社会的整体利益,来自社会的每一个社会成员的利益,它是一种社会的或集体的理性。

在马克思主义伦理学中,一切道德规范都是依据集体主义原则引申出来的。集体主义原则一方面强调个人与集体的辩证统一,强调个人的正当利益,另一方面则更加强调集体利益的至上性,强调个人对集体所作的必要的牺牲。因此,在马克思主义伦理学中,道德规范的他律性,可以说就是集体利益对个人利益正当的节制与约束在道德上的反映。道德规范他律性在这里所起的作用,就是使那些意欲脱离集体利益的价值目标的个人,重新调整个人追求利益的行动,以使个人利益的目标同集体利益的目标趋于一致。这种社会集体利益——最终是社会的每一个成员的利益——体现出来的共同意志、共同要求,就是社会的或集体的理性。这种理性源于各个个人,又是各个个人普遍升华了的"公共财产"。因此,理性对于个人的意向或欲望来说,总具有一种压抑性的特质,既要迫使个人的意向或欲望始终沿着某一集体的共同意向或欲望方向发展,而不能与集体的发展方向背道而驰。

王海明在《新伦理学》中对此也有相应的论述。他认为这种外力"直接源于社会——经济与科教——的存在发展需要,最终源于每个人的个人利益需要;目的在于保障道德之外的他物:直接目的是为了保障社会——经济和科教——的存在发展,最终目的是为了增进每个人的个人利益"。①

当然,道德规范他律性的社会效用不仅表现在社会对个人的"防范",理性对欲望的"束缚"。但实际上,马克思主义伦理学在理解道德规范的他律性时,并不把外在的约束力,理解为一种纯粹消极的东西,理解为一种道德禁欲主义;而是在强调道德规范对人的制约性时,同时强调道德规范对人所表现出来的价值导向功能。约束性和导向性,正是道德规范他律性的完整表达形式。

道德规范的导向效用,是指道德规范对人的道德活动起到的引导作用。道德规范既作为一种行为准则,就必然在约束人们的行动时也引导人们的行动。换言之,道德规范的约束力,不但是告诉人们不能做什么,同时也是告诉人们应当做什么;不但是约束某一种行为,同时也是激励某一种行为。从根本上说,道德规范的这种价值导向功能,是与约束力同时并存、同时发挥作用的。没有约束,导向就失去了自己的轨道,导而无方,毫无意义可言;没有导向,约束也同样失去了指定的目标,约而无向,也毫无意义可言。因此,道德规范的约束性,实际上包含着导向性,或者说,约束性是从不应当的角度来理解道德规范,导向性则是从应当的角度来理解道德规范,他们仅仅是理解道德规范的角度不同,并没有原则的区别。

应该指出,处在他律阶段的道德规范,其约束力和导向功能是外在于道德主体自身的,这就是我们称谓的外在的约束力和外在的导

———————————

① 王海明:《新伦理学》,商务印书馆,第140页。

向功能。

就外在的约束力而言,社会对个人的道德要求,理性对欲望的道德把握,还停留在道德主体自身的意志要求之外。这是道德所产生的力量还不是来自道德主体自身,不是道德主体自身对道德规范的认同、内心敬畏和自由服从,而是来自一种超乎个人之上的社会道德的压力。良心此时还未成熟,还未反思到道德自由的深度,而仅仅是对社会舆论的粗浅呼应。道德主体还处于随大流的低境界阶段,其德性的动机,与其说是出于对道德规范的真诚信念,毋宁说是出于畏惧道德舆论的谴责。

就外在导向功能而言,道德价值目标依然只是社会的道德价值目标,而非个人真正认同的道德价值目标。道德主体之服从道德规范的导向,就如同服从威风凛凛的道德十字路口的道德警察。这时理性对欲望的把握,还只是社会理性外在性的把握,还未升华到个人意志自由把握的境界。

总而言之,处在他律的道德规范,对于道德主体来说,依然只是一种外在必然性的东西,不是个人的意志自律,不是个人的道德选择,不是个人的良心,因而它还必须发展,必须向自律性发展,使社会理性内化为个人的自由意志。但是,这种他律性却是道德的最起码的条件。如果说在道德领域要坚持决定论原则的话,首先就应该考虑到道德规范他律性的客观存在。婴幼儿道德良心的成长,原始人道德意识的进步,从发生学上来看,首先经历的正是道德规范他律性这个阶段。人们决不能随心所欲地超越这个阶段而直接进入道德规范自律性的阶段。

二、道德规范的自律性

道德规范的自律性,就是外在道德规范被道德主体内化后,形成道德主体自我的态度、观点和立场,成为道德主体自觉意志,从而成为道德主体自我把握,以至实现自律。这种意志在道德主体的自我意识中仍然是道德规范形态,即内在道德规范。内在道德规范把握道德主体的能力,仍然来自客观的社会道德关系和客观的社会道德要求,是自我理性和社会理性的统一。因为,内在道德规范作为人的意识,仍然是客观的社会道德关系和客观的社会道德要求的反映,只是道德主体认同了这种社会道德关系和道德要求,形成了道德主体的自我意志,即社会理性同时也成为了道德主体的自我理性,实现了自我理性与社会理性的统一。

当然,实现道德主体的自我理性与社会理性的统一,即从他律转向自律,需要经历一个漫长的过程。因为,每一个规范,都在历史的长河中经受反复地冲刷筛选,最后成为一种定型的理性形式,积淀于人们的心中。这种历史积淀,不是靠人与人心灵的神秘感应,不是靠上一代对下一代的生理遗传,而是靠社会环境、家庭环境和教育环境的熏陶和塑造。在实现道德主体的自我理性与社会理性——道德规范从他律向自律转换——的过程中,道德规范的他律性与道德规范的自律性是紧密相连的,共同作用于道德主体,只是存在的程度不同罢了。

实现道德主体的自我理性与社会理性的统一的主要特征,即实现道德他律向道德自律的转换的主要特征,主要表现在三个方面:

首先,道德主体自身的自觉意志把握,表现为对道德规范他律性的认同。认同不等于一般的认识。对道德规范他律性的认识,还仅仅处于了解或掌握这种他律性的本质及其特征的阶段,而没有进入到这种他律与自己血肉相连的阶段。因为对一种道德规范他律性的认识,既可以引起主体对这种规范的敬畏心理,亦可以引起主体对这种规范的嫌恶感。换言之,认识的阶段,既属于理智活动的阶段,没有掺入主体自身的意志力,又属于价值判断的阶段,目的为以后的意志活动、价值选择奠定基础。因此,主体自身的自觉意志把握,应在对道德规范他律行进行认识的基础上再升华一步,进入认同阶段。认同意味着主体既认识了道德规范的他律性,又自觉地利用道德规范进行自我意志把握,或者说,是把这种外在的规律,看成就是自身的内在规律;他律的约束,等同于自律的自我意志把握,社会的客观道德要求,等同于主体自身的道德需要。因而,主体的认同的阶段,是理智活动与意志活动相统一的阶段,是道德价值判断与道德价值选择相统一的阶段。

认同的动因,是主体在对道德规范他律性进行深刻反思的基础上,有内心涌动出来的对这种他律性的真挚敬仰。"有两种东西,我们愈时常、愈反复加以思维,它们就给人心灌注了时时在翻新、有加无已的赞叹和敬畏:头上的星空和内心的道德法则"。①康德所赞叹和敬畏的这种内心法则,在我们看来,就是从他律转换为自律的道德规范。主体非但不把这种道德规范视为异己的东西、消极的东西,非但不把这种他律性视为负担、枷锁,而且把它奉若神明,对它五体投地,并以能够按照这样的准则来行动而感受到一种神圣的道德崇高体验。主体只有从内心深处敬畏这些道德规范,自身才会积极地对自己的行动进行自我的自觉意志把握。

其次,道德主体自身的自觉意志把握,表现为主体自己为自己立法。道德的立法与法律的立法有原则的区别。法律的立法,从制定到实施靠的是国家机关,在很大程度上,它不是出于人们的自愿,而是出于人们的被迫;如果没有惩治性的严重后果,法律的立法,将大大失去对人们的威慑力量。道德的立法,就社会意义而言,首先表现为在社会关系中产生出来的种种道德规范,因而也具有外在于人的性质,这也就是我们所说的道德规范的他律性。但是就个人而言,个体道德主体自己为自己立法,则已经把这种外在的道德要求,内化为

---

① 康德:《实践理性批判》,商务印书馆1960年版,第164页。

心中的道德法则。意志的自律,在这里就表现为个人的道德行为准则,既完全是由自己来制定的,又完全是出于自己对这些准则的敬畏。换言之,道德主体自己所立的法,一方面把基础建立在对道德他律性的认同上面,另一方面又是对认同的进一步发展,即不但从静态上敬畏、服膺道德规范的他律性,而且从动态上自己给自己制定具体的道德行为准则。

第三,道德主体自身的自觉意志把握,集中表现为意志对爱好和欲望的把握。在这里,爱好和欲望表象为个人的东西。从个人与集体的关系来看,个人总有背离集体或他人而独立发展的意向。个人利益与集体利益或他人利益的差异性,使个人利益总会或多或少地要把利益实现的途径,转化到有利于自己一方来。个人的爱好和欲望,正是个人利益在某一方面的具体表现。个人的爱好是多种多样的,个人的欲望也是多种多样的,花鸟鱼虫,饮食男女,不一而足。但是一个社会或一个集体在一个特定的时期,并不总能满足社会一切成员的一切爱好和欲望的需要。这就使无限的个人爱好和欲望需要,与有限的社会或集体的满足这些需要的能力之间,产生了潜在的矛盾。一旦这潜在的矛盾表面化和激烈化,就会毁坏社会的正常秩序,阻碍社会的向前发展。

与个人的爱好和欲望相对应,在这里意志表现为社会的东西,换言之,表现为社会的理性。理性就其社会性而言,是社会的共同要求,这个共同要求是每个人和平共处、一起发展的必要条件。从一般情况看,共同的要求与个人的爱好和欲望,既相一致又相区别。就一致方面说,个人的需要和欲望在这些共同要求中得到了相对多的反映;就区别方面说,个人的需要和欲望又不可能全部反映在这些共同要求之中。得到反映的个人需要和欲望,可能在共同要求的实现过程中得到同步实现;而未得到反映的个人需要和欲望,则不但可能在共同要求的实现过程中得不到实现,而且可能受到共同要求的抑制。

这种抑制,可能是合理的节制,也可能是不合理的禁欲。

　　通常把理性对爱好和欲望的抑制,理解为合理的节制。在这种合理的节制中,单纯他律性的节制,可称为理性的外在节制,也就是我们所理解的道德规范的外在约束力。但在自律意义上的理性节制,则内化为道德主体自身的理性节制。这里的理性,既具有社会的特征,也具有个人的特征,是个体化了的社会理性。但个人理性对个人爱好和欲望的把握,还限于一般要求的领域,还不具有主体自身强制约束的性质。因此,在个人理性把握个人爱好和欲望的过程中,理性必须表现出一种意志的能力。意志已不仅仅是一般的理性,也不是一般的情感,而是一种融和了理性与情感的力量,即上文中的内在道德规范所具有的产生社会效用的能力。这种力量能够保证理性在与爱好和欲望旷日持久的抗衡之中,掌握主动权,并取得最终胜利。

第三章　道德品质结构与评价

　　道德品质是一个人在长期的、一系列的行为中所表现出来的稳定的、恒久的、整体的心理状态,是个体的行为长期遵守或违背道德规范所得到的结果,是已经转化为个人内在心理和人格的道德规范集合。它是由道德认识、道德感情、道德意志、道德行为构成,并形成内外影射集合结构,具有稳定性、个体差异性特征。

第一节　道德品质概念

　　道德品质,众所周知,与"德"、"德性"、"品德"是同一概念,是存在于每个人自身内部的东西,是通过一个人的行为所表现出来的行为者的内心状态或心理特征。在德育心理学、教育心理学及辞典中,多数都是沿用了潘菽教授在其《教育心理学》中的定义,即认为道德品质是个人依据一定的道德行为准则行动时所表现出来的某些稳定的特征。

　　在伦理学中,罗国杰先生在其所编的《伦理学》中认为:"道德品质是一定社会的道德原则和规范在个人思想和行为中的体现,是一个人在一系列的道德行为中所表现出来的比较稳定的特征和倾向"。[①]王海明先生在其所著的《新伦理学》中认为:道德品质"是一个人在长期的、一系列的行为中所表现出来的稳定的、恒久的、整体的

---

① 罗国杰:《伦理学》,人民出版社 1989 年版,第 394 页。

心理状态"。①

在教育心理学中,道德品质"是指个人依据一定的道德行为准则行动时所表现出来的某些稳定的特征,它是个性中具有道德评价意义的核心部分。个人的品德,如忠于社会主义、爱祖国、集体主义、守纪律、助人、勤俭等,主要是在社会道德舆论的熏陶下和家庭、学校道德教育的影响下形成的,它是社会现实在人脑中的反映"。②

由此看来,道德品质这一概念,无论从伦理学中还是从教育心理学中,无论专家还是学者,大家基本上认为,道德品质是指个体言行中表现出来的某些稳定的特征,是个体的行为长期遵守或违背道德所得到的结果。正因为如此,我国古代注释家把"德"注释为"得",认为德是按照道德规范去行事而心有所得:"德者,得也。行道而有得于心也"。③"无乎不在之谓道,自其所得之谓得。道者,人之所共由,德者,人之所自得也"。④于是,说到底,道德品质"也就是道德由社会外在规范向个人内在心理的转化,是转化为个人人格的道德(规范),是道德(规范)在个人伦理行为中的实现,说到底,也就是所谓的道德人格,就是已转化为人格的道德。只不过,优良品德、美德,如节制、谦虚、诚实、勇敢等等,乃是已转化为人格的应该如何的道德(规范);而恶劣品德、恶德,如放纵、骄傲、欺骗、懦弱等等,则是已转化为人格的不应该如何的道德(规范)罢了。所以,保罗J.查拉(Paul J. Chara)在解说美德时写道:'美德是存在于品质和行为中的善与应当的道德准则,这些准则引导个人追求道德完善而避免道德堕落。'因此,任何规范或品德,如'节制'、'放纵'、'谦虚'、'骄傲'、'勇敢'、'懦弱'等等,究竟是'道德'还是'品质',只能看它们存在于何处——如果存在

---

① 　王海明:《新伦理学》,商务印书馆 2002 年版,第 604—605 页。
② 　潘菽:《教育心理学》,人民教育出版社 1986 年版,第 156 页。
③ 　朱熹:《四书集注·学而篇》。
④ 　《老子翼·卷七引》。

于个体心中,已转化为个人的人格,它们就是'品德';如果存在于个体心外,是外在于个人的社会规范,它们就是'道德':品德和道德不过是存在于不同场合的同一东西罢了"。①由此观之,"道德品质"则是内在规范,是已经转化为个人内在心理和人格的规范。

第二节　道德品质结构

　　道德品质结构又称品德结构,近些年来,很多学者对此研究颇多,提出了颇具价值的见解。诸如"三分法"、"四分法""四项意识说"、"基本维度说"、"三环结构说"、"三维结构说"、"三个子系统说"、"球形四环多维立体结构说",等等。这些学说见仁见智,对我们进一步认识道德品质结构作出了贡献。其中,"三分法"和在此基础上形成的"四分法"在学术界被普遍承认,并在学术交流中被广泛使用,但是,"三分法"或"四分法"只提出了构成要素,对要素之间的关系阐释得不够。笔者认为道德品质构成要素应该由道德认识(知)、道德感情(情)、道德意志(意)、道德行为构成,但是不能这样简单地说构成,应该把它们分为内外两个方面:内在要素是知、情、意,它们从心理的角度共同揭示主体的道德品质,下文称此为"主体内在的道德品质";道德品质的外在要素是道德行为,是知、情、意的外在表现,它从行为的角度揭示主体的道德品质,下文称此为"主体外在的道德品质"。不论是主体内在的道德品质,还是主体外在的道德品质,它们是从内外不同的角度揭示一个共同的东西——主体的道德品质。并且,内在要素的集合与外在要素的集合形成内外影射集合结构。根据数学理论,构成一对影射集合的条件是:若集合 B 中的任一元素 y 是集合 A 中某一元素 x 的像,同时,集合 A 中的任一元素 x 也是集合 B 中 y

---

① 　王海明:《新伦理学》,商务印书馆 2002 年版,第 604—605 页。

的像,则集合 A 与集合 B 为一对影射集合。道德品质若构成内外影射集合结构,它必须满足构成一对影射集合的条件,以下分三个方面进行阐释。

1. 主体内在的道德品质形成一个以内在道德规范为元素的集合

首先,主体内在的道德品质构成是知、情、意。道德品质作为一种心理,它具有心理的一般属性。在心理学史上,提顿斯(Tetens)在沃尔夫(C. Wolf)的官能心理学基础上,始创了把人的心理构成分为认识、情感和意志的"三分法"。康德是提顿斯三分法的继承者,他以"知"、"情"、"意"为纲的《纯粹理性批判》、《判断力批判》、《实践理性批判》的哲学著作,不仅构成了他的"批判哲学"体系,而且也构成了他的心理学的体系。从此,知、情、意就被确定为心理结构的主要成分,即所谓心理过程的"三要素",或三种心理过程。道德品质作为一种心理,当然也具有这种属性。因此,在这三分法的基础上,人们尝试着分析道德品质结构,即把道德品质看成是道德认识、道德情感和道德意志的统一体。从心理层面上,这也被学术界广泛认同。所以,蔡元培说:"人之成德也,必先有识别善恶之力,是智之作用也。既识别之矣,而无所好恶于其间,则必无实行之期,是情之作用,又不可少也。既识别其为善而笃好之矣,而或犹豫畏搜,不敢决行,则德又无自而成,则意之作用,又大有造于德者也。故智、情、意三者,无一而可偏废也"。①

但是,在此"三分法"的基础上,有的学者把"道德意志"过程分为"意志"和"行为"两种成分。这样,道德品质构成就变成道德认识、道德情感、道德意志和道德行为的四分法。对此出现两种不同的观点:一种观点认为道德行为是知、情、意的归宿,是道德品质的外在表现,当然是道德品质的重要组成部分。如国内伦理学和心理学家大都认

---

① 蔡元培:《蔡元培全集》第二卷,中华书局 1984 年版,第 253 页。

为道德品质是由道德认识、道德情感、道德行为或道德认识、道德感情、道德意志、道德行为四种成分构成。国外学术界也是如此,美国品德心理学家柯廷斯(William M. Kurtines)写道:"考察品德研究,通常都是将它分为道德观念、道德感情和道德行为"。①另一种观点认为道德品质是一种心理,而道德行为是一种行为,因而,道德行为不是构成道德品质的成分。如王海明先生在其《新伦理学》中阐述:"因为品德是一种心理;而任何心理都由知、情、意三者构成:三者是构成心理的全部成分。这意味着:道德认识、道德感情、道德意志三者是构成品德的全部成分。与三者根本不同,道德行为乃是一种行为,属于行为范畴:道德行为不是构成品德的一种成分,正如行为不是构成心理的一种成分。其实,作为品德结构一个成分的,并非'道德行为',而是,'道德行为之筹划'或'道德行为之心理',是道德行为从思想确定到实际实现的心理过程:这正是所谓的道德意志。把道德行为作为品德结构一个成分的观点,说到底,不过是混同'道德行为'、'道德行为心理'、'道德意志'的结果"。②

笔者认为:道德行为作为道德品质的构成要素无疑是正确的。因为道德行为是道德品质的外部表现,没有道德行为,也无从谈道德品质,所以,道德品质的构成要素离不开道德行为。但是,道德行为作为主体内在的道德品质构成要素是值得商榷的。正如王海明先生所说:"与三者根本不同,道德行为乃是一种行为,属于行为范畴"。因而,把道德行为作为一种心理过程的一部分,或把其与其他三要素平行相待,这是在把构成一块未被食用的蛋糕的三种原料分开后,又把这三种原料与由该三种原料做成的已被食用的蛋糕看成同一类的做法,这显然是不合适的。王海明先生说的是"未被食用

---

①　William M. Kurtines, Jacob L. Gewirtz: *Morality*, *Moral Behavior*, *and Moral Development*, New York A Wiley-Interscience Publication 1984, p.24.

②　王海明:《新伦理学》,商务印书馆 2001 年版,第 618 页。

的蛋糕"的构成,这无疑是正确的;但是,如果此"蛋糕"不具有食用价值,也就不能成为通常意义上的"蛋糕"了。道德品质尤其是这样,道德品质之所以成为道德品质,就是因为其具有社会效用,即有道德行为的存在。因此,考量道德品质构成时,应该有道德行为;考量主体内在道德品质构成时,不应该有道德行为,只有且仅有知、情、意。

其次,主体内在道德品质构成要素知、情、意统一于内在道德规范。这是因为:(1)道德是一种规范体系,这在学术界已成不争的事实。王海明在他的《新伦理学》中阐释:"道德是社会制定或认可的关于人们具有社会效用(亦即利害人己)的行为应该而非必须如何的非权力规范"。①罗国杰在他的《伦理学》中认为:"当我们再深入到社会意识形态的内部,比较诸社会意识形态的异同时,又会发现道德还有着区别于其他意识形式的特殊本质:道德是一种特殊的调解规范体系。"②郭广银在她的《伦理学原理》中说得也很具体:"道德的内容是行为准则、规范的总和。调节伦理关系的有行为规范,而在一些道德体系中,这些规范都从属于基本的行为原则。人们行为的道德准则既包括具体的规范,也理应包括基本的原则。道德内容的内涵只能限于此,不能把那些大量的道德现象说成是道德本身"。③道德既然是规范体系,那么,这个体系必然是由一条一条的道德规范所组成,并且,每条道德规范都存在自己的特有的规定性,也就是说,该道德体系中的任意两条道德规范都具有自己的独立性,可以加以区别,否则,该两条道德规范就可以合二为一。(2)主体内在的道德品质是道德主体对道德规范的内化所形成的长期的、比较稳定的心理状态,自然也是以道德规范的概念形态而存在。王海明在他的《新伦理学》中

---

① 王海明:《新伦理学》,商务印书馆 2001 年版,第 112 页。
② 罗国杰:《伦理学》,人民出版社 1989 年版,第 51 页。
③ 郭广银:《伦理学原理》,南京大学出版社 1995 年版,第 7 页。

论述道："构成'道德'一词的'道'与'德'的词源涵义也就是指应该如何的行为规范。只不过'道'是外在规范，是未转化为个体内在心理的社会规范；而'德'则是内在规范，是已经转化为个体内在心理的社会规范"。①"品德也就是道德由社会外在规范向个人内在心理的转化，是转化为个人人格的道德（规范）"。②罗国杰在《伦理学》中讲："道德品质是一定社会的道德原则和规范在个人思想和行为中的体现，是一个人在一系列的道德行为中所表现出来的比较稳定的特征和倾向"。③由此可见，道德主体在内化过程中是对道德规范概念的内化，那么，道德主体自然是以概念的形态在主体的意识中体现出来；主体在自我道德品质认识、评判，包括主体在外化过程中，都是以道德规范为思维基础的；所以，内在道德规范是道德主体的道德品质的基本元素。(3)道德认识、道德感情、道德意志是针对道德规范而产生的。众所周知，道德认识、道德感情、道德意志都是存在对象物的，是道德主体对对象物的认识、感情，以及对对象物所表现出的意志力。主体的道德认识、道德感情、道德意志的具体对象物就是道德规范。因此，道德认识、道德感情、道德意志在道德规范上找到了共同的落脚点，也就是说，主体的每一条内在道德规范都是由道德认识、道德感情和道德意志共同铸就而成。这种内在道德规范就是通常所说的较为稳定的心理倾向，即道德主体在心理上所拥有的道德品质状态。

再次，主体内在的道德品质形成一个以内在道德规范为元素的集合。由上文知，主体内在的道德品质的要素知、情、意共同铸就了内在道德规范，并且使内在道德规范成为主体内在的道德品质的基本元素，而且每一条内在道德规范都具有自身特有的规定性，也就是

①　王海明：《新伦理学》，商务印书馆 2001 年版，第 105 页。
②　王海明：《新伦理学》，商务印书馆 2001 年版，第 605 页。
③　罗国杰：《伦理学》，人民出版社 1989 年版，第 394 页。

具有区别于其他条内在道德规范的特质,即内在道德规范具有自身的独立性。又因为道德是规范体系,主体的道德品质是主体对道德规范内化的结果,所以,主体内在的道德品质也应该是规范体系,当它以内在道德规范为元素时,就形成了以内在道德规范为元素的集合。

2. 主体外在的道德品质形成一个以类道德行为为元素的集合

首先,主体外在的道德品质构成要素是道德行为。道德行为是主体外在的道德品质构成要素。其理由有三:(1)道德行为不同于一般行为,它是指那些有自觉意识的、自主自愿的、具有社会意义的行为。黑格尔对道德行为的规定曾作过如下的表述:"意志作为主观的或道德的意志表现于外时,就是行为。行为包含着下述各种规定,即(甲)当其表现于外时我意识到这是我的行为;(乙)它与作为应然的概念有本质上的联系;(丙)又与他人的意志有本质上的联系"。[①]这就是说,道德行为不同于一般行为的规定,就在于它是自觉的、出于道德准则(道德规范)的,并且是与他人的意志具有本质联系的行为。反之,凡是属于自觉的、出于道德准则(道德规范)的,并且是与他人的意志具有本质联系的行为,就是道德行为。(2)道德行为是主体道德品质的外部表现。由道德行为的界定知,道德行为是与他人的意志具有本质联系和具有社会效用的行为,所以,它必然表现于主体之外,否则,它就无法与他人产生本质联系,也无法产生社会效用。有的学者认为道德行为具有两个方面:行为的道德意识和行为活动的本身,前者是行为的内在方面,后者是行为的外在方面。笔者认为此处的行为的道德意识不能独立地作为道德行为看待,只能作为道德行为产生的一种道德心理看待。如"道德行为之筹划"或"道德行为之心理"等,是道德行为从思想确定到实际实现的心理过程:这正是

---

① 黑格尔:《法哲学原理》,商务印书馆 1961 年版,第 116 页。

所谓的道德意志。因此,道德行为只能是表现于主体之外的行为活动的本身。(3)道德行为在主体外部表现了主体道德品质的全部。罗国杰在他的《伦理学》中对道德品质作了如下定义:"道德品质是一定社会的道德原则和规范在个人思想和行为中的体现,是一个人在一系列的道德行为中所表现出来的比较稳定的特征和倾向"。①他认为"道德行为是道德品质的基础"②,"道德品质是自觉自主的行为过程"③,"道德品质是在行为整体中表现出来的稳定特征和倾向"。④王海明在他的《新伦理学》中说得更具体:"品德是一个人在长期的、一系列的行为中所表现出来的稳定的、恒久的、整体的心理状态"。⑤他进一步阐释道:"一个人的品德不但表现于、而且形成于他长期遵守或违背道德的行为;不但表现于而且形成于他长期的道德行为。所以,一个人的品德水平与其长期道德行为水平必定完全一致:长期道德行为高尚者,品德必定高尚;长期道德行为恶劣者,品德必定恶劣。反之,品德高尚者,长期行为必定高尚;品德恶劣者,长期道德行为必定恶劣"。⑥由此可见,道德行为在主体外部表现了主体道德品质的全部。

其次,主体外在的道德品质要素道德行为统一于类道德行为。由上文知,道德行为是出于道德准则(道德规范)的,但是,出于同一道德准则(道德规范)的道德行为(即符合同一道德规范的道德行为),主体在次数上不止发生一次,每次在程度上不一定相同,与之产生本质联系的社会对象也不一定一致。譬如:主体出于"互相帮助"的道德规范所产生的道德行为:其帮助他人的次数不可能仅一次,在主体身上可能发生很多次;其帮助他人的程度不可能完全相同,其帮

---

① 罗国杰:《伦理学》,人民出版社1989年版,第394页。
②③④ 罗国杰:《伦理学》,人民出版社1989年版,第395页。
⑤ 王海明:《新伦理学》,商务印书馆2001年版,第603页。
⑥ 王海明:《新伦理学》,商务印书馆2001年版,第605页。

助的社会对象不可能是同一个对象。由此看来,主体出于某一道德准则(道德规范)所产生的道德行为有很多,形式多样,内容丰富。但是,由于这些道德行为都出于同一条道德准则(道德规范),所以它们都具有该条道德准则(道德规范)的共同规定性。如果把出于同一道德准则(道德规范)的所有道德行为看作是同一类道德行为,简称类道德行为,那么,道德行为就可以依据道德准则(道德规范)分成许多个类道德行为。由此可见,所有道德行为都可以统一于类道德行为,因为所有道德行为都出于道德准则(道德规范)。

再次,主体外在的道德品质形成一个以类道德行为为元素的集合。这是因为:(1)类道德行为是主体外在道德品质的基本元素。由上文知,不同的类道德行为出于不同的道德准则(道德规范),又因不同的道德准则(道德规范)之间具有本质的区别,所以,类道德行为相互间也具有本质的区别,即类道德行为存在特有的规定性。因此,类道德行为具有自身独立性,可以作为独立元素看待。类道德行为是否可以作为揭示主体外在道德品质的基本元素? 笔者的回答是肯定的。因为承载主体外在道德品质的道德行为不能作为主体外在道德品质的基本元素。因为有的道德行为虽然在形式、内容上不同,但其不具有本质区别。譬如:帮助张三学游泳和帮助李四学英语,在道德行为具体的形式和内容上都不同,但其本质都是"帮助"。这从道德本质上无法把它们分为两类不同的道德行为。事实上,在道德实践中我们都是依道德规范来评价道德行为的,并没有把"帮助张三学游泳"和"帮助李四学英语"从道德评价上分开。由此看来,道德行为相对于主体外在道德品质而言,不具有自身独立性。因此,它只能作为揭示主体在某条道德规范上的道德品质的概念,但不能作为揭示主体外在的道德品质的集合元素概念。这样看来,只有类道德行为可以作为揭示主体外在道德品质的基本元素。这是因为:一方面类道德行为具有自身独立性;另一方面在能够揭示主体外在道德品质的概念中,比类道德行为内涵小的概念只有道德行为概念,但道德行为概念不适合作为揭示主体外在道德品质的集合元素存在。(2)主体外在的道德品质是许多个类道德行为共同铸就而成。因为主体外在道德品质是主体道德行为积淀而成,又因为道德行为归属类道德行为,所以,如果把主体在外在表现出来的所有道德行为进行分类,凡符合某一道德规范要求的所有行为归属类道德行为,这样,道德主体的道德品质所表现出来的所有行为都可以以此分类,并存在许多个这样的类道德行为。因此说,主体外在的道德品质是许多个类道德行为共同铸就而成。如果把所有铸就主体外在道德品质的类道德行为所组成的整体看成是一个集合,也确实可以看成一个集合,那么,主体外在的道德品质就是一个以类道德行为为元素的集合。这个集合也可以表示主体道德品质的全部;并且每一个类道德行为都能体现出主体对所对应的道德规范的认识、感情和意志。

3. 主体道德品质的内外两个集合形成一对影射集合

根据一对影射集合的条件,现在论证道德主体的道德品质的内外两个集合是一对影射集合。首先,在主体内在的道德品质集合中,任意确定一条内在道德规范 x,由于该条内在道德规范是主体的道德认识、道德感情、道德意志共同铸就而成,是主体内在的道德品质的一部分,主体必然对该条道德规范具有较为稳定的心理倾向。这种心理倾向必然在其行为上有所表现。否则,这种心理倾向就失去了社会效用,也就不能称之为道德品质的内容。这与所选取的集合中的元素条件相矛盾。因此,在主体外在的道德品质集合中可以找到一个类道德行为 y 是 x 的像;又因为 y 是 x 的外在表现,那么,由 y 也可以寻求到主体心理上的 x,这样,x 当然也是 y 的像。由此可见,y 不仅是 x 的像,而且可逆。

其次,在主体外在的道德品质的集合中,任意确定一个类道德行为 y,由于类道德行为是属于道德主体自觉的、出于道德准则(道德规范)的行为,所以,在主体内在的道德品质集合中必然可以找到发出该道德行为的内在道德准则(内在道德规范)x,否则,该类道德行为就不是发自于内在道德准则(内在道德规范),这与类道德行为的界定相矛盾。又有上文知,类道德行为是内在道德规范的像,所以,y 也是 x 的像。由此可见,x 不仅是 y 的像,而且也可逆。

由此可见,以内在道德规范为元素的主体内在的道德品质集合与以类道德行为为元素的主体外在的道德品质集合形成一对影射集合,即主体道德品质形成内外影射集合结构。事实上,在实践中对主体的道德品质进行评价时,我们都是通过对道德主体的道德行为的评价来推定道德主体的道德品质的,其中的道理就是因为道德主体的较为稳定的道德心理状态与主体的外部的长期的道德行为具有一致性,也就是因为道德主体的道德品质的内外两个集合构成一对影射集合。

第三节　道德品质构成要素之间的因果关系

道德品质既然是由道德认识、道德感情、道德意识和道德行为构成,并形成内外影射集合结构,那么,它们的具体内容是什么？存在怎样的具体因果关系？如下作进一步说明。

一、道德品质构成要素

1. 道德认识

作为道德品质结构一个成分的道德认识,亦即个人的道德认识,是个人对于人类道德认识的"得",是个人所得到的道德认识。

不言而喻,它一方面包括个人对于外在的社会道德规范的认识;另一方面则包括个人对于内在的个人品德的认识。对道德认识的基本构成来说,王海明先生在他的《新伦理学》中作了较为详尽的阐述,主要包括四个方面:"一是个人对于伦理行为事实如何的客观规律的认识;二是个人对于社会创造道德的目的、亦即道德终极标准等社会的道德本性的认识;三是个人对于伦理行为应该如何的认识,也就是对于道德价值、道德规范的认识;四是个人对于内在的个人品德的认识,也就是对于自己和他人的行为是否符合道德的认识"。①

2. 道德感情

作为道德品质结构一个成分的道德感情,亦即个人的道德感情,是个人对于人类道德感情的"得",是引发自己道德行为的感情。

在西方心理学著作中常常把无限纷繁的情绪和情感概称为感情。这样,感情的概念就包括了心理学中使用的情感和情绪两个方面。在汉语词典里对感情的解释也是如此:一是对外界刺激的比较强烈的心理反映;二是对人或事物关切、喜爱的心情。前者通常指情绪类,后者通常指情感类。

当然,情绪与情感两者之间的关系非常复杂,要进行区分是很困难的,只有从不同的侧面进行说明。情绪通常是在有机体的天然生物需要是否获得满足的情况下产生的,例如,由于饮食的需求而引起满意或不满意的情绪,由于危险情景引起的恐惧,和搏斗相联系的愤怒等。因此,情绪为人和动物所共有。但是,人的情绪在本质上与动物的情绪有所不同。即使人类最简单的情绪,在它产生和起作用的时候,都受人的社会生活方式、社会习俗和文化教养的影响和制约。由于这个原因,人在满足基本需要的生活活动中,那些直接或间接地与人的这些需要相联系的事物,在人的反映中都带有各种各样的情绪色彩。例如难闻的气味能引起厌恶的情调,素雅整洁的房间使人产生恬静舒适的心情。

---

① 王海明:《新伦理学》,商务印书馆 2001 年版,第 619 页。

　　人类在社会历史发展进程中所形成的稳定的社会关系决定着人们对于客观世界的态度,对于这些受社会关系所制约的态度的反映,就是人类所特有的情感。例如集体感、荣誉感、责任感、羞耻心、求知欲等都是人们在社会生活条件下所形成的高级情感,它们具有社会历史性,有时还可能带有阶级的烙印。

　　由于情感大都与人的社会需要相联系,情感的性质常常与稳定的社会事件的内容方面密切相关。因此,情感这一概念较多地用于表达情感的内容,它一般具有较大的稳定性和深刻性。而情绪,则常用于感情的表现形式方面,它具有较大的情景性、激动性和短暂性。因此,当谈到狂热的欣喜、强烈的愤怒或持续的忧郁等的时候,常常用情绪这一术语来表示;而对诸如高尚的道德情操,精湛的艺术感受之类的体验,则用情感这一术语来表达。

　　可是实际上,无论情感,还是情绪都有内容和形式两个方面,因此,这种区分不是绝对的。一方面,人的具有稳定的社会内容的高级情感,也可能以鲜明的、暴发的形式表现出来,表现为一种情绪。例如保卫边疆的战士,在敌人进攻面前,爱国主义的感情会暴发为强烈的怒火。又如1976年1月11日傍晚,在长安大道上,等待周总理灵车经过的千百万人,冒着寒风,流着热泪,悼念周总理的无限悲恸浸蚀着人们的肺腑,表达着人们由衷的哀悼。这些深邃的体验,既是中国人民对祖国、对领袖的高尚的深沉的情感,同时又具有鲜明的表现形式,表现为激烈的情绪。另一方面,那些与人的生物需要相联系的情绪,都能由赋予的社会内容而改变它的原始表现形式。上甘岭战役中,在极度缺水的条件下,一杯水在战士手中辗转传递,没有人沾一下自己的嘴唇。这个著名的事例之所以感人,就是由于人们高度的道德和觉悟,压倒了那些基本的天然需要,表现了纯正的高尚的情操。以上的几个例子说明,情绪和情感是可以区分的,它们各自有特定的含义,但是这种区分是相对的,在人类体现的情绪和情感是统一在人的社会性本质之中的。

由上述分析知,情绪侧重于感情的表象的、浅层次的揭示,情感侧重于感情的内在的、深层次的揭示。有些感情处于表象的、暂时性的状态,就被称为情绪;有些感情处于深刻的、稳定的状态,就被称为情感。但是,情感不是一开始就成为情感的,它是由情绪发展而来,也就是说情绪是情感的基础或前期阶段;但情绪发展为情感是有条件的,需要通过认识、思维等条件的作用才能产生。这也正是人与动物的区别之处:动物由于缺少认识、思维等能力,所以动物的感情通常仅停留在情绪状态;人则不同,人可以在认识、思维等条件的作用下,使情绪发展为情感。

人类的道德感情当然也不例外,它也包括情绪和情感两个方面,但它更多地表现出情感的规定性。因为道德品质是指道德主体的稳定的心理状态,是主体对道德关系和道德要求的认识所产生的感情,根据上文的分析,这一类的感情属于情感方面的。所以,达尔文说:"在人和低等动物之间的种种差别之中,最为重要而且其重要程度又远远超出其他重要差别之上的一个差别,就是道德感或良心"。[1]王海明在他的《新伦理学》中对此也有论述,他认为:"一个人的道德感情,可以分为两类。一类是后天学得而为人所特有,它依赖于社会道德的存在而引发于个人做一个好人的道德需要,包括良心感及其所由以产生的道德欲望、道德愿望、道德理想;另一类则是先天遗传而与其他动物共有,它不依赖于社会道德的存在而引发于个人的自然的心理反应,包括爱人之心(主要是同情心和报恩心)和自爱心(主要是求生欲和自尊心)以及恨人之心(主要是嫉妒心和复仇心)和自恨心(主要是内疚感和自卑心)。这两类道德感情的最终源头虽有先天与后天之别,但是直接说来,却同样完全成长于、形成于、取决于后天

---

① 达尔文:《人类的由来》,商务印书馆 1983 年版,第 148 页。

的道德认识、道德实践和道德教化等活动。"①

　　由此可见,道德感情属于在道德认识、道德实践的基础上逐渐形成的。由上文知,道德认识是对道德规范及其自身品德的认识,所以,道德感情从一定的程度上讲,道德感情是主体对道德规范的心理倾向性,即主体对道德规范的感情。

　　3. 道德意志

　　作为道德品质结构一个成分的道德意志,亦即个人的道德意志,是个人在道德意志上的"得",是个人获得支撑自己为实现道德行为所具有的心理状态。

　　"意志"在心理学上是指:"人们自觉地确立目的,并根据目的支配、调节自己的行动,克服各种困难,从而实现目的的心理过程"。②

　　道德意志作为意志中的一类,自然具有意志的一般规定性。所以,王海明在他的《新伦理学》中阐释:"道德意志便是个人的道德行为从心理、思想确定到实际实现的整个心理过程,便是个人的道德行为动机从确定到执行的整个心理过程,便是个人道德行为目的与手段从思想确定到实际实现的整个心理过程"。③郭广银在她的《伦理学原理》中,直接从能力的角度,对道德意志进行界定。她认为:"道德意志指行为者在具体的道德情境中,作出道德决断,并使之付诸实践的能力。在道德品质的形成过程中,道德意志的主要功能,是依据某种道德认识和情感,果断地确定道德行为的方向和方法,并克服和排除来自外部或内部的诸种障碍和干扰,使行为者长时间地专注于所确定的行为目标"。④

　　由此看来,道德意志是一种控制系统,是保证道德心理向道德行

　　① 王海明:《新伦理学》,商务印书馆 2001 年版,第 623 页。
　　② 王聿泼等编著:《心理学》,中国矿业大学出版社,第 201 页。
　　③ 王海明:《新伦理学》,商务印书馆 2001 年版,第 624 页。
　　④ 郭广银主编:《伦理学原理》,南京大学出版社 1995 年版,第 392 页。

为实现的控制系统。它的控制力来自主体的道德认识、道德感情。由于道德认识、道德感情具体的对象物是道德规范,所以,道德意志也是针对道德规范实施控制的。

4. 道德行为

作为道德品质结构的一个成分道德行为,亦即个人的道德行为,是个人在道德行为上的"得",是个人道德心理的实现形式、归宿。

道德行为是一种复杂的行为,只有那些满足特定条件的行为,才能被称作道德行为。在现代科学中,"行为"一词的含义是非常广泛的,常常被用来描述各种对象的活动、运动和变化,不仅动物捕食求友称为行为,树木汲水、石块滚动,以至于几何点的运动也都被称作行为。当然,人的一切活动、运动和变化也都被称为行为。但是并非人的一切行为都是道德行为,只有那些有自觉意识的、自主自愿的、具有社会意义的行为才是道德行为。即应满足三个条件:一是道德行为应是基于自觉意识的而做出的行为。没有自觉意识的行为,不能构成道德行为。这里的自觉意识包含两种意义:其一是指对行为本身要有自觉意识;其二是指对行为的意义、价值有所意识。就是说,它是具有一定动机、目的,发自内心的行为,是自知的行为。二是道德行为应是自愿、自择的行为。所谓自愿、自择,就是意志自抉。这也包含两个方面的意义:一方面要有意志自主、自愿;另一方面是依据一定的道德准则,出于对道德准则的"应当"的理解。道德行为必须是按照一定的道德原则自主、自择的行为,同时也必须是体现着道德要求的应有价值的行为。三是道德行为不是孤立的个人意志的表现,而是与他人意志有着本质联系的行为。也就是说,是与他人和社会的利益相联系的行为,具有社会意义的行为。人的行为是在一定的社会关系中发生的,而社会关系本质上是利益关系。因此,人的意志关系不可能不是利益关系的体现。道德行为必然是利害己他和社会的行为。

　　由道德行为的规定性知,道德行为是在主体认知的基础上所产生的,出于道德准则的,并与他人和社会有着本质联系的行为。

二、道德品质构成要素之间的因果关系

　　对道德认识、道德感情、道德意志、道德行为合而观之,可以发现构成道德品质四要素之间的因果关系。

　　道德认识是道德感情产生和发展的前提和基础。正如王海明所说:"道德感情的最终源头虽有先天与后天之别,但是直接说来,却同样完全成长于、形成于、取决于后天的道德认识、道德实践和道德教化等活动。"事实上,此处的道德实践、道德教化是进一步强化、加深主体对对象物认识的途径和手段,道德感情是依据道德实践、道德教化中的认识,而后才产生的。当然,主体在道德认识过程中对道德规范所产生的感情有两种类型:一种是积极感情(如亲近感、认同感、义务感、责任感等);一种是消极感情(如疏远感、厌恶感、敌意感、轻蔑感等),消极感情会导致主体对道德规范产生背离倾向。道德感情既然是由道德认识而引发,那么,可以推论:道德主体所认识到的道德规范的重要性与主体对该道德规范所产生的道德感情的强度成正相关。众所周知,道德认识包括两个方面含义:一是关于对象、事物、关系的知识认识,即对是什么的认识;二是关于对象、事物、关系的价值认识,即对重要性的认识。"知识"信息不能刺激主体产生感情,使主体产生感情的刺激是"知识"背后的价值。当然,价值的大小,是主体依据自我认识而定的。主体认为价值大的,对主体的刺激就大,产生的感情就强烈;反之,主体认为价值小的(包括负价值),对主体的刺激就小(负价值刺激可视为负面刺激),产生的感情就弱(包括消极感情)。在现实生活中,道德认识与道德感情并不成正相关,其中的原因主要是主体只停留在知识的认识层面,在价值认识上没有到位,或者说主体所认识到的价值与实际价值不符。

　　道德感情对道德再认识具有促进或阻碍作用。因为感情是人对周围现实和对自己的态度体验。它以心理的方式反映主客体之间的价值关系,表达着主体的价值态度。当这种态度(即感情)形成以后,如果是积极的态度(即积极的感情),主体当然是积极主动地再认识;如果是消极的态度(即消极的感情),主体自然对再认识产生消极抵抗的行为。

　　道德意志形成于主体的道德认识和道德感情等活动。首先,道德意志是在道德认识的基础上产生的,反身又对道德认识产生较大的影响。其一是道德意志的首要特征——目的性,是以对道德要求、道德关系的认识为基础的,没有道德认识也就没有道德目的,所以道德意志因此也就无从谈起。其二是人在实现道德目的的过程中审时度势,分析主客观条件,回忆过去经验,设想未来的结果,拟订方案和制定计划,对这一切所进行的反复分析思考等等,都必须通过感知、记忆、思维、想象等认识过程才能实现。其三是道德意志在道德认识的基础上产生后,又对道德认识产生反作用。这是因为在道德认识的过程中,人总会遇到这样那样的困难。要克服这些困难,就需要做出道德意志努力。其次,道德感情是道德意志力的源泉,道德意志力反身又对道德感情起调节作用。其一是道德感情可以成为道德意志的动力,也可以成为道德意志的阻力。当某种道德感情对人的行为起推动或支持作用时,这种道德感情就会成为道德意志的动力。譬如,在工作、学习中,积极的心境,对家庭、社会的责任感等会推动人们勤奋、努力、勇于承担责任。当某种感情对人的行为起阻碍或消极作用时,该道德感情就会成为道德意志的阻力。譬如,消极的心境、高度紧张的应急状态等都会妨碍道德意志力的产生。其二是道德意志能调节控制道德感情,使感情服从于理智。譬如,人在不情愿但又不得不履行某些道德义务或遵守某些道德规范时,此时的道德意志不仅起到保证道德行为的发生,而且也在调节主体的道德感情。

道德行为是在道德认识、道德感情、道德意志的综合作用下而产生的,反之,道德行为又对道德认识、道德感情、道德意志产生较大影响。道德认识是道德行为的指导因素、首要环节、必要条件,但不是充分条件、动力要素、决定性因素。因此,道德认识水平与道德行为水平不一定一致:道德认识水平高者,其道德行为未必高。道德感情是道德行为的动力因素、决定性因素、基本环节、必要而非充分条件,因此,道德感情水平高者,正常情况下道德行为水平也高。道德意志是道德行为的心理过程、充分且必要条件、最终环节。道德意志强者,道德行为水平必高;道德行为高者,道德意志必强。反之,道德行为又对道德认识、道德感情、道德意志产生较大影响。道德行为有利于深化道德认识,加深道德感情,坚定道德意志。

由此可见:1.道德认识是道德感情、道德意志产生的必要条件,而非充分条件,所以,如果存在道德感情、道德意志,那么,必然是先有了道德认识。2.道德认识是产生道德行为的必要条件,而非充分条件,所以,如果存在道德行为,那么,必然是先有了道德认识,否则就不能称之为道德行为。3.道德感情是产生道德行为的必要条件,而非充分条件,所以,如果存在道德行为,那么,必然是先有了道德感情。4.道德意志是产生道德行为的充分且必要条件,所以,如果存在道德行为,那么,必然先有道德意志。5.如果主体的行为是在道德认识基础上自愿产生的,那么,这种行为就是道德行为,并且产生这种行为的背后存在道德感情、道德意志的作用。

第四节　道德品质评价

道德品质评价是通过对主体道德行为的评价而实现,道德行为的认定标准是道德规范,判定其真伪是依据主体是否是自觉意识、自主自愿,及其与他人意志的本质联系情况而定,判定其价值是依据其所需要的道德位能。

一、道德品质评价的对象

人们在道德品质评价中,评价的对象不是道德主体,而是道德主体的道德行为。人们是通过对主体的行为的评价,来揭示主体的道德品质的。道德品质评价的方式,一是自我评价,另一是社会评价。自我评价可以调节自我道德行为,促进自身道德品质完善。在自我评价过程中不仅涉及自我道德行为,有时也涉及自我道德行为心理,因为主体可以在道德行为发生之前了解自我心理。但是,在道德心理过程中如果不伴随道德行为的产生,还不能说是完全意义上的主体道德品质;只有在道德心理过程中,同时也伴随道德行为的产生,才能说是主体的真正意义上的道德品质。这是因为不涉及道德行为的道德心理是空洞的,它不属于道德品质范畴。所以,自我道德品质评价在评价道德心理时,也必然是建立在道德行为基础上,此时仍然是以道德行为为评价对象。因为自我道德评价不是本文要解决的问题,在此不展开阐述。

本文试图要解决的问题是:如何从社会的角度给予道德主体的道德品质一个客观的评价。站在社会的角度,从主体的外部评价主体的道德品质,能且仅能以主体的道德行为为评价对象。理由有四:第一,因为道德品质与道德行为之间存在着非同寻常的关系。这种关系,罗国杰先生在他的《伦理学》一书中作了详尽的论述。书中写道:道德品质与道德行为是密切联系的。在人们的道德生活中,一定的道德行为总是以一定的道德品质为基础的,而人们的道德品质又总是由一系列的道德行为铸成的。道德作为人们的行为原则和规范的总和,不仅体现在一定时代和一定社会的道德关系中,形成一定的习惯和社会风俗,而且也表现在社会成员的个人品质方面,形成个人的道德品质。一般说来,道德品质与道德行为的关系表现在三个方面:(1)道德行为是道德品质的基础,没有一定的道德行为积累,就不可能形成道德品质。道德行为是道德品质的客观内容,道德品质是道德行为的综合表现。一定的道德行为经常表现出来,形成一定的道德行为习惯,就表现为具有稳定特征的品质,而一定的道德品质只有通过道德行为才能表现出来。道德品质一方面表现为内在的心理和价值意识特质,另一方面又表现为外在的行为活动和行为习惯,是一个人的内在价值和外在价值的统一。(2)道德品质是自觉自主的行为过程。人的道德品质不仅是一种道德生活习惯或习性,更重要的还是一种自觉自主的意志选择过程,是凭借意志选择而获得的行为习惯。它不是自然形成的或天生的习性,而是在行为的每一场合和每一时期,都能凭借一定的道德判断和意志抉择,凭借意志的控制和坚持的结果。在这里,意志的作用是最重要的。从这个意义上可以说,意志是道德品质的核心,品德就是力量。(3)道德品质是在行为整体中表现出来的稳定特征和倾向。所谓"道德行为整体"包含两方面的含义:一方面是指构成个别道德行为的主观方面和客观方面的统一,即一定的道德意志和由道德意志所支配的道德行为的统一;另一方面,它是指一个人的一系列道德行为的综合,即一个人在某一实践活动领域的行为、某一活动时期或活动阶段的行为,以至一生的全部道德行为的综合。人的道德行为,不单是个别行为动作或举动构成的行为整体,而且也是各个活动领域和各个活动时期的一系列行为结合起来构成的行为整体。因此,人的道德品质不但体现在他的某个持续进行的行为中,而且更充分地体现在他的一系列成的行为整体中。黑格尔说得好:"人就是他的一串行为所构成的","主体就等于他的一连串的行为"。这两句话包含着关于道德行为和道德品质的关系的深刻思想,它表明道德品质不仅是人的内部意志和外部行动的统一,而且也是个别行为和行为整体的统一。

由此可见,道德品质是由一系列的道德行为铸成的,并且是通过一个人在长期的、一系列的行为中所表现出来的。既然是道德行为表现出来的,那么,对道德品质的评价只能通过道德行为进行评价,别无其他途径可以选择。

第二,道德行为具有外显性,可以通过感知而获得。"行为"一词在现代科学中常常被用来描述各种对象的活动、运动和变化,不仅动物捕食求友称为行为,树木汲水、石块滚动,以至几何点的运动也都被称作行为,甚至把心理活动也称作行为,由此看来,"行为"一词是相当复杂的。在现代汉语词典中,"行为"一词被解释为:"受思想支配而表现在外面的活动。"根据现代汉语词典解释,"行为"就是专指人在思想支配下表现在外面的活动。不管是泛化的行为概念,还是汉语词典中的解释的概念,"行为"都是指一种活动、运动和变化,并且大都指表现在外面的活动、运动和变化。这种表现在外面的活动、运动和变化,多数情况下都是可以感知的,有时虽受人的能力限制,但可借助于特定的工具使感知得以实现。道德行为属于行为范畴,不属于心理范畴。它完全具有汉语词典中所指的"行为"的内在规定性,它是属于表现在主体之外的一种活动、运动和变化。并且,这种活动、运动和变化的发出者是道德主体,出于道德准则(道德规范),与社会、他人具有本质联系。因此,这种表现于外的、与社会、他人具有本质联系的道德行为,可感知性强,也就更容易被社会、他人所感知。

第三,道德行为表现出主体行为的动机和效果。在道德品质评价中,除了对道德行为的本身进行性质界定外,还要对产生道德行为的动机和道德行为产生后所带来的效果进行评价。动机作为一种主体意识,效果作为一种行为结果,它们都不属于行为范畴,所以,在对道德行为进行界定时,正常不涉及动机和效果。但是,对道德行为的评价又离不开对动机和效果的评价,而且是非常重要的评价依据。这是因为:动机是个体在行为前的欲望、意图、情感、信念、理想的综合,是道德行为的动因。任何一个道德行为,都必然有其特殊的动机。由于"动机"总是同个人的意愿、爱好、兴趣、情感、信念、理想相联系,并受个体的价值目标所导向,因而动机既是一种心理状态、一种思想情感,又是一种道德认识,是指导、推动人们去行动的一种精神力量。效果是指一个人的行为所产生的客观结果。一般说来,当它与动机联系起来考察时,它主要指一个道德行为在特定场合下所造成的后果,指由动机出发所达到的一种对他人或社会有益或有害的客观事实。动机是属于主观方面的范畴,效果是主观见之于客观的活动及其结果。从这个意义上说,任何一个道德行为,都必然要有效果。如果只有一个不付诸实践的"动机",这种动机当然不会产生效果。这样,这种动机不但不可能形成一个道德行为,而且也不可能称之为动机,因为这只是一个不同行为联系的"空想"。正是在这个意义上,我们同样可以说,没有效果,也就没有"动机"。当然,这种"效果",可能是行为者从动机出发所预期的效果,也可能是同行为者的动机不相符合,甚至正相反的效果。由此可见,任何一个道德行为都是与其动机和效果必然联系的。因此,不考虑动机和效果的道德行为评价,只能是空洞的。

　　在历史上,对道德行为的评价,究竟是强调动机还是强调效果,存在不同的看法:一种是动机论。从中外伦理思想史来看,大多数在本体论上持二元论或唯心主义的伦理思想家,由于强调"理念"、"意志"、"本心"、"良知",以及"善良意志"、"绝对精神"的作用,因而在道德品质评价中,往往以动机作为主要的或唯一的依据。在西方,苏格拉底强调,人的行为的善恶,是由他的"德性"决定的;柏拉图则认为,人的行为的善恶是由善的"理念"中的某种灵魂的功能确定的。康德则说:"在世界之中,一般地,甚至在世界之外,除了善良意志,不可能设想一个无条件善的东西"。[①]在中国,从孟轲开始,就强调人的行为主要是从所谓"恻隐之心"、"羞恶之心"、"辞让之心"、"是非之心"出

---

　　① 伊曼努尔·康德:《道德形而上学原理》,第42页。

发的,因而把"心"当作判断人的行为善恶的依据。后来董仲舒更强调"心"、"志"(动机)的作用,认为对于行为善恶的判断,不论从法律上还是从道德上,都要根据他的动机是什么来考虑,这就是他的著名的"原心"说。所谓"原心",就是要根据动机来判断善恶。

另一种是效果论。一般说来,功利主义者都否认动机在道德品质评价中的作用。因为在他们看来,这种主观性的东西,既是非常复杂的,也是难以证明的。一个人的某一行为,不可能是出于纯粹的义务或责任,而是往往包含着多种综合因素,如意志、荣誉心、金钱欲、权力欲等等,在不同情况下,人们也很难分辨哪一种动机是好的,哪一种动机是坏的。这样,功利主义就从根本上否认了动机在行为评价中的作用,否认了动机具有任何道德价值。边沁和密尔是西方19世纪功利主义思想家,也是效果论的最著名的代表。他们从功利目的出发,认为一切行为的道德价值,最主要的是要看它能否让人们产生快乐和幸福,即产生对行为者有利的效果。道德之所以有价值,不在于它具有什么崇高的美名,而在于它有着能满足人们的快乐的实际利益。因此,功利主义认为对人的行为善恶进行评价的依据,只能看行为的结果,离开行为对人们所产生的有利益的效果,也就不可能有道德上的善恶。

马克思主义伦理学在道德品质评价上,既反对单纯动机论,也反对单纯效果论,而是主张动机和效果的辩证统一论。毛泽东同志在《延安文艺座谈会上的讲话》中指出:"唯心论者是强调动机否认效果的,机械唯物论者是强调效果否认动机的,我们和这两者相反,我们是辩证唯物主义的动机和效果的统一论者。为大众的动机和被大众欢迎的效果,是分不开的,必须使二者统一起来。为个人的和狭隘集团的动机是不好的,有大众的动机但无被大众欢迎、对大众有益的效果,也是不好的"。[①]一般说来,毛泽东同志这里所说的动机和效果的

①　《毛泽东选集》第三卷,第825页。

辩证统一论,对道德行为的善恶评价来说,也是实用的。

既然动机和效果是道德行为评价的重要依据,那么,道德行为本身是否可以表现出道德行为的动机和效果? 也就是说,是否可以通过对道德行为的检验,来获得动机和效果的答案? 笔者的回答是肯定的。因为:效果是指一个人的行为所产生的客观结果。它的客观性决定其具有可感知性。这无须多说。动机作为个体在行为前的欲望、意图、情感、信念、理想的综合,作为一种心理状态,作为一种道德认识,确实具有较大的隐匿性。但是,我们认为道德行为动机也并不是不可知的。它总是要通过道德行为表现出来的,也就是说,通过道德行为是可以感知到动机的。事实上,行为者从一定动机出发,为了达到一定目的必须进行必要的活动,要采取一定的手段、方法以及为克服困难所作的种种努力。行为者的动机必然在行为过程中有所表现,接受实践的检验,也就必然能够感知。只要在实践中被证明了,主体确实为实现自己的动机“竭尽自己最大的力量”,并“用尽了一切力所能及的办法”,而由于“生不逢时”或“无情的自然苛待”而仍然是一无所得,那么,主体的行为的道德价值,仍然是应当而必须肯定的。由此可见,善良动机是可以通过一系列的道德行为得以检验。当然,“恶”的动机也是可以通过道德行为加以检验。譬如,一个人不慎落入水中,在他生命危急关头,急需他人加以援助。如果另一个人具有很好水性而又有条件援助他的人,从自私自利、金钱至上的动机出发,提出必须以高额金钱为代价才肯下水救人,那么,不论其结果是否将落水人救出,他的行为都是不道德的,应当受到谴责。由此可见,不良动机也总会通过一定的行为表现出来,可以在实践中得以检验。

第四,道德行为可以完全地揭示主体的道德品质。道德品质是一定社会的道德原则和规范在个人思想和行为中的体现,是一个人在一系列的道德行为中所表现出来的比较稳定的特征和倾向。从对道德品质的定义看,道德品质是通过道德行为表现出来的比较稳定的特征和倾向。如果说存在某种稳定的特征和倾向不经过道德行为进行表征而存在,那么,这种特征和倾向就不属于道德品质的范畴。因为不经过行为表征的特征和倾向,如果作为道德品质,这就与道德品质的定义相矛盾。因此,所有的道德品质都是要通过行为表现出来的,不存在不经过道德行为表现的道德品质。这在前面阐释的道德品质是内外影射集合结构中,对此已作了较为详尽的论述,在此不作重复。由此可见,道德行为可以完全地揭示主体的道德品质。也正是因为如此,王海明在他的《新伦理学》中认为:"一个人的品德不但表现于、而且形成于他长期遵守或违背道德的行为;不但表现于而且形成于他长期的道德行为。所以,一个人的品德水平与其长期道德行为水平必定完全一致:长期道德行为高尚者,品德必定高尚;长期道德行为恶劣者,品德必定恶劣。反之,品德高尚者,长期行为必定高尚;品德恶劣者,长期道德行为必定恶劣"。①

二、道德品质评价

道德品质评价是以道德行为为评价对象的。道德行为是一个非常复杂的集合概念。如果要对其进行评价,必须对每一个具体的道德行为进行评价。通过评价,确定每一个道德行为是善的还是恶的,是符合某条道德规范,还是违背了某条道德规范,是多大程度的符合,还是多大程度的违背等等。要界定道德行为的这些性质,就存在一个标准问题,也就是说依据什么来确定某个道德行为是善的还是恶的,是符合什么,还是违背什么? 我们认为评价道德行为,是以道德规范为标准的。其理由如下:

首先,道德规范作为道德行为的评价标准,是由道德行为的内在

---

① 王海明:《新伦理学》,商务印书馆,第 605 页。

规定性所决定的。从道德行为的定义看,道德行为是自主自愿的、发自于道德准则(道德规范)的、与社会具有本质联系的行为。由此可见,道德行为是主体在一定的道德准则(道德规范)指导下而发出的。也就是说,每一个道德行为都是有其深刻的思想根源和心理根源的。这种思想根源和心理根源就是道德规范。所以,每一个道德行为不可能不具有某种道德规范的规定性。如果说有一个道德行为不具有某种道德规范的规定性,那么,产生这个道德行为的指导思想就不是某条道德规范,也就是说,此条道德行为不是发自于道德准则(道德规范),这与道德行为的定义发生矛盾。因此,此种假设是不成立的。事实上,在道德实践中,不论是遵守还是违背道德规范的行为,主体的道德行为都是发自于一定的道德规范。譬如,主体对落水者实施救助时,只要他的行为属于道德行为,无论他的行为动机是善的还是恶的,它都是依据一定的道德规范而发出的:出于善良之心的就是道德的行为;出于自私之心的就是不道德的行为。不管如何,主体都是在遵守或违背某条道德规范,除此之外,再无其他道德行为,因为道德行为只存在道德的行为和不道德的行为。所以说,不管主体的道德行为是遵守还是违背道德规范,它都是发自于道德规范。由此可见,道德行为的内在规定性决定道德行为,要么是符合道德规范,要么是违背道德规范。因此,评价道德行为必然是以道德规范为标准。

其次,道德规范作为道德行为的评价标准,是由道德规范的内在规定性所决定的。道德规范是社会制定或认可的关于人们具有社会效用(亦即利害人己)的行为应该而非必须如何的非权力规范。它是客观的道德关系和道德要求,与主观的思想认识相统一的产物。它是一定的道德关系的反映,是一定的社会对人们提出的一定的道德要求的反映。但是,它作为对社会某种客观关系的反映形式,又是非客观性的东西。就道德规范对一定的客观关系的反映和抽象概括形式而言,道德规范的形成要以人的意志为转移,具有主观性。

道德规范的客观性决定,道德规范代表了一种客观要求。作为一种客观要求,人们的道德行为就应当符合道德规范要求,只有这样,道德行为才能符合客观的道德关系和道德要求。此时,道德规范既是道德行为的客观要求,又是检验道德行为的客观标准。

道德规范的主观性决定,道德规范是人们的一种意识。人们把客观的道德关系和道德要求,通过道德主体的抽象、概括,以纯主观的道德规范形式表现出来,以道德规范形态固定在人们的意识中,必然使这种固定的意识成为人们认识道德关系和道德要求的依据,也必然使这种固定的意识成为人们评价道德行为的依据。这是因为人们在评价道德行为是善还是恶,是什么性质的善? 是什么性质的恶? 只能根据客观的道德关系和道德要求来判定,而道德规范正是在主观上反映了这种道德关系和道德要求,而且在主观意识中也不存在其他概念能够代替道德规范反映客观的道德关系和道德要求,所以,主体能且只以道德规范来评价道德行为。由此可见,道德规范的内在规定性决定其是道德行为的评价标准。

再次,道德规范作为道德行为的评价标准,是因为所有道德行为都归宿于道德规范。由道德行为的界定知,道德行为是发自于道德准则(道德规范)的,所以,道德行为必然具有道德规范的规定性。道德行为既然具有道德规范的规定性,那么,道德行为必然归属于某种道德规范,可以把此道德行为划归为符合某种道德规范,还是违背某种道德规范。如果说存在某一道德行为不属于任何道德规范,那么,这一行为就不是道德的行为,也不是不道德的行为。这样,这一行为就不属于道德行为,因为道德行为只存在道德的行为和不道德的行为。这与假设矛盾。因此,所有道德行为都归属于道德规范。也就是说,以道德规范作为道德行为的评价标准,可以对任何道德行为进行评价,并可以把任何道德行为划归于其所属的道德规范,属于同一道德规范的道德行为称为同一类道德行为。这样,我们就可以根据道德行为的性质,按道德规范进行分类评价。

三、道德行为的区分

道德品质评价既然是以道德行为为评价对象,那么就涉及道德行为的区分。只有在对道德行为有一个明确认识的基础上,此时的道德行为评价,才能够真实地反映出主体的道德品质水平。在道德评价实践中,人们站在道德主体之外看主体的行为表现,所看到的只是主体的行为活动本身,并依据评价者的经验对主体的行为进行评价。实际上,此时评价者只是依据主体的行为结果作出判定的,关于是否是出于道德意识,出于什么性质的道德意识,评价者往往是很难及时、准确地作出判断的。这一直是道德品质评价的难点,也是关键点。但是,要通过对道德行为评价来实现对道德品质的评价,还必须首先对道德行为加以判定,否则就无法使道德品质的评价达到真实、客观。道德行为的区分可以分为三个方面:

首先,道德行为和非道德行为的区分。所谓道德行为是指那些有自觉意识的、自主自愿的、具有社会意义的行为。所谓非道德行为就是指不满足道德行为规定的所有行为。具体可分为三类:(1)非自觉意识的行为。道德行为是指主体在自觉意识的状态下,自主自愿的行为。这里的自觉意识包含两种意义:其一是指对行为本身要有自觉意识;其二是指对行为的意义、价值有所意识。就是说,它具有一定动机、目的,发自内心的行为,是自知的行为。没有自觉意识的行为,不能构成道德行为。(2)非自主自愿的行为。道德行为是自愿自择的行为。所谓自愿自择,就是意志自抉。这里也包含两方面的意义:一方面是要有意志自主、自愿;另一方面是依据一定的道德准则,出于对道德准则(道德规范)的"应当"的理解。因此,道德行为必须是按照一定的道德准则(道德规范)自主、自择的行为,同时也必须是体现着道德要求的应有价值的行为,否则,就是非道德行为。(3)与社会无本质联系的行为。道德行为不是孤立的个人意志的表现,而是与他人意志有着本质联系的行为。也就是说,是与他人和社会的利益相联系的行为,具有社会意义的行为。人的行为是在一定的社会关系中发生的,而社会关系本质上是利益关系。因此,人的意志关系不可能不是利益关系的体现。因此,道德行为必然是有利或有害于他人和社会的行为,否则,就是非道德行为。

此三类非道德行为的辨别,都可以通过检测主体的道德认识和观察主体的行为及其环境而实现。其中第一类的非"自觉意识"行为、第二类的非"出于对道德准则(道德规范)的"应当的"理解"的行为,大都可以通过检测主体道德认识而得以实现;第二类的非"意志自主、自愿"的行为,可以通过观察主体产生行为的环境而实现;第三类的"与社会无本质联系的行为",可以通过对行为结果的观察而实现。由此可见,区分道德行为和非道德行为的方法,主要是检测道德认识和观察道德行为及其环境。

其次,道德的行为和不道德的行为区分。所谓道德的行为,也称善行,就是出于善良动机、有利于己他和社会的行为。所谓不道德的行为,也称恶行,就是出自非善或邪恶的动机,不利或危害己他或社会的行为。在日常生活中,人们有时也用"道德行为"来表达善行,如说某行为是合乎道德的,某人的行为是讲道德的。这里的"道德"、"道德行为"都是指的善行。在这种情况下,"道德行为"与"道德的行为"是同义的。但是在学理上应该严格区分"道德行为"和"道德的行为"。否则就会造成理解上的混乱和逻辑上的错误。

一般来讲,道德行为的善恶、好坏,取决于它是否有利于己他和社会的发展。在阶级社会里,则要受一定阶级利益的影响和制约。在实际生活中,道德行为的善恶、好坏,往往直接依据从一定社会和阶级的利益中引申出来的道德原则和规范。凡是符合一定社会和一定阶级的道德原则和规范的道德行为,就被评价为道德的行为;凡是不符合一定社会和一定阶级的道德原则和规范的道德行为,就被评为不道德的行为。

再次,善行与恶行的价值量区分。道德的行为与不道德的行为都存在善恶的大小、高低、程度等量的差异。通常用正当、良好、高尚三个概念反映道德的行为在量上的差异,用不正、较恶、极恶三种层次的概念反映不道德的行为在量上的差别。

对道德行为作定量分析,这是由道德行为本身的规定性决定的。任何一类道德行为,任何一个善行或恶行,都不仅有质的规定性,而且有量的规定性。因此,在对道德行为作定性分析的基础上,根据评价的需要,进一步作定量的分析,对正确评价道德行为具有重要意义。这是作出恰当的价值判断的一个重要方面。道德行为的价值量产生于行为内外的各个环节和各个阶段,特别是体现在动机和效果、目的和手段之中。其表现形式多样的,如数量的多少、程度的高低、影响的强弱、效用的大小、范围的广狭等。对于这些复杂的表现形式及其所表现的量的差别,要进行具体分析,才能作出恰当的价值判断。当然,这种分析往往是很困难的,因为它不仅涉及对行为主体和客体的正确认识,而且还涉及行为主体的自我价值与社会价值、内在价值与外在价值、现有价值与应有价值的关系;特别是需要审慎辨别真实价值和虚假价值,采取正确的价值标准。不过,无论怎样复杂、困难,应当承认道德行为价值量的差别是存在的,对道德行为作出量的分析不仅是可能的,而且也是必要的。否认道德行为量的差别,否认对道德行为价值进行量的分析的必要性和可行性,也是不科学的。

第四章　新时代大学生道德规范构建方法

第一节　新时代大学生道德规范的构建依据

　　道德规范是道德主体行为应该或不应该的一种价值存在,道德规范体系就是一种价值体系。也就是说任何道德规范体系都是围绕特定的道德价值所制定和完善的。在特定的社会或时代,具有特定的道德规范体系,也具有与其相应的价值体系。新时代中国大学生身处中国特色社会主义建设时期,他们的核心道德规范具有特定的内在规定性,也是新时代大学生道德规范构建的根本依据。

　　新时代中国大学生道德规范的规定性由新时代道德关系及其道德要求所决定,并与道德主体构成对应联系。当其被道德主体内化后,成为道德主体本质内涵时,实现道德主体的主观与道德规范的客观的统一。正如马克思认为"人的本质并不是单个人所固有的抽象物。在其现实性上,它是一切社会关系的总和"。[1]"凡是有某种关系存在的地方,这种关系都是为我而存在的"。[2]因此,新时代中国大学生道德规范的内在规定性主要体现在四个维度:

　　1. 党和国家的性质是新时代中国大学生道德规范的根本属性。新时代中国大学生特定身份是中国公民,身处新时代中国特色社会主义的政治、经济、文化环境,特定的身份决定其特定的要求。中华人民

---

　　[1][2]　中共中央马克思、恩格斯、列宁、斯大林著作编译局编:《马克思恩格斯选集》第一卷,人民出版社出版,江苏人民出版社重印1975年版,第35页。

共和国宪法规定,中华人民共和国是工人阶级领导的、以工农联盟为基础的人民民主专政的社会主义国家。社会主义制度是中华人民共和国的根本制度。中国共产党领导是中国特色社会主义最本质的特征。中华人民共和国的一切权力属于人民。《国家中长期教育改革和发展规划纲要(2010—2020)》对党的教育方针的论述:"坚持教育为社会主义现代化建设服务,为人民服务,与生产劳动和实际相结合,培养德智体美全面发展的社会主义建设者和接班人。"作为具有中国公民身份的新时代中国大学生必须具有中国宪法和教育规定的政治、经济制度等主体社会关系属性,以及其道德关系属性。这就是其根本属性。

2. 与时俱进是新时代中国大学生道德规范的时代属性。道德规范受社会关系制约,当社会发展进入新阶段,道德关系、道德要求也随之发生新的变化,道德规范也随着人们对社会认知的发展不断得到完善和发展,并逐步接近主客观的统一。社会发展是必然的,所以,道德规范的与时俱进也是必然的。大学是先进文化的引领者,大学生是先进文化的传承和发扬的最积极因素,也必然是先进的道德文化倡导者和践行者。所以,新时代中国大学生道德规范必须与时俱进,与时代的道德要求相统一。

3. 专业要求是新时代中国大学生道德规范的职业属性。专业具有专业内在的学理性,也都对接一个具体的行业。每个行业的从业人员都有自身的职业要求。大学生是具体行业的潜在就业者,所属行业的职业关系、职业要求是客观存在的,因此职业道德必然是潜在就业者的必然修为。也就是说,专业不是孤立的,它是与就业、所从事的职业紧密联系的。所以,专业要求是新时代中国大学生道德规范的职业属性。

4. 民族文化是新时代中国大学生道德规范的民族属性。一方面,"文化是一个国家、一个民族的灵魂。文化兴国运兴,文化强民族强"。①

---

① 习近平:《习近平谈治国理政(第三卷)》,外文出版社 2020 年版,第 32 页。

中华民族文化,上下五千年,源远流长,博大精深,培养了一代代国之栋梁。新时代中国大学生是传承和发扬民族文化的生力军,是民族振兴的接班人,其道德建设必须主动注入深厚的民族文化基因。另一方面,"人是一切社会关系的总和",所以,身处民族文化环境中必然也应该自觉内化民族文化,具有民族文化规定性。所以,新时代中国大学生道德规范的内在规定性必然具有民族属性。

第二节　新时代大学生道德规范具体化构建

　　道德规范作为道德"应当",它的产生是反映了"人类道德主体对其自身道德生活和伦理关系的自觉意识"[①]。"任何道德规范的建设都必须与传统道德文化相适应,与现代道德文明的价值理念相契合,与社会生活的道德诉求相匹配"。[②]也就是说,新时代大学生道德规范的具体化构建并不是盲目的、毫无根据的,而是对新时代大学生道德"应当"的主动反映。因此,新时代大学生道德规范的内在规定性是其构建的根本依据。

一、新时代大学生道德规范构建的原则

　　1.最高原则。新时代大学生道德规范具体化构建的最高原则是使所构建出来的道德规范符合道德终极标准——道德目的。因为,"一方面,道德目的是产生和推导出其他一切道德标准的道德标准,因而也就是道德终极标准;另一方面,道德目的既是衡量行为善恶的终极标准,又是衡量道德自身优劣的终极标准"。[③]

　　那么,道德目的又是什么? 众所周知,道德"是一种'必要的恶',

　　① 张连:"论道德规范对社会资本的价值",《淮阴师范学院(哲学社会科学版)》,2015(1)。
　　② 李建华:"社会主义核心价值观与道德规范体系之关系",《道德与文明》,2017(2)。
　　③ 王海明:《新伦理学》,商务印书馆,第153页。

是人类为了达到利己目的(保障社会的存在发展)而创造的害己手段(压抑、限制每个人的某些欲望和自由)",①因此,道德的目的"不是为了道德和品德自身,而是为了道德和品德自身之外的利益、幸福;不是为了道义,而是为了功利——为了保障社会存在发展,最终增进每个人利益、实现每个人幸福"。②由此可见,"增加还是减少全社会和每个人的利益总量,是评价一切道德优劣的终极标准。这就是说,评价某种道德优劣,也不能看它对社会的道义、品德、道德的效用如何,而只能看它对全社会和每个人利益的效用如何:哪种道德对人的欲望和自由侵犯最少、促进经济和科教发展速度最快、增进每个人利益最多、给予人的利与害的比值最大,哪种道德便最优良;反之,则最恶劣"。③

2. 时代性原则。新时代大学生道德规范构建应紧扣新时代的规定性。不同的时代具有不同的经济关系、不同的生活方式。这种不同点反映在道德生活中,就产生不同的道德关系和道德要求。道德规范是当时社会的道德关系和道德要求的具体反映,因此,道德规范应具有时代性。新时代大学生身处中国特色社会主义的社会关系之中,我们在构建道德规范时,要注意体现时代性。具体说:首先,必须与中国特色社会主义的本质要求相一致。也就是说,所构建的道德规范要体现以习近平新时代中国特色社会主义思想为核心的意识形态和基本经济、政治制度的要求;要体现以国家、集体和个人利益相结合,集体利益高于个人利益为基本含义的集体主义原则;要体现以公有制为主体,多种经济成分并存的经济关系要求;要体现以解放全人类为己任,以建立一个没有阶级、没有剥削、人人幸福的美好社会为目标的共产主义道德理想等。其次,必须与社会主义核心价值观

---

①②　王海明:《新伦理学》,商务印书馆,第 154 页。

③　王海明:《新伦理学》,商务印书馆,第 153 页。

和《高等学校学生行为准则》相统一。

3. 继承性原则。新时代大学生道德规范构建应坚持继承性原则。在中外伦理道德中存在许多具有积极的、具有人民性和科学性的道德规范，我们有责任把它们传承下去。比如在中国几千年的历史文化传承下来的孝敬父母、尊老爱幼、爱国爱民、廉洁奉公、严于律己、宽以待人、谦虚谨慎、戒骄戒躁、诚实守信、尊师敬业、团结互助等等；在西方存在的人本主义、公正观念、主体意识、讲文明礼貌、恪守社会公德等等。

4. 层次性原则。新时代大学生道德规范构建应坚持层次性原则。社会生活是复杂多样的，利益关系是多层次的，既有国家、集体和个人三者的利益关系，又有个人与集体的利益关系，还有眼前利益与长远利益以及全局利益与局部利益的关系等等。同时，由于每个人所处的社会经济条件不一样，所受的教育和影响不同，所达到的道德修养的程度不同，在现实社会生活的人们的思想道德水平也是多层次的，既有品德高尚者，也有品德一般者，还有品德卑劣者。因此，单一的道德规范和道德要求是不能完全调节多层次的利益关系和思想道德水平的。利益关系的多层次和人们思想多层次，决定了与社会相适应的道德规范体系是一个多层次的系统结构，而且根据不同目的和标准还可以划分出若干个结构层次。

5. 针对性原则。新时代大学生道德规范构建应坚持针对性原则。社会是一个复杂的有机体。如果按社会的基本要素来分，可以分为经济领域、政治领域、文化领域等。如果按人类社会活动的范围分，可以分为职业生活领域、家庭生活领域、社会公共生活领域等。在这些不同的领域，由于人们交往的方式、工作的对象、活动的范围、应负的职责等都不尽相同，因而其道德要求也就各有特点，从而形成了特殊的道德规范。比如，经济道德、政治道德、文化道德等。社会生活的每一个领域，又都是一个复杂的系统，而每一系统内部又有若干具体的道德要求和个别的道德规范。在经济、政治、文化三大领域中可以分出若干个别道德规范；在社会公德、职业道德、家庭道德领域中也可以划分出许多个别道德规范。如职业道德，三百六十行，行行有职业道德。正如恩格斯所说："实际上，每一个阶级，甚至每一个行业，都各有各的道德"。[①]随着社会的进步，分工的细致，行业的增多，必然促进职业道德的内容更加丰富和完善。由于道德调节对象复杂，内容丰富，必然要求构建道德规范具有针对性。事实上，在社会具体构建道德规范的过程中，都是根据特定对象的道德要求来制定的。因此，新时代大学生的道德规范构建必须紧紧围绕新时代中国大学生这个群体进行。

二、新时代大学生道德规范构建的方法

1. 因循必然法。新时代大学生道德规范具体化构建应因循必然法。道德规范在本质上是主客观因素相统一而成的。"一方面，道德规范既是对一定的道德关系的反映，是一定的社会对人们提出的一定的道德要求的反映，因而它是客观的，不以道德主体的意志为转移的；另一方面，道德规范既作为客观的道德关系和道德要求的反映形式，就必然包含着道德主体的抽象、概括等主观思维活动，并必然以纯主观的形式（道德概念、道德范畴、道德判断等）固定下来"。[②]道德规范的客观性说明，道德规范的内在存在一种必然性。这种客观必然性决定道德规范不是人们任意构建，随意取舍的东西。它要依据事物的内在规定性推导出来。正如王海明在他的《新伦理学》一书中指出：优良的道德总原则"并不是随意制定的，而只能通过'道德目的'从'一切伦理行为事实如何'中推导出来"。[③]对于一切道德规范，

---

①　马克思恩格斯全集，第四卷，人民出版社 1972 年版，第 236 页.

②　罗国杰：《伦理学》，人民出版社 1989 年版，第 180 页。

③　王海明：《新伦理学》，商务印书馆，第 278 页。

即"一切行为应该如何与不应该如何,岂不全等于行为事实如何对道德目的的符合与违背两大效用? 这是一种道德推理:

行为事实如何(利人与利己)

道德目的(保障社会存在发展、增进每个人利益)

行为事实如何与道德目的之关系(利人符合道德目的、损人违背道德目的)

行为应该或不应该如何的道德规范(应该利人、不应损人)

恩格斯也曾经指出:"从动产的私有制发展起来的时候起,在一切存在着这种私有制的社会里,道德戒律一定是共同的:切勿偷盗。这个戒律是否因此而成为永恒的道德戒律呢? 绝对不会。在偷盗动机已被消除的社会里,就是说在随着时间的推移顶多只有精神病患者才会偷盗的社会里,如果一个道德宣扬者想来庄严地宣布一条永恒真理:切勿偷盗,那他将会遭到什么样的嘲笑啊!"①这句话包含着这样的含义:当行为事实不存在时,"切勿偷盗"的道德规范也就不存在了。也可以这样理解,当行为事实不存在时,"切勿偷盗"的道德规范也就失去了存在的前提。由此可见,在制定道德规范时,应遵循事物的内在客观必然性。

2. 因名定责法。新时代大学生道德规范具体化构建应遵循因名定责法。因名定责法,又可以称为角色方法。这种构建方法,是从社会实际的伦理关系和伦理生活出发,划分出各种各样的伦理角色,赋予其伦理的名目,再依据伦理生活的需要,给各种名目规定一定的伦理道德的义务。

---

① 《马克思恩格斯选集》第三卷,第133页。

　　人们的社会生活就像演戏,总要扮演一定的角色。不过,实际的社会生活要比演戏复杂得多,一个人通常身兼多种角色,而一种角色又常常被无数个人所扮演。比如说,在实际的社会生活中,一个人必定是另一个人的儿子或女儿、父亲或母亲,还可能是某某人的兄弟或姐妹、丈夫或妻子、上司或被领导者等等,总是在充当着一定的角色。那么,作为儿子或女儿,就相应地具有儿子或女儿的伦理责任;作为兄长、弟弟、姐姐或妹妹,那么相应地就有兄长、弟弟、姐姐、妹妹应负的责任;他或她结婚后就会成为丈夫或妻子,那么就相应的有丈夫或妻子的责任。以此类推,他或她可能是工人、农民、学生、商人、教师、医生、军人,等等,那么,他或她就相应地具有这些名目所应负的伦理责任。这种伦理责任,是实际的伦理生活的固有要求,人们在构建道德规范时只不过是把它们提炼出来而已。

　　3. 以本推演法。新时代大学生道德规范具体化构建应遵循以本推演法。以本推演法,也可以称以近推远、由本推末的方法。这种道德规范的构建方法,就是找出一个最基本的、最易为人们所接受的道德原则或道德规范作为道德的公理,推而广之,以设定和解释其他的道德规范。这种方法在中国传统的伦理道德中是经常使用的。譬如:中国的传统伦理学以家庭伦理关系为最基本的伦理关系,构建了其他许多的伦理关系:如在天地自然与人类的关系中,传统伦理把天比为父或曾祖父,把人类比作儿子或重孙子。董仲舒就说,天是人的曾祖父,人是天的副本,无一处不像天。关于君与臣、官与民的伦理关系,传统伦理也是把君视作臣之父,把官视为民之父的,故而有所谓"君父"并称和所谓父母官的说法。政治伦理向来被看成是家庭伦理的扩大。《孝经》提出了在家事父孝,故忠可移于君的思想,把事君也看成是尽孝的一个方面。在宋代思想家张载的学说中,也突出地表现了这一点。张载把君主看成是上天的长子,把大臣看成是天之长子的"家相",把天下民众看成是自己的同胞,把万物看成是自己的友伴,提出了"民吾同胞,物吾与也"的伦理思想。在长幼伦理关系中,《礼记·曲礼》提出,"年长以倍,则父事之;十年以长,则兄事之;五年以长,则肩随之。"显然也是以家庭伦理模式来处理的。关于师徒伦理关系,中国自来就有"一日为师,终身为父"之说。关于朋友之间的伦理关系,传统伦理也是仿照兄弟伦理关系来处理的。在道德规范构建方面也是如此,把对于父母双亲之孝推广到与家庭内部兄弟之间的关系中,就表现为友悌;推广到与邻里、乡党的关系中,就表现为亲和;推广到与众人的交往关系中,就表现为仁爱;等等。

现在,由于数千年的伦理道德文化的积淀和人们对道德关系、道德要求认识的不断深化,更有条件采用此种方法进行道德规范的构建。不过,由于以本推演法是诉诸个人主观的意愿,所以,当主观意愿不正时,所推也必然不正。因此,在采用以本推演法时,要确保遵从公理,使道德规范成为道德关系、道德要求的真实反映。

4. *层层分解法*。新时代大学生道德规范具体化构建应遵循层层分解法。层层分解法是指对现有的比较抽象的道德规范,根据实际需要进行具体化分解的方法。层层分解法是道德规范具体化构建经常使用的方法,也是道德知行测度理论应用中经常要采用的方法。由于数千年的伦理道德文化的积淀,在很多领域、行业,以及在许多具体人群中都积累了许多具有价值的道德规范。比如,教师职业道德规范、医生职业道德规范、商业职业道德规范、社会公共道德规范、大学生道德规范、中学生道德规范、小学生道德规范,等等。但是,这些道德规范是在比较普遍意义上构建出来的,反映的是一种比较普遍的道德关系和道德要求,比较抽象,不够具体,对特定的行业、人群的道德要求,还不能够完全满足需要,尤其是在进行道德知行测度理论应用时更显不足。因此,根据特定人群的需要,要对现有的比较抽象的道德规范进行具体化构建,使之满足实际需要。譬如:"学生应该勤奋学习"的道德规范,在实际道德生活中所包含的内容是十分丰富的。学生在哪些方面？采取什么样的行为？就算勤奋学习了。这些就需要进一步具体规范。只有这样，导向性才能够更明确，检测起来才能够更具体。

不过，层层分解法是诉诸个人主观的意愿，所以，当主观意愿不正时，所分解的结果也必然不正。因此，在采用层层分解法时，要确保遵从实际的道德要求，使道德规范成为道德关系、道德要求的真实反映。

三、新时代大学生业已构建的道德规范

1. 社会主义核心价值观

富强，民主，文明，和谐；自由，平等，公正，法治；爱国，敬业，诚信，友善。

2. 高等学校学生行为准则

（1）志存高远，坚定信念；

（2）热爱祖国，服务人民；

（3）勤奋学习，自强不息；

（4）遵纪守法，弘扬正气；

（5）诚实守信，严于律己；

（6）明礼修身，团结友爱；

（7）勤俭节约，艰苦奋斗；

（8）强健体魄，热爱生活。

3. 高等学校学生日常行为规范

（1）仪表整洁，举止有礼；

（2）尊敬师长，友善同学；

（3）爱护公物，保护环境；

（4）健康娱乐，文明上网；

（5）维护秩序，服从管理；

（6）尊重他人，以礼相待；

（7）按时作息，体谅室友；

（8）热爱劳动，自我管理。

4. 大学生自我构建的道德规范例选

（1）爱国奉献，遵纪守法。

释义：

① 爱国主义。从政治的高度热爱祖国。关注世界的历史和未来，关注国际国内形势，具有世界眼光和国际意识；了解中国的历史和现状，尤其是中国共产党的革命史、建设史、发展史、奋斗史；坚持国家利益高于一切，维护国家统一，不做有损国家荣誉、民族尊严的事；坚持中国共产党的领导，坚持四项基本原则，努力学习马列主义、毛泽东思想、中国特色社会主义理论和习近平新时代中国特色社会主义思想，维护各民族的平等、团结、互助关系，把个人的奋斗融入国家富强、民族振兴的历史洪流中去，树立刻苦学习、报效祖国的人生目标。

从身边的小事做起热爱祖国。升降国旗时，要肃立，不自由走动，脱帽行注目礼，直至升降国旗完毕；不说有损国家形象、民族团结的话，不做有损国家利益的事；出国留学、考察等遵守外事活动规则；对待外宾热情礼貌、谦虚谨慎、友好相待，有理有节，不失国格、人格。

② 集体主义。自觉维护集体利益，以集体利益为重，当个人利益和集体利益发生冲突时，个人利益应服从集体利益；坚持集体主义，反对个人主义。

正确处理个人和他人的关系。即要尊重人、主动关心人、尊重他人的正当利益；自愿参加集体活动，对集体事业尽职尽责，自觉关心集体利益，维护集体荣誉，有意见也能服从集体决定；积极参加团队活动和学校、班级组织的文体活动、劳动和社会实践活动。

③ 奉献精神。能够正确认识和处理国家、集体、个人的利益关

系,做到个人利益服从集体利益、局部利益服从整体利益、当前利益服从长远利益,不搞小团体主义、本位主义,不损公肥私,不损人利己,能把个人的理想与奋斗融入广大人民的共同理想和奋斗之中。

大学生应该胸怀祖国,为国家的富强和民族的振兴奉献自己的青春;毕业时自觉服从社会需要,到祖国最需要的地方去;多为学校、班级和同学着想,多关心他人,体贴他人,为他人做一些事,乐于助人。

④ 遵纪守法。遵守国家的法律法规,努力做维护民主和法制的典范,反对无政府主义,维护社会秩序和安定团结的政治局面;不组织、参加非法组织及其活动,不参加未经批准的游行;不侵犯别人的隐私权、著作权和知识产权;不借助计算机技术实施网络犯罪;不观看、传播反动、淫秽书刊和声像制品。

遵守校园公德。爱护公共财物,爱护学校的一草一木,不折花,不践踏草坪,自觉维护校园绿化、美化、净化;注意仪表整洁、举止有礼;遵守校园网络的有关规定,文明上网;保持校内环境的安静,不在宿舍区和教学、科研、办公区内进行影响师生工作、学习和休息的体育文娱活动;上课时应保持仪容整洁,衣着大方,不得穿背心、拖鞋进入教室;要珍惜学校的荣誉,不做有损学校荣誉的事,毕业时文明离校;图书馆开放时要有秩序地进入,借阅图书时不要乱翻乱扔,保持原有摆放顺序,不在图书杂志上乱写乱画,更不得拆撕书刊;开会时,不迟到,不无故缺席,自觉维护会场秩序,不做与会议无关的事情,爱护公共设施,保持会场清洁;做文明观众,观看球赛或其他比赛时,要尊重裁判和工作人员,自觉遵守并维护运动场的秩序,不要鼓倒掌、喝倒彩;就餐时,要遵守餐厅就餐秩序,不得插队和拥挤,爱惜粮食,用餐完毕将餐具放到指定的地点,配合餐厅职工做好餐厅的卫生工作;自觉遵守宿舍管理各项规章制度,服从管理、主动配合有关人员的检查,遵守作息时间,按时起身,按时就寝,宿舍内严禁烧酒精炉、煤油炉、点蜡烛,严禁使用电炉等大功率用电器,严禁私接电源,不准留宿异性和社会上的人,不外宿。

做文明大学生。行走时注意姿势,遵守规则,同老师相遇,应让老师先行;坚持体育锻炼,注意心理卫生,保持身心健康,认真上好体育课,积极参加体育活动和其他有益的文化娱乐活动;搞好健康的业余文化生活,不得介绍、购买、出借、传阅内容反动和淫秽的书刊、图片、音像制品等。在与异性朋友的交往中举止文明,端庄,自尊自爱;与他人交往,谈吐文明,措辞雅洁,行为雅观;勤俭节约,衣食俭朴,不酗酒,不吸烟,不赌博。

(2) 刻苦学习,探索创新。

释义:

① 勤奋学习,求知进取。大学生学习态度要端正。学习不只是为了个人的发展,更是国家富强、社会进步的需要,个人学业的发展要同人民的需要融为一体;独立、认真地完成各项学习任务,考试不作弊;自觉遵守学习纪律,按时起床,按时上课,不迟到,不早退,在课堂上不做与上课无关的事情,不交头接耳,不使用移动电话、寻呼机等影响课堂教学正常进行的活动;听课时,坐姿要端正,精力要集中,不得干扰教师讲课,发问时应举手,回答问题要起立;能迅速地进入学习状态,自觉进行预习,认真做好作业;做好课前准备,包括必要的用品及预习中的问题,专心听讲,记好笔记,勇于回答问题,参与讨论,勇于发表自己的意见,能认真做好课后复习;自习课要保持肃静,不得随意走动和出入教室。

学习方法得当。有较强的自学能力,慎思善问,注重各种基本功的训练,理论联系实际,课外阅读广泛,对照课本和笔记将所学的新知识条理化、系统化,对记下的疑问要刻苦钻研;确有疑难问题没有弄懂,能反复阅读教材,反复钻研思考,多方面查阅资料和请教老师、同学,务求懂、通、会,能在时间允许的情况下,根据自己的实际水平,适度研究一些难度较大的问题和题目,培养灵活运用知识,理论联系实际的能力,拓宽知识面,向一专多能的方向发展。

② 探索创新。努力掌握所学基础理论、专业知识和基本技能,热爱专业,认真学习,注重实践环节,增强分析和解决问题的能力,增强创新意识,培育创新能力,具有广泛的兴趣、爱好,培养对创造性成果和创造性思维的识别能力和以事实为根据的客观性思维方法;积极锻炼才干,不断培养科研意识和科研能力。

一定要站得足够高,不断培养形象思维能力。培养开朗态度,敢于表明见解,乐于接受真理,勇于摒弃错误,大胆尝试,勇于实践,不怕失败,认真总结经验。

(3)明礼诚信,正心修身。

释义:

① 诚实守信。讲原则、讲纪律、讲真话,实事求是,公平竞争。严格遵守学术研究和学术活动的基本规范,认真执行学术刊物引文规范,杜绝弄虚作假,抄袭、剽窃现象,对学位论文和其他自主发表的学术著作独立承担法律责任;不在求职、应聘时,出示虚假的毕业证书、学位证书、奖学金证书和其他获奖证书及专业资格证明,或作虚假的陈述;在做实验、做作业、考试中不准弄虚作假;认真履行就业协议,非特殊情况不违约,一旦违约,主动道歉,及时并尽力挽回信誉;助学贷款按时还清,特殊情况应向银行、学校说明情况,并按规定延迟还款期限。

真诚待人,善于合作,言必行、行必果。

② 礼貌待人。友好待人。待人接物,态度要谦逊、热情、诚恳;不打架骂人,不说脏话,讲话注意场合,态度随和,注意使用文明礼貌用语;尊重他人人格、宗教信仰和民族习惯,不准以民族、性别、相貌、地域、家庭背景,是否有残疾、学习成绩好坏以及身心发展水平为由歧视同学;遇见外宾,以礼相待,不卑不亢,有理有节,不尾随,不观

望,不评头论足;询问、陈述清晰扼要,不随意打断别人的讲话,不打扰他人学习、工作和休息,妨碍别人要道歉;有客来访,应待客热情,主动让座倒茶,并起立迎送。

尊敬师长,见面主动问好,进办公室先敲门,经允许后方可入内,上课时主动脱帽起立,不顶撞老师,回答师长的问话要起立,接受递送物品时,应起立并用双手;尊重父母意见和教导,外出和到家时,向父母打招呼,未经家长同意,不得在外留宿,经常把生活、学习、思想情况告诉父母;尊重体贴帮助长辈,关心照顾长辈和兄弟姐妹,对长辈有意见,应有礼貌地提出,不要脾气,不顶撞,做一个讲文明、懂礼貌的大学生。

礼让同学,同学之间礼貌交往,团结友爱、互相尊重、互相关心、互相学习、互相帮助,不互起侮辱性的绰号,不欺负同学,发生矛盾多做自我批评;未经允许不进入他人房间、动用他人物品、看他人信件和日记。

③ 遵守社会公德。爱护公共设施、文物古迹,爱护花草树木,损坏公物要主动赔偿;保护生态环境,不随地吐痰,不乱扔废纸、果皮,不在墙上乱写乱画;遵守交通规则,注意交通安全,不违章骑车,过马路走人行横道。

维护公共场所秩序,遵守公共场所有关规定,并养成良好的社会公德,不起哄,不打闹;乘坐公共汽车主动购票,不争抢座位,主动给老、弱、病、残、孕及师长让座;观看电影、演出,应准时入场,对号入座。如果迟到,询问排号要低声,穿过座位时应表示歉意。做文明观众,严禁起哄滋事。

遵守公共秩序,购票购物按顺序,对营业员有礼貌;参观博物馆、纪念馆要遵守秩序,未经同意,不可触摸设备和展品。瞻仰烈士陵墓应保持肃穆;讲正气,讲正义,见义勇为,对违反社会公德的行为,要进行劝阻,发现违法犯罪行为及时报告等等。

④ 文明上网。遵守相关的法律法规,不准侵犯别人的隐私权和知识产权,禁止网络犯罪;不准通过互联网进行信息侵略和信息干涉,以及恶意的政治宣传等,不准在网上进行假的、不负责任的、无聊的信息传播、网上谩骂与人身攻击,对其他主体的权利和自由给以同样的尊重,对自己的权利和自由要有限制地享受,不对他人造成伤害。如果过分地膨胀权力与自由的要求,甚至只讲权利和自由而不讲义务与责任,以享受权利为借口,影响了他人的权利,这就是一种恶的道德。如果网络主体都是任意妄为的,那么网络社会就永远不能成为有序的生存空间。

对反动、色情、迷信的信息,自觉地不看、不听、不信。不沉溺于电脑娱乐和网络游戏。

(4) 勤俭自强,自尊自爱。

① 注重仪表。坐立、行走、读书和写字姿势端正,衣着整洁朴素;不穿背心、超短装、拖鞋进课堂及公共场所。

头发干净整洁,不把头发染成各种奇异的颜色,男生不留长发,不剃光头,女生不浓妆艳抹。

② 正确对待恋爱。大学生应该树立正确的恋爱观,在与异性朋友交往的过程中,举止端庄检点,行为得体、正派、文雅,自尊、自重、自爱,不在公共场合勾肩搭背、搂抱亲吻或其他不文明行为;不进入校外营业性酒吧、舞厅、夜总会等不适宜大学生去的公共娱乐场所。

即使男女双方有感情的存在,也应以学习为重,以事业为重,不卿卿我我、花前月下,把感情化为前进的动力;感情遇到挫折,应做到失恋不失志,失恋不轻生,抬起头勇敢面对学习和生活。

③ 勤劳俭朴。大学生应该树立正确的劳动观念和劳动态度,热爱劳动,热爱劳动人民,关心劳动人民的疾苦;勤俭节约,不攀比,不奢侈浪费,不乱花钱,不向学校和家庭提出过分要求。

养成勤劳的好习惯,积极参加社会实践和勤工俭学活动及公益劳动,尊重他人的劳动成果;衣食俭朴,不赌博,把助学金、奖学金和贷款用在学习和生活的必要开支上。

文明就餐,尊重食堂工人的劳动,节约水电,爱惜粮食,保持食堂的整洁;学会料理个人生活,自己的衣物用品摆放整齐,自己的事情自己做;回到家,主动帮助父母分担家务,如:收拾房间、洗衣、做饭、洗刷餐具等等。

④ 自立自强,心理健康。学会料理个人生活;珍惜青春时光,消除"59 分白费,60 分万岁,61 分浪费"的心态,立志成才。抓紧时间,提高自己各方面才干,不虚度光阴。

个性心理健康,在学习和生活中胜不骄、败不馁,具有坚韧的毅力和矢志不移的精神;珍惜生命,遵守安全规程、实验规程,学习和遵守有关交通法规,不实施危险的行为方式;开朗活泼,注意养成健康的心理,培养积极健康的人生态度,反对自私自利、损人利己的言行。

勇敢面对贫困,通过勤工俭学等方式解决自己的生活问题,不气馁,不服输,更不可"透支自己的尊严,吝啬自己的面子"的不良心态。

⑤ 卫生环保,强身健体。大学生应该养成良好的卫生习惯,遵守各项卫生管理制度,不随地吐痰,不乱扔纸屑、果皮等,不吸烟,不喝酒;衣着整洁大方,个人用品保持洁净,维护公共卫生,懂得并能运用卫生保健知识。

坚持锻炼身体,注意心理健康,认真上好体育课,不断增强身体素质;积极参加文明卫生寝室竞赛活动,做到窗明几净,物品摆放整齐,合乎标准;情趣健康,不看色情、凶杀、迷信的书刊、影视片,不唱不健康歌曲。

增强户外活动,加强锻炼,按时作息,培养良好的生活习惯,遵循健康的生活方式,安排好学习、休息和锻炼时间,合理饮食,增强体质,提高免疫力;增强环保意识,爱护校园环境卫生,如厕后主动冲水,不在宿舍、楼道、教室及其他建筑物上乱写乱画。

(5)团结友善,勇敢坚毅。

释义:

① 团结。维护各民族平等,团结,尊重不同民族的风俗习惯和宗教信仰;维护学校、班级团结,与同学发生口角,做到有理相让,无理道歉;多与自己的父母沟通,把自己的思想和想法与父母多交流,消除与父母之间的代沟,促进了解,家庭和睦。

做到君子和而不同。两千多年前,中国先秦伟大的思想家孔子就提出"君子和而不同"的思想。

要团结,要和谐,但不千篇一律;不同,但不相互为敌。团结和谐以共生共长,不同差别以相辅相成,和平共处,求同存异。

作为新时代大学生应该具有"君子和而不同"的思想,正确看待事物之间、国家之间、民族之间、地区之间、人与人之间存在的相同点和差异,这种差异是正常的,也可以说是必然的,找到差异,寻求共同点,优势互补,和谐发展;正确处理好转型时期,多元人生观、世界观、价值观背景下人与人之间,个人与集体、个人与国家之间的关系,在工作、学习和生活中,增加了解、相互理解、消除误解,增强大团结,共同努力,扩大共识,发展合作。

② 友善。心胸开阔、严于律己、宽以待人,扶危济困、助人为乐、见义勇为,就是友谊友好、善良、与人为善等等。

无论是自己的家人、亲友、邻居、同学还是素不相识的人,无论是外国人,还是不同肤色、种族、民族,无论文化背景、宗教信仰如何,无论老少、贫富,无论健康的还是残疾的,都要友善待之,一视同仁。

③ 明辨是非,有正义感,勇于开展批评与自我批评。认真上好马克思主义理论课和思想品德课,自觉抵制资产阶级自由化等各种错误思潮;坚持实事求是的原则,勇于开展批评与自我批评,坚持真

理,修正错误,不传谣,不信谣,通过正当的渠道和形式反映自己的意见和要求。

　　勇于同不良行为作斗争,自觉与坏人坏事作斗争,对违反社会公德的行为要进行劝阻、制止、揭发,弘扬正气,制止各种不良行为;正确辨别班级和社会上一些现象的是非,在是非面前能坚持原则、主持公道。

第五章 新时代大学生道德规范价值量赋值方法

第一节 新时代大学生道德规范共性量的确立方法

自道德形成以来,道德品质评价就伴随而生,并逐步形成定性、定量、定性与定量相结合的评价方法。随着道德内容的不断丰富、多维、复杂,道德品质评价也越来越趋向于多维、复杂、综合。其中道德品质的量化评价在数据处理上,就不再是一维数据,而是发展到多维,甚至到无穷维数。具有同一种道德规定性的数据具有同一规定性,而具有不同道德规定性的数据就具有不同规定性。若要对道德主体的道德品质进行综合评价,给出一个综合数据,那么,我们就要面对具有不同性质的多维数据的处理问题。从数理逻辑上讲,数与数之间不具有量的同一性是无法进行数学运算的,如:2 个苹果+3 个梨子不可以进行数学运算的例子,所揭示的就是这个道理。因此,道德主体学习品德的"量"、政治品德的"量"等,它们之间就不能视为同一性质的"量"进行数学运算;所以,若要对道德主体的道德品质进行综合性量化评价,首先要解决道德品质"量"的同一性问题,不建立在"量"的同一性上的数学运算,都是缺乏根据的。

一、新时代大学生道德品质量化评价中量的同一性建构的必要性

纵观古今中外,道德品质评价方法从其评价内容上可分为三类:

一是由对道德主体的道德认知的评价,来推测道德主体的道德品质。这类研究和应用在中外各国都比较普遍,其中认知学派的道德判断测验法相对于通常的思想品德理论测验法、问卷调查法要深刻、全面,信度较高。其代表人物有皮亚杰、科尔伯格、雷斯特等。他们的共同特点是以道德两难故事为假设性情境,然后提出一些道德问题,要求道德主体作出分析判断。二是由对道德主体的行为的认定,来推断道德主体的道德品质。由行为推断道德品质的方法,它是一种依据道德主体的行为表现,来对道德主体的道德品质进行定位的方法。其中具有代表性的有投射测验法、系统观察评定法、行为记录法、哈特逊和梅的道德品质测评方法、威特金行为操行间接测验法等。三是根据所评定的道德主体的道德认知、行为,来推断道德主体的道德品质。认知、行为测评法的理论假设是,有知无行不是德性,有行无知是不具有道德意义的行为,至少说是不完全的德性。既知又行,既行且知,才是真正的德性。故知行结合的测评,才反映道德主体的真实品质。这种方法在中国、日本、韩国等国家都有使用。如:日本学者把道德品质定义为个体依据一定社会的善恶原则及规范标准所作出的一致性行为。因此,他们在测评时,把道德品质划分为三个层次:规范意识、实践意识、行为表现。韩国学者把德育定义为:道德规范的内化、道德习惯的形成、道德判断力的提高。中国学界则主张知、情、意、行的统一,对道德意识、道德行为等进行综合评价道德品质。

　　上述三类道德品质评价方法中不论是对道德认知的评价,还是对道德行为的评价。首先,从唯物论观点上讲,作为道德主体的一种存在,质量一体,不可分割,故其必然涉及道德主体的道德认知和道德行为的质量问题。量是质的表现形式和存在的状态,因此,对量的评价是不可或缺的,亦可以说是绕不过去的坎。哲学上的量与数学上的量是对立统一的关系。它们之间的同一性表现在,量是质的存在形式。评价不仅仅满足于哲学层面的量,更应该也必然进入数学层面。数学层面的量可进行数学运算的,必须具备同一的规定性。不同的存在,其量是具有不同规定性的,要实现量的数学运算,必须进行量的同一性构建。

其次,从道德品质量化评价研究成果看,许多研究成果是非常具有理论价值和实践意义的。但是,从已掌握的资料看,还有许多道德品质量化评价的理论问题需要探讨。比如,在对道德主体的道德品质进行综合性量化评价中,一是道德品质如何量化问题还没有真正意义上得到解决;二是不同性质的道德品质量之间如何进行数学运算,量的同一性还没有构建;三是道德认知评测结果与道德行为评测结果如何结合,才能客观地揭示主体的道德水平;四是某些研究成果应用于道德评价实践难度大,很难被转化为道德品质量化评价的具体化操作依据;五是许多理论的具体化应用研究缺位、错位。等等。这些问题都需要从道德品质"量"的定义入手,以数学逻辑的源头为起点,来解决道德品质量化评价中的量的同一性问题。

其三,从社会客观事实看,新时代大学生道德品质综合量化评价已经是一个事实存在,并且对此科学化的要求已经被提到相当的高度。当下,在高校道德建设中已经广泛采取量化评价,并且社会对大学生的道德品质进行综合性量化评价的结果越来越被彰显。社会客观现实的存在,必然要求新时代大学生道德品质综合量化评价的科学化。习近平总书记在全国教育大会上讲话要求:"健全立德树人落实机制,扭转不科学的教育评价"。[①]"关于德育、素质教育的应有地位和科学评价体系没有真正确立起来。这是一个必须解决的老大难问题"。[②]因此,新时代大学生道德品质综合量化评价要加强科学化建设和科学运算,其"量"的同一是道德品质量化评价实现科学运算的关键。只有实现"量"的同一,才能实现新时代道德品质综合量化

---

①② 习近平:《习近平谈治国理政(第三卷)》,外文出版社 2020 年版,第 348 页。

评价的结果客观科学、精细准确，才能激发新时代大学学生的成人成才的积极性和主观能动性，才能为社会用人提供更加科学、客观的具有可比性的综合性评价信息，提升社会用人的客观公正性；才能够产生直观、明了的道德舆论约束力，提升社会各方对加强道德建设的重视程度，使学校、社会、家庭产生合力，形成道德建设体系的良性循环。

二、新时代大学生不同性质的道德品质量存在同一性

新时代大学生不同性质的道德品质要具有量的同一性，它必须具备这样的条件，一是道德主体的道德品质具有量的规定性，即具有"量"的存在；二是道德主体所有的不同性质的道德品质"量"中具有共同性质的量的规定性，即具有"共性量"的存在。我们从下面三个方面分析道德主体的道德品质是否具备这样的条件。

1. 道德主体的道德品质存在量的规定性。从哲学上讲，任何事物都具有存在的规定性。这种存在的规定性同时具有具体的规定性。比如苹果是一种存在，苹果同时也存在量的多少、颜色、口味等的具体规定性。道德品质也不例外，道德品质是一种存在，道德品质同时也存在量的具体规定性及其他的具体规定性。由此可见，道德主体的道德品质是否存在量的规定性？这个问题显而易见。千百年来，人们在道德评价过程中，无论是定性的，还是定量的，都已经发现了道德品质量的存在。孔子曰："性相近也，习相远也"。[1]孟子曰："可欲之谓善。有诸己之谓信。充实之谓美。充实而有光辉之谓大。大而化之之谓圣。圣而不可知之之谓神。"[2]朱熹曰："如论三品亦是，但以某观，人之性岂独三品，须有百千万品。"[3]美国心理学家桑

①　陈戍国/点校：《四书五经》，岳麓书社 2002 年版，第 53 页。

②　陈戍国/点校：《四书五经》，岳麓书社 2002 年版，第 134 页。

③　萧鸣政主编：《复旦博学　人员测评与选拔》，复旦大学出版社 2015 年版，第 9—31 页。

代克(E.L.Thorndike)指出"凡客观存在的事物都有其数量"①。此后,教育测量学家麦柯尔(W.A. McCall)进一步指出,"凡有数量的东西都可以测量。心理现象是客观存在的,人的心理的差异性也是客观存在的,因此,心理现象是能够测量的"。②现如今已被广泛应用的道德品质各种评价,都是以道德主体的道德品质量的存在为基础和前提的。唯物主义认为,"世界上没有无质的量,也没有无量的质,任何事物都是质与量的有机统一体"。③道德品质作为道德主体的认知、情感、意志和行为的存在,同样也是质与量的有机统一体。

2. 道德主体的不同性质的道德品质量存在规定性差异。"量的差异"存在两种情况:一种是不存在量的性质规定性差异的量的差异,即具有同一性质规定性的量的差异,也就是仅为数量上的差异,在此种情况下可以进行数学运算;另一种是存在量的性质规定性差异的量的差异,即具有不同性质规定性的量的差异,也就是在性质上存在差异,在此种情况下不可以进行数学运算。此处所讨论的是后一种。道德主体的道德品质量的规定性是一个相当复杂的问题,不同性质的道德品质具有不同性质的道德品质量的规定性。譬如:道德主体的勤奋学习方面的道德品质,又可细分为认真听课、独立完成作业、刻苦钻研问题,等等;勤奋学习的心理内涵及其行为内涵分别与认真听课、独立完成作业、刻苦钻研问题等的心理内涵及其行为内涵不同;认真听课、独立完成作业、刻苦钻研问题等之间的心理内涵及其行为内涵也不同。再如:道德主体的讲究卫生方面的道德品质,又可细分为勤换衣服、不随地吐痰、不乱倒垃圾,等等;讲究卫生的心理内涵及其行为内涵分别与勤换衣服、不随地吐痰、不乱倒垃圾等的

①②　宋荣等编著:《人才测评技术》,中国发展出版社 2008 年版,第 9 页。
③　周俊波:"拟构道德知行测度理论"《广西社会科学》,2003(6):25。

心理内涵及其行为内涵不同;勤换衣服、不随地吐痰、不乱倒垃圾之间的心理内涵及其行为内涵也不同。同理,勤奋学习的心理内涵及其行为内涵与讲究卫生的心理内涵及其行为内涵也不同。由此可见,道德主体在不同的道德意识支配下所产生的不同性质的道德行为,它对于个人和社会具有不同的价值意义,由于道德心理的复杂性,带来道德行为的复杂性,由此带来人的道德品质的多侧面性,不同的侧面就有不同的道德品质量的规定性。因此,不同道德品质量的性质规定性差异的存在提醒我们不能盲目地对不同道德品质的"量"进行数学运算,如要进行数学运算,必须在不同道德品质量的规定性上实现量的规定性同一。

3. 道德主体的不同性质的道德品质量具有"共性量"。道德品质量的同一性所指的是道德品质量的性质的同一,是不同性质的道德品质量与量之间的共性问题,即是不同性质的道德品质量的共同本质问题。根据共性存在于个性之中,普遍性存在于特殊性之中的理论。要确定不同性质的道德品质量的同一性,必须从不同性质的道德品质量的规定性中抽象出它们共同的本质,即不同性质的道德品质量的共性。这与其他一些度量的"共性量"的确立是一个道理。譬如:重量的确立,它是撇开了各种物体的个性,抽象出所有物体在地球上都要受到地球的引力作用的共性,从而为各种物体建立了一个共性量——重量。再如:体积量的确立,它是从各种不同性质的物体中抽象出各种物体都要占有一定的空间的共性,从而为各种物体又构建了另一个共性量——体积量。重量与体积量之间是不可以进行数学运算的,因为它们不具有同一性质的规定性。重量与重量之间、体积量与体积量之间是可以进行数学运算的,因为它们在量上具有同一规定性。按照这种方法,文中开头的"2 个苹果+3 个梨子"的例子变为"2 个苹果的重量+3 个梨子的重量",或者变为"2 个苹果的体积+3 个梨子的体积",都可以进行数学运算了。

道德主体的不同性质的道德品质量的规定性的共性是什么呢？如果说能够找到它们的共性，那么不同的道德品质量与量之间的数学运算也就可行了。我们认为不同性质的道德品质量的共性，蕴藏在不同性质的道德行为的"社会效用"中，无论是什么社会效用都具有一定的社会价值。这是因为：其一，"道德是社会制定或认可的关于人们具有社会效用（亦即利害人己）的行为应该而非必须如何的非权力规范"。[①]因此每条道德规范本身都具有一定的社会效用，即具有一定的社会价值。其二，道德规范在未被道德主体内化之前独立于主体之外，只有当道德规范被道德主体内化以后，成为道德主体的内心法则，并能够外化为道德行为，才能成为道德主体的道德品质。此时，道德规范的社会效用才真正得到体现，也就是才能产生真正的社会价值。其三，道德规范被道德主体内化后，再外化为道德行为时，实现了道德规范的调节效用，这种调节效用仍然是以道德规范为尺度的。

由此可见，道德行为的社会效用通过道德规范的形式表达，只要将道德规范的社会价值量确定，就确定了不同的道德品质量的共性量。因此，道德主体的不同性质的道德品质存在"共性量"，即为不同性质的道德品质的社会价值量。这种社会价值量是由特定社会核心价值观决定，并以此为价值尺度。在不同的核心价值观下，其价值尺度不同，因此，其价值量也不同。

三、新时代大学生不同性质的道德品质量的同一性建构

新时代大学生不同性质的道德品质量的同一性建构就是建立道德主体不同性质的道德品质量的共性量。根据上文分析和道德的本

---

① 王海明：《新伦理学》，商务印书馆 2001 年版，第 112 页。

质规定性,从两个方面进行建构。

1. 道德主体不同性质的道德规范量的同一性建构

(1) 用道德规范的社会重要性的量值来揭示不同性质的道德规范的社会价值量。由上文知,道德规范是一个规范体系,是无数条不同的道德规范的集合。这些不同性质的道德规范都具有社会效用,无论何种社会效用都具有一定的社会价值,只要具有社会价值,就有社会意义,亦即对社会就具有一定的重要性。这种社会重要性是以一个社会的核心价值观或社会主流价值观为尺度。因此,可以这样讲:每一条道德规范对社会都具有一定的重要性,并且道德规范重要性的量值与其道德规范的社会效用、社会价值的量值成正相关。由此可见,道德主体不同性质的道德规范量的同一性可以建构在道德规范的社会重要性上。因为道德规范的社会重要性已经摆脱了道德规范各自的特殊性,并能够揭示每一条道德规范的共同性质。就如同物体的重量、体积、面积、温度等量的特性一样。如此看来,可以用道德规范的社会重要性的量来建构道德主体不同性质的道德规范的社会价值量,从而使道德主体所有不同性质的道德规范量的规定性在社会重要性上实现量的同一,也就是在不同性质的道德规范量之间架起了数学运算的桥梁。

(2) 用社会调查统计方法为道德规范的社会重要性赋值。道德规范重要性的量值可以通过对社会成员的调查统计获得。首先选定道德主体的道德规范,把这些道德规范面向社会成员,进行随机的道德规范的社会重要性调查,由社会成员以社会核心价值观或社会主流价值观为尺度,根据道德主体的特点和社会需要进行重要性定位(也就是社会价值定位),用统计学方法获得道德主体道德规范的社会重要性的量值。通过这种方法就可以为每一条道德主体道德规范的社会重要性进行赋值,也就是为每一条道德主体道德规范的社会价值赋值。

2. 道德主体不同性质的道德品质量的同一性建构

建构了道德规范量的同一性,还不能说道德品质量已经实现了建构,仍然需要在量的性质上进一步转化,才能全面地揭示道德主体的道德品质的共性量。

(1) 道德能量是不同性质的道德品质的共性量。为了揭示道德主体的道德品质的共性量,首先引入道德能量概念。"能"是度量物质运动的一种物理量,一般解释为物质做功的能力。"道德是通过价值方式把握世界的,即道德要以评价对象、调节社会关系、预测社会发展、形成行为准则等等方式来认识、反映、改造和完善世界。它把世界分成两部分,即善的和恶的、正当的与不正当的、应该的和不应该的,高扬前者、鞭笞后者,不断推动着人类社会的发展"。[1]这就是说:道德通过价值把握世界而产生社会效用,"如果把社会效用看着'功',也确实可以看着'功',那么,道德确实具有'能'的特性"。[2]将道德所具有的这种规定性称之为道德能,即道德具有能量,称之为道德能量。

其次,道德能量具备道德主体的道德品质的共性量的条件,可以作为道德主体的道德品质的共性量。根据王海明先生在他的《新伦理学》中分析:"构成'道德'一词的'道'与'德'的词源涵义也就都是指应该如何的行为规范。只不过'道'是外在规范,是未转化为个体内在心理的社会规范;而'德'则是内在规范,是已经转化为个体内在心理的社会规范"。[3]所以,道德有两种存在状态,一种是外在规范形态,一种是内在规范形态。同时,王海明先生在他的《新伦理学》中定义,"品德是一个人在长期的、一系列的行为中所表现出来的稳定的、

---

① 罗国杰:《伦理学》,人民出版社 1989 年版,第 55 页。

② 周俊波:"论影响道德位转化的因素",《淮阴师范学院学报》2006(2):149。

③ 王海明:《新伦理学》,商务印书馆 2001 年版,第 105 页。

恒久的、整体的心理状态"。①由此可见,内在道德规范形态就是道德主体的道德品质的心理状态,有什么样的稳定的道德心理品质,就会表现出什么样的长期的道德行为水平。

两种道德规范之间对于道德主体而言,存在这样的转化过程:外在道德规范通过价值定位作用于道德主体,对道德主体产生社会效用,促使道德主体对外在道德规范产生内化,形成内在道德规范,使道德主体具有稳定的品德心理,能够支撑道德主体产生道德行为。如果用能、功转化来表达,就可以表达为:外在道德规范能量(此能量是由于对外在道德规范的价值定位而产生)作用于道德主体,对道德主体做功,促使道德主体具有内在道德规范能量,能够支撑其产生道德行为。这就如同煤能对水做功产生蒸汽能推动机车前进一样,并且根据能量守恒定律,它们在转化过程中能量守恒。道德能量在转化过程中也应该遵守这个规律。

根据道德规范的社会重要性量(即道德规范的价值量)可以作为道德规范的共性量的分析,道德规范的社会重要性量就是外在道德规范的共性量,在量值上等于外在道德规范能量量值。由于内在道德规范的能量是由外在道德规范能量转化而来,其量的规定性没有被改变,同样可以作为内在道德规范的共性量,即道德品质的共性量,并且在量值上等于被转化的外在道德规范的能量量值。因此,我们就可以用道德能量来建构道德主体的道德品质的共性量,使不同的道德主体的道德品质量可以进行数学运算。

(2)道德主体的道德品质的赋值方法。根据上述分析,道德主体的道德品质的赋值可以通过对道德主体的内在道德规范能量的赋值来实现,而道德主体的内在道德规范能量是由道德主体的外在道德规范能量转化而来,根据能量守恒理论,被转化的外在道德规范能

---

① 王海明:《新伦理学》,商务印书馆 2001 年版,第 603 页。

量在量值上等于内在道德规范能量量值。当我们把被转化的程度用百分比来表示（这种百分比可以通过对道德主体在一段时间内所表现出的行为程度统计获得），那么，内在道德规范能量量值就等于外在道德规范能量量值乘以转化程度的百分比。由此可见，内在道德规范能量量值与外在道德规范能量量值、道德主体对外在道德规范的内化程度（也是道德主体的道德行为表现程度）成正比。内在道德规范能量量值就是道德主体的道德品质的量值。

第二节　新时代大学生道德规范价值量的赋值方法

一、新时代中国大学生道德规范价值量赋值的可行性

（一）存在性

新时代中国大学生道德规范价值量的存在是研究的前提，其存在应满足两个条件：一是特定群体的道德要求应客观存在，二是道德规范的价值量应客观存在。

1. 新时代中国大学生特定群体的道德要求客观存在。道德是一种社会意识，是特殊的意识信念、行为准则、评价选择、应当理想等的价值体系，是"社会制定或认可的关于人们具有社会效用（亦即利害人己）的行为应该而非必须如何的非权力规范"[①]。它受着社会关系特别是经济关系的制约，具有实践精神和提高精神境界诸活动的动力。新时代中国大学生身处新时代的社会经济关系中，必然具有与之相适应的道德要求。事实上，党和国家高度重视新时代大学生的成长和发展。2018 年 9 月 10 日，习近平总书记在全国教育大会上要求"在坚定理想信念上下功夫，在厚植爱国主义情怀上下功夫，在加

---

① 　王海明：《新伦理学》，商务印书馆 2002 年版，第 112 页。

强品德修养上下功夫,在增长知识见识上下功夫,在培养奋斗精神上下功夫,在增强综合素质上下功夫"①。教育部专门制定了《中国普通高等学校德育大纲》②、《高等学校学生行为准则》③等文件。所以,新时代中国大学生特定群体的道德要求客观存在性显而易见。

2. 新时代中国大学生道德规范存在量的规定性。首先,新时代中国大学生道德规范具有哲学量的规定性。作为一种社会存在,质量一体,不可分割,量是质的表现形式和存在的状态,故其量的存在是必然的。其次,新时代中国大学生道德规范具有数学量的规定性。哲学上的量与数学上的量是对立统一的关系。它们之间的统一性表现在,量是质的存在形式,有哲学量的存在,必然有数学量的存在。三是新时代中国大学生道德规范量具有效用的规定性。从一般意义讲,道德规范作为一种行为应当,都具有调节某种关系的效用。新时代中国大学生道德规范也不例外。所以,其道德规范的量是效用价值量。不同的道德规范具有不同的效用,也就具有不同的价值属性。这种具有效用的价值量称之为效用价值量。效用价值量是由具体的道德要求决定,不同的道德要求具有不同的效用价值。四是新时代中国大学生道德规范具有社会效用价值量的规定性。新时代中国大学生身处新时代的社会关系,其道德要求具有时代价值意义。社会效用价值量由社会核心价值观决定,不同核心价值观下的道德规范社会效用价值量不同。在同一社会核心价值观标准下评价出的社会效用价值量简称为道德规范价值量。本文是以新时代社会主义核心价值观这把尺子,来讨论新时代中国大学生道德规范价值量的。

（二）稳定性

新时代中国大学生道德规范价值的稳定性是道德评价的前提,

---

① 习近平:"在全国教育大会上讲话",《人民日报》,2018.9.11。

② 中国普通高等学校德育大纲,中华人民共和国国家教育委员会:教政 1995-11 号。

③ 高等学校学生行为准则,中华人民共和国国家教育委员会:教学 2005-5 号。

尤其是道德品质综合量化评价不可或缺的前提。事实上，道德规范就是道德评价的标准、尺子，其价值的稳定才能测量出具有价值意义的数字，才具有研究的价值。

从道德的本质看，道德规范是主客观因素相统一的结果，反映人们的主观意志，但又不随人们的意志为转移。它是一定的道德关系的反映，是一定的社会对人们提出的一定的道德要求的反映，不以道德主体的意志为转移。马克思指出："人们按照自己的物质生产的发展建立相应的社会关系，正是这些人又按照自己的社会关系创造了相应的原理、观念和范畴"。①这就是说，道德规范总是社会关系中产生出来的对人们客观的道德要求，这种客观的道德要求既不以人们的主观需要为转移，也不是人们在头脑中臆造出来的。它首先是一种客观的东西。由此可见，道德规范受社会关系制约，即稳定的社会关系就有稳定的道德关系和道德要求。

在新时代，中国的政治、经济等社会根本制度稳定，核心价值观稳定，社会关系稳定。因此，道德关系、道德要求都是相对稳定的。所以，在中国特色社会主义制度下，以集体主义为核心，以"四项基本原则"为原则构建的新时代中国大学生道德规范价值相对稳定。

当然，社会在发展，道德关系、道德要求也有新的变化，道德规范也随着社会认知的进步，不断得到完善和发展，逐步接近主客观的统一。虽然说道德发展是绝对的，但在稳定的社会制度下，新时代中国大学生道德规范的价值具有相对稳定性。

（三）数字化

新时代中国大学生道德规范价值量数字化应具备两个条件：一是道德规范价值量可赋值，二是不同性质的道德规范价值量赋值具

---

① 中共中央马克思、恩格斯、列宁、斯大林著作编译局编：《马克思恩格斯选集》第一卷，人民出版社出版，江苏人民出版社重印1975年版，第108页。

有量的同一性。只要具备上述两个条件,就可以数字化,并可以进行数学运算。

1. 道德规范价值量可赋值。根据哲学上的量与数学上的量的对立统一关系,道德规范价值量可赋值。赋值的方法:一是确定道德规范的评价标准,正常情况下是以善恶为标准;二是依据社会核心价值观对道德规范进行善恶评价,明确价值定位;三是构建单位量,如同重量用克单位量,长度用米单位量;四是应用数轴上数值来表示善恶的量值,善为正数,恶为负数,无善无恶为零。依量赋值。

2. 道德规范价值量可实现量的同一性。道德规范价值量的同一性所指的是道德规范价值量的性质的同一,是不同性质的道德规范量与量之间的共性问题,即是不同性质的道德规范价值量的共同本质问题。根据共性存在于个性之中,普遍性存在于特殊性之中的理论。要确定不同性质的道德规范价值量的同一性,必须从不同性质的道德规范价值量的规定性中抽象出它们共同的本质,即不同性质的道德规范价值量的共性。

我们认为不同性质的道德规范价值量的共性,蕴藏在不同性质的道德规范的"社会效用"中,无论是什么社会效用在核心价值观下都具有共性的社会价值。这是因为:道德是社会制定或认可的关于人们具有社会效用(亦即利害人己)的行为应该而非必须如何的非权力规范。其道德规范的社会效用的善恶大小都可以用核心价值观来衡量。

二、新时代中国大学生道德规范的价值量赋值方法

依据上文分析,新时代大学生道德规范社会价值量的赋值步骤主要如下:

1. 确定赋值对象。本文选取新时代大学生部分道德规范中的高等学校学生行为准则和日常行为规范。

2. 设计新时代大学生道德规范社会价值量调查统计量表。

3. 邀请专家独立自主地对量表中所给出的新时代大学生道德规范进行比较,按最重要、比较重要、一般重要、比较不重要、不重要五档分别评定社会重要性。本文发放调查问卷共计 100 份,收回有效调查问卷 98 份。

4. 赋值。对最重要、比较重要、一般重要、比较不重要、不重要五档分别赋值 9、7、5、3、1 的数值。

5. 统计调查结果。依据 $E_0 = \dfrac{9m_1 + 7m_2 + 5m_3 + 3m_4 + m_5}{M}$ 数学模型计算新时代大学生道德规范社会价值量。其中 E_0 为新时代大学生道德规范的社会价值量,M 为收回有效调查问卷的分数,$M = m_1 + m_2 + m_3 + m_4 + m_5$,$m_1$ 为评定最重要的问卷份数,m_2 为评定比较重要的问卷份数,m_3 为评定一般重要的问卷份数,m_4 为评定比较不重要的问卷份数,m_5 为评定不重要的问卷份数。具体的新时代大学生部分道德规范社会价值量调查统计汇总及计算结果如下表:

当代大学生道德规范社会价值量调查统计量表

序号	道德规范	最重要	比较重要	一般重要	比较不重要	不重要	社会价值量
1	志存高远,坚定信念	9×98	7×0	5×0	3×0	1×0	9.00
2	热爱祖国,服务人民	9×98	7×0	5×0	3×0	1×0	9.00
3	勤奋学习,自强不息	9×98	7×0	5×0	3×0	1×0	9.00
4	遵纪守法,弘扬正气	9×98	7×0	5×0	3×0	1×0	9.00
5	诚实守信,严于律己	9×71	7×18	5×9	3×0	1×0	8.27
6	明理修身,团结友爱	9×62	7×11	5×9	3×0	1×0	7.24
7	勤俭节约,艰苦奋斗	9×18	7×39	5×31	3×10	1×0	6.33
8	强健体魄,热爱生活	9×21	7×40	5×29	3×8	1×0	6.51

序号	道德规范	最重要	比较重要	一般重要	比较不重要	不重要	社会价值量
9	仪表整洁,举止有礼	9×0	7×21	5×36	3×34	1×7	4.45
10	尊敬师长,友善同学	9×0	7×49	5×38	3×11	1×0	5.78
11	爱护公物,保护环境	9×0	7×32	5×51	3×15	1×0	5.35
12	健康娱乐,文明上网	9×0	7×12	5×35	3×41	1×10	4.00
13	维护秩序,服从管理	9×0	7×39	5×46	3×13	1×0	5.53
14	尊重他人,以礼相待	9×0	7×28	5×56	3×14	1×0	5.29
15	按时作息,体谅室友	9×0	7×0	5×27	3×51	1×20	3.14
16	热爱劳动,自我管理	9×0	7×0	5×42	3×46	1×10	3.65

由上表计算结果知:$E_{o1}=9.00$,$E_{o2}=9.00$,$E_{o3}=9.00$,$E_{o4}=9.00$,$E_{o5}=8.27$,$E_{o6}=7.24$,$E_{o7}=6.33$,$E_{o8}=6.51$,$E_{o9}=4.45$,$E_{o10}=5.78$,$E_{o11}=5.35$,$E_{o12}=4.00$,$E_{o13}=5.53$,$E_{o14}=5.29$,$E_{o15}=3.14$,$E_{o16}=3.65$。

第六章　新时代大学生道德认识量化测评方法

第一节　新时代大学生道德认识测度构建的必要性

一、道德认识是道德品质形成的前提

道德品质的构成是由道德认识（知）、道德感情（情）、道德意志（意）、道德行为（行）四大要素构成。在知、情、意、行的统一体中，道德认识具有重要地位，发挥着重要作用。

1. 一般而言，道德品质判断仅限于有意识的人的行为上。只有当行为是一个有意识的人的表现时，我们才对它进行道德品质判断。如果我们了解到当某一行为者不能用健全的方式进行推理、感觉和判断而做出某一行为时，我们就不对他的行为进行道德品质评判。

2. 道德的善要依赖于道德认识。康德认为："要使一件事情成为善的，只是合乎道德规律还不够，而必须同时也是为了道德而作出的；若不然，那种相合就很偶然，并且是靠不住的。因为，有时候并非出于道德的理由，也可以产生合乎道德的行为，而在更多情况下却是和道德相违反"。①也就是说，一件事情如果是道德的，那么行为者必

---

① ［德］康德著，苗力田译：《道德形而上学原理》，上海人民出版社 1986 年版，第 38 页。

须具有一个自觉的道德意图,而这种自觉的道德意图显然要依赖于道德认识。

3. 道德认识对道德感情发挥着重要影响。皮亚杰和英海尔德在其《儿童心理学》一书中写道:"著者之一曾和魏尔(A.M. Weil)共同研究了'祖国'这一概念的发展过程,发现儿童直至年满 12 岁或 12 岁以上才能对这一概念获得恰当的情感价值,在这年龄阶段之前,儿童难能达到这水平"。①为什么儿童在 12 岁以后就能对"祖国"这一概念获得恰当的情感价值呢? 这是因为"借助于形式思维,(儿童)进一步获得了一个能运用理想或超越个人价值的新境界"。②也就是说,儿童对"祖国"这一概念获得完整的情感价值要以儿童获得完整的"祖国"这一概念为前提的。从这里我们可以看出,道德认识对道德情感往往发挥着一种决定性的作用。

4. 道德认识对道德意志发挥着重要作用。在前面文中对此已作探讨,其一是因为道德意志的首要特征——目的性,是以对道德要求、道德关系的认识为基础的,没有道德认识也就没有道德目的,所以道德意志因此也就无从谈起。其二是因为人在实现道德目的的过程中审时度势,分析主客观条件,回忆过去经验,设想未来的结果,拟订方案和制定计划,对这一切所进行的反复分析思考,等等,都必须通过感知、记忆、思维、想象等认识过程才能实现。

5. 道德认识对道德行为也发挥着重要影响。如果一个人不知道他是什么、处在什么地方和什么时候,他就不可能很恰当地行动。从这个方面来看,道德认识决定着如何去做出道德行为。另一方面,如果一种行为是在没有道德认识的情况下作出的,不管他是否合乎道德需要,他都不具有真正的道德意义。从以上两个方面来看,道德认

①②　[瑞士]皮亚杰和英海尔德著,吴福元译:《儿童心理学》,商务印书馆 1980 年版,第 113 页。

识对道德行为都发挥着重要作用。

二、道德认识测评是道德品质测评的前提

1. 道德认识测评是道德品质测评的内在要求。道德认识是道德品质构成要素知、情、意、行中的关键要素,是道德情感、道德意志、道德行为形成的前提和条件,要测评道德品质首先要测评道德认识。

2. 道德认识测评是甄别道德行为的内在要求。在道德品质评价中,人们通常是通过对道德行为的评价而实现的。根据道德行为的界定,道德行为是自觉意识的、自主自愿的、出于道德准则(道德规范)的、具有社会意义的行为。无论是自觉意识,还是自主自愿、出于道德准则(道德规范),它们都是以道德认识为基础的。没有道德认识,自觉意识、自主自愿、出于道德准则(道德规范)就失去了前提和基础,也就不存在自觉意识、自主自愿和出于道德准则(道德规范)。没有自觉意识的行为,不是自觉自愿或出于道德准则(道德规范)的行为,就不是道德行为,也就不具有道德意义。所以,康德才认为:"要使一件事情成为善的,只是合乎道德规律还不够,而必须同时也是为了道德而作出的;若不然,那种相合就很偶然,并且是靠不住的。因为,有时候并非出于道德的理由,也可以产生合乎道德的行为,而在更多情况下却是和道德相违反。"①因此,通过道德认识测评,可以检测主体的认识状况,剔除那些"并非出于道德的理由"所"产生合乎道德的行为"。

3. 道德认识测评是测评道德行为水平的内在要求。道德认识是道德感情、道德意志产生的必要条件,并对其产生具有决定性作用。因此,当人与人之间的道德认识存在差异性时,将直接导致道德感

---

① [德]康德著,苗力田译:《道德形而上学原理》,上海人民出版社 1986 年版,第38 页。

情、道德意志存在差异性;当一个人对不同的道德规范的认识存在差异性时,将直接导致主体对不同道德规范的感情、意志也存在差异性。根据道德品质的内外映射集合结构理论,存在什么样的道德心理状态,在其道德行为上就会存在与之相对应的类道德行为。也就是说,当主体之间对同一道德规范的道德心理状态不同,他们之间的类道德行为也不同;当主体对不同道德规范的道德心理状态存在差异时,主体对其所产生的对应的类道德行为也存在差异。由此可见,当主体的道德认识存在差异时,主体之间的道德行为必然存在差异,主体相对于不同的道德规范所产生的道德行为之间也存在差异。此处应该指出:众所周知,道德认识是道德感情、道德意志产生的必要条件,但不是充分条件。因此,此处的因道德认识存在差异性,所导致的道德行为存在差异性,不代表道德认识水平与道德行为水平存在一致性。既然道德认识对道德行为具有较强的正相关性,那么,道德认识测评就可以间接地检测道德行为水平。

第二节　新时代大学生道德认识测度构建的可行性

一、道德认识的内容

道德认识的内容:一方面包括个人对于外在的社会道德规范的认识;另一方面则包括个人对于内在的个人道德品质的认识。道德品质实质上就是一种内在道德规范,所以,道德认识的内容,实质上就是对道德规范的认识。如果说,就道德认识的基本构成来看,王海明先生在他的《新伦理学》中作了较为详尽的阐述,主要包括四个方面:"一是个人对于伦理行为事实如何的客观规律的认识;二是个人对于社会创造道德的目的、亦即道德终极标准等社会的道德本性的认识;三是个人对于伦理行为应该如何的认识,也就是对于道德价值、道德规范的认识;四是个人对于内在的个人品德的认识,也就是对于自己和他人的行为是否符合道德的认识"。①

二、道德认识量的存在性

从上述道德认识的四个方面基本构成看,作为被认识的对象本身存在量的规定性。马克思主义认为,世界上没有无质的量,也没有无量的质,任何事物都是质与量的有机统一体。著名的教育测量学家桑代克曾断言,凡是存在的东西都会有数量,凡是有数量的东西都是可以测量。作为"伦理行为事实如何的客观规律"、"社会创造道德的目的"、"道德终极标准"、"道德价值"、"道德规范",以及"道德判断"等的客观存在的反映,它们必然存在质与量的规定性。那么,作为对这些"客观存在"或"客观存在的反映"的认识,必然存在认识上的量的差异性。这种量的差异性也是可以进行测量的。事实上,人们长期以来在检测道德认识的实践中,已经承认这个事实。譬如:在国外的有"卡特尔16因素个性问卷测验法"、"认知学派的道德判断测验法"、"詹金斯活动性量表测验法"等,在国内的有"知识行为测评法"、"认知测评法"等,以及在国内外被广泛认可的各种对道德理论认识的考试、测验、问卷等方法,都是以道德认识存在量的规定性为前提的。

三、道德认识测评的可行性

道德认识存在量的规定性,是道德认识测评的前提和基础,但是,仅此还不够,可行性也是一个重要因素。可行性主要表现在:(1)被测对象是否可以进行量的定义。(2)对量的测量是否在人力范围内,通过直接或间接的方法获得。(3)计算方法、工具等条件具备。

---

① 王海明:《新伦理学》,商务印书馆2001年版,第619页。

1. 道德认识可以进行量的定义。在道德实践中,人们对道德认识量的认识已经非常广泛。比如:认识深刻、认识较高、认识多少等说法,都是对道德认识的量的一种认识;在道德品质测评和对道德理论认识的考核中,所使用的各种方法,都是对道德认识在量的认识上的一种应用。虽然说,在很多方面,对道德认识量的认识标准不一致,有时也是非常模糊的,但是,仍然不会影响我们对道德认识量的理解,也不会影响对道德认识量的定义。道德认识量的存在,就如同物体的重量、体积量、长度量的存在一样。原初,物体的重量、体积量、长度量都是模糊的量。在给出重量单位、体积单位、长度单位之前,人们也只能模糊地说:这个重那个轻,这个大那个小,这个长那个短。只有当人们给出重量单位、体积单位、长度单位以后,人们才用所给的单位去测量物体的重量、体积、长度。道德认识虽然说没有物体量的规定性那么具体、实在,但也并不是就不可以把模糊量具体化的。事实上,在各种学科理论的认识测试和各种能力测试中,把认识模糊量和能力模糊量具体化的做法,已经得到了非常广泛的接受和应用。譬如,对数学、物理学、化学、生物学、政治学、社会学、历史学等理论规律的认识及其应用能力的测试。本来这些认识和能力的量与道德认识的量一样,都是模糊的量。人们为了检测对它们的认识状况,就设计出能够反映认识程度和能力强弱的试题,并根据试题的难易程度、重要性大小,人为赋予各道试题的分值,通过应试测量主体的认识程度和能力强弱。这样就把原初的模糊量定义为具体量,从而实现了对认识和能力的量化测评。道德认识与其他认识一样,也可以通过这种方法实现量的定义。

2. 道德认识量的获取。根据道德认识量的定义思路,我们可以对道德认识对象进行具体化试题设计,以此来检测道德主体对"伦理行为事实如何的客观规律"、"社会创造道德的目的"、"道德终极标准"、"道德价值"、"道德规范"等的客观存在的认识水平和"道德判断"能力。这些量的获取,根据其他学科理论检测主体的认识及其能力的做法,从理论上说是不存在问题的。在实践中也是被广泛证明了的事实。譬如,现行在广泛应用的"思想品德课"的考试,实际上就是一种对道德认识水平的考试。不过,本文对道德认识量的获取,不像"思想品德课"那样笼统地获取道德认识的量,而是要获取主体对具体道德规范认识的量。这样,就要针对具体的道德规范设计试题,以此来测试主体对各条道德规范认识的量。这种方法在道德品质测评的实践中也已经被广泛应用。如上文提到的"认知学派的道德判断测验法"、"认知测评法"等,都是比较典型的对具体道德规范的测试法。

只要获取了主体对具体道德规范认识的量,我们也就能够获取主体对特定的道德规范集合内的道德规范认识的量。事实上,人们对道德规范的认识不只是一条或几条道德规范,而是一个具有许许多多条道德规范的集合。因此,仅获取主体对个别的具体的道德规范认识的量,只能说明主体对一些具体的道德规范认识的水平,不能代表主体的整体的道德认识水平;即使说已获取了对每一条道德规范认识的量,用简单的累加方法所得出的量也是不能代表主体的整体的道德认识水平。因为,道德规范是有层次的,在社会中所具有的重要性、社会效用都各不相同,如果说不考虑道德规范的层次性,那么,我们所得到的主体的整体的道德认识的量,不具有任何社会意义。因此,考虑道德规范的层次性是不容置疑的。要考虑道德规范的层次性,就要根据道德规范的重要性不同,为其赋值。这一点,我们在探讨理论依据时,已经对道德规范的重要性(即道德规范位能)作出了阐释,并给出了道德规范位能的量值计算数学模型。这样,我们就可以根据道德规范位能量值的大小,获取对具体道德规范认识量在整体量中的权重。也就是说,通过此种方法,我们可以获取主体对特定道德规范集合中的所有道德规范的整体认识量。

3. 计算方法、工具等条件。数学、统计学、计算机科学的发展,为道德认识测评提供了方法和工具。随着现代自然科学的发展,尤其是一些适合研究社会历史现象的数学分类,社会科学中的一些复杂问题有些在定性化基础上朝着精细化、定量化方向发展。同时,由于计算机的普及推广,数据挖掘的不断深入,大大提高了统计分析的效度和精度。

第三节　新时代大学生道德认识测度数学模型构建

对新时代大学生道德认识的评价,在高校道德建设中是经常遇到的,有时也是必须的,这一点众所周知,无须多说。在实践中,高校已经探讨出许多行之有效的方法,也在实践中得到了广泛的应用。但是,很多的方法是对具体的道德规范认识的评价,缺少从总体角度把握,在量的建立上也是模糊的,不够具体。同时,还缺少对不同道德规范认识上的量的价值比较,或者说还缺少相互比较的统一的价值标准。为此,下文建立一种新的新时代大学生道德认识量化测评具体化操作方法,并引入新时代大学生道德认识测度概念。

一、新时代大学生道德认识测度的定义

所谓新时代大学生道德认识测度,就是用数学方法揭示新时代大学生道德主体对道德内容的认识程度,并用数学量表达新时代大学生道德主体对特定的道德内容的认识程度的量,称之为新时代大学生道德认识测度。

二、新时代大学生道德认识测度的数学模型构建

新时代大学生道德认识测度的数学模型有四种:一是新时代大

学生个体对单个道德规范认识测度的数学模型;二是新时代大学生个体对特定道德规范集合中的所有道德规范认识测度的数学模型;三是新时代大学生群体对单个道德规范认识测度的数学模型;四是新时代大学生群体对特定的道德规范集合中的所有道德规范认识测度的数学模型。

（一）新时代大学生个体对单条道德规范认识测度的数学模型及其应用

1. 数学模型:

设某条道德规范为 X_{11},可以针对 X_{11} 设计出 n 条试题,分别赋予分值为 X_{111}、X_{112}、X_{113}、$\cdots$、X_{11n},用该 n 条试题对被测试新时代大学生主体进行测试,被测新时代大学生主体各题测试得分分别为 x_{111}、x_{112}、x_{113}、$\cdots$、x_{11n}。如果设新时代大学生个体对单条道德规范的认识测度为 K_{11},则

$$K_{11} = \frac{x_{111} + x_{112} + \cdots + x_{11n}}{X_{111} + X_{112} + \cdots + X_{11n}} \times 100\% = \sum_{i=1}^{n} x_{11i} \Big/ \sum_{i=1}^{n} X_{11i} \times 100\%$$
$$(1 \leqslant i \leqslant n) \tag{I}$$

当 $x_{111} = X_{111}$、$x_{112} = X_{112}$、$x_{113} = X_{113}$、$\cdots$、$x_{11n} = X_{11n}$ 时,$K_{11} = 100\% = 1$,此时被测新时代大学生个体对道德规范 X_{11} 有了全面的认识;当 $x_{111} = 0$、$x_{112} = 0$、$x_{113} = 0$、$\cdots$、$x_{11n} = 0$ 时,$K_{11} = 0$,此时被测新时代大学生个体对道德规范 X_{11} 没有任何认识。

数学模型（I）所揭示的是新时代大学生个体对某一条道德规范的认识水平。模型是以新时代大学生主体已认识到的内容占大学生主体应当认识到的内容的百分比,来表示新时代大学生主体对该条道德规范认识的测度。也就是说,如果把该条道德规范能够被认识的全部内容,或者说,新时代大学生主体应当认识的全部内容看成单位"1",把新时代大学生主体已认识到的内容看成是该单位"1"的部

分,那么,新时代大学生主体已认识到的内容所占该单位"1"的百分比,作为新时代大学生个体对单条道德规范认识的测度。这显然是合理的。至于是否能够反映新时代大学生主体的真实水平,关键在试题的设计和测试的方法上。也就是说,设计的试题要能够全面地反映被测新时代大学生主体的真实的认识水平,在测试方法上应尽可能地减少主观因素的影响,力争测出新时代大学生主体的真实水平。

2. 数学模型应用:

(1) 数学模型应用条件:数学模型(Ⅰ)应用于测评一名新时代大学生对某一条道德规范的认识测度。

(2) 数学模型应用的具体操作步骤:

A. 确定测评对象:明确被测的新时代大学生的具体人;

B. 确定测评目标:明确测评的具体道德规范条目;

C. 命题:针对测评目标设计 n 条测试题目;

D. 测试:发放测试题目给测评对象答卷;

E. 阅卷:对测评对象提交的试卷评分;

F. 计算:将卷面分数代入数学模型(Ⅰ)得出结果。

3. 数学模型应用案例:

A. 确定测评对象:黄小路

B. 确定测评目标:诚实守信

C. 命题:针对"诚实守信"道德规范设计道德认识试题,以检测道德知识、道德判断、道德信念和道德思考力。此处只给出一道多问试题,当然在实际操作中可以设计出很多关于该条道德规范的道德认识试题。

试题:李华、张龙和陈思三人,约定星期日下午 3 点在市体育馆门前见面。到了星期日的下午,李华的班主任突然有急事让李华办理,故迟到了 15 分钟;张龙怕迟到,在家里不时地看表,不耐烦地打开了电视,突然发现正好播放自己早就想看的故事片,他知道,要是看故事片肯定会迟到。但最后他还是看了,故晚 15 分钟到达约定的地点;陈思为了按时到达约定的地点,按计划提前一些时间出了门,但他没有想到星期日下午路上发生交通堵塞的情况,结果也迟到了15 分钟。问:

　　1. 谁最不诚实,失约了? (10 分)

　　2. 遇到李华那种处境应该怎么办? (8 分)

　　3. 陈思真的无法按时到达所约定的地点吗? 假如有,那么办法是什么呢? (12 分)

　　D. 测试:将试题发放给黄小路答卷。

　　E. 阅卷:黄小路的答卷经评议得分分别为 10 分、5 分、9 分。

　　F. 计算:将黄小路的答卷经评议得分代入数学模型(Ⅰ),故有

$$K_{11} = \frac{x_{111} + x_{112} + \cdots + x_{11n}}{X_{111} + X_{112} + \cdots + X_{11n}} \times 100\% = \frac{10+5+9}{10+8+12} \times 100\% = 80\%$$

　　由此可见,黄小路对"诚实守信"这条道德规范的认识测度为80%。当然,此处仅是为了演示的方便,在实际检测中可以通过许多试题,从多方面进行检测,以尽可能接近客观实际。

　　(二)新时代大学生个体对多条道德规范认识测度的数学模型

　　1. 数学模型:

　　在新时代大学生道德品质评价中,评价新时代大学生对特定的道德内容的认识水平时,不仅需要评价新时代大学生对某一条道德规范的认识水平,而且也需要评价新时代大学生对特定道德内容的整体认识水平。譬如,评价某个大学生对学习品德的认识状况,评价某个大学生对社会主义核心价值体系的认识状况。对此,我们不可能把该名大学生对每一条道德规范的认识情况一一列出,即使能够一一列出,那只是对具体道德规范的认识,也无法具体地给出整体的

评价;或者说,无法给出一个具体的量来说明该名大学生对学习品德或社会主义核心价值体系的整体认识状况。为了实际的需要,我们应该提供一个评测大学生个体对特定道德内容的认识测度数学模型。

事实上,一旦确定一个具体的道德内容(如学习品德、社会主义核心价值体系等)作为测评目标时,就会出现无数条道德规范,这些道德规范组成道德规范体系,构成特定的道德内容。因此,我们不可能穷尽这些道德规范,并且逐条检测它们的道德认识测度,只能选出有限的道德规范来进行检测。

选出有限条的道德规范进行检测,所检测的结果是否能够客观地反映整体的无限中的水平,我们认为是可以的。为了方便说明这个问题,我们设特定的道德内容为一个有无数条道德规范所组成的集合 S,设 X 为集合 S 中的任意一条道德规范。那么,$X \in S$,又由于 X 是 S 中的任意一条道德规范,所以,S 中的任意一条道德规范被选中的概率是一样的。也就是说,X 具有 S 中所有道德规范的一般性,具有普遍性意义。当然,作为任意的一条道德规范在其所具有的普遍性背后,仍然具有很强的特殊性。为了降低这种特殊性,我们可以更多地选出如同 X 这样的道德规范作为检测对象。这样就可以较大地提高普遍性,从而实现用一组 m 条道德规范来代表特定的道德内容(无数条道德规范)成为可能。事实上,我们在检测其他学科认识时也都如此。比如,检测英语水平、历史知识、数学能力、物理认识水平等,我们都是从无限中选定有限个试题来代表无限的。这种方法一直在实践中被广泛应用,暂无他法可以替代。

假设在特定的道德内容中选定了具有代表性的 m 条道德规范,来建构新时代大学生个体对多条道德规范认识测度的数学模型。在此数学模型建构中涉及两个问题,一是涉及被测主体对每条道德规范认识的测度,二是涉及每条道德规范在特定的道德体系中的重要性,即每条道德规范所具有的外在道德规范位能。前者在数学模型

（Ⅰ）中已经给出，后者在前文中也给予阐释。关于为什么要引进外在道德规范位能概念？我们的观点是：要建立主体对多条道德规范认识的整体性测度，这就要考虑各条道德规范在该整体中的重要性和所具有的地位，只有这样，才能为各条道德规范认识测度在整体中分配合理的权重。外在道德规范位能来自道德规范的重要性，反过来又从数量上体现了道德规范在特定的道德体系中所具有的重要性的量值。因此，我们用外在道德规范位能的量值代表道德规范重要性的量值。

因此，如果说在要测试的特定道德内容中，选定 m 条道德规范对新时代大学生主体进行测试，以此确定被测新时代大学生主体对特定道德内容的认识水平，我们就可以建构如下的数学模型。

设 m 条道德规范中的任一条道德规范的道德认识测度为 K_{1j}，与其对应的外在道德规范位能为 E_{oj}，被测主体对 m 条道德规范的认识测度为 K_{1m}，则

$$K_{1M} = \frac{K_{11}E_{o1} + K_{12}E_{o2} + K_{13}E_{o3} + \cdots + K_{1m}E_{om}}{E_{o1} + E_{o2} + E_{o3} + \cdots + E_{om}} \times 100\%$$

$$= \sum_{j=1}^{m} K_{1j}E_{oj} \Big/ \sum_{j=1}^{m} E_{oj} \times 100\% \qquad (1 \leqslant j \leqslant m) \qquad （Ⅱ）$$

其中 $K_{1j} = \dfrac{x_{1j1} + x_{1j2} + x_{1j3} + \cdots + x_{1jn}}{X_{1j1} + X_{1j2} + X_{1j3} + \cdots + X_{1jn}} \times 100\%$，$K_{1ji}$ 为新时代大学生个体第 j 条道德规范中第 i 条试题的分值，x_{1ji} 为被测新时代大学生个体对第 j 条道德规范 X_j 中的第 i 条试题的回答得分；$E_{oj} = V_{oj}$，可以通过对道德规范重要性的调查统计获得。

当 $K_{11} = 1$、$K_{12} = 1$、$K_{13} = 1$、$\cdots$、$K_{1m} = 1$ 时，$K_{1m} = 100\% = 1$，此时被测新时代大学生主体对所选的道德规范有了全面认识，也可以认为被测主体对特定的道德内容有了全面的认识；

当 $K_{11} = 0$、$K_{12} = 0$、$K_{13} = 0$、$\cdots$、$K_{1m} = 0$ 时，$K_{1m} = 0$，此时被

测主体对所选的道德规范没有任何认识,也可以认为被测主体对特定的道德内容没有任何认识。

数学模型(Ⅱ)既考虑到被测主体对每一条道德规范的认识程度,又兼顾到每条道德规范在特定的道德内容中所具有的重要性,并根据重要性的不同赋予了各条道德规范的外在道德规范位能量值。这样,就能够使所得到的数据既反映被测主体对具体道德规范的认识程度,又体现了具体道德规范在整体中所具有的重要性,使所得到的数据更趋于合理。

2. 数学模型应用:

(1) 数学模型应用条件:数学模型(Ⅱ)应用于测评一名新时代大学生对特定道德内容的认识测度。

(2) 数学模型应用的具体操作步骤:

A. 确定测评对象:明确被测的新时代大学生的具体人;

B. 确定测评目标:确定特定的道德内容,并在其所包括的道德规范集合中随机抽出 m 条道德规范;

C. 调查研究随机抽出的 m 条道德规范的外在道德规范位能量值;

D. 命题:针对随机抽出的 m 条道德规范,逐条设计 n 条测试题目,用来检测道德主体对各条道德规范的道德认识测度;

E. 测试:发放测试题目给测评对象答卷;

F. 阅卷:对测评对象提交的试卷评分,用数学模型(Ⅰ)计算出道德主体对各条道德规范的道德认识测度;

G. 计算:将卷面分数代入数学模型(Ⅱ)得出结果。

3. 数学模型应用案例:

A. 确定测评对象:大二学生汉语语言专业(2)班学生黄大干;

B. 确定测评目标:新时代大学生道德品质;并在其所包括的道德规范集合中随机抽出 30 条道德规范为:

测评目标
（1）节俭朴素
（2）学习勤奋
（3）志存高远
（4）谦虚谨慎
（5）诚实守信
（6）遵纪守法
（7）真诚友爱
（8）尊敬师长
（9）孝敬父母
（10）民主平等
（11）正直正义
（12）礼貌待人
（13）乐于助人
（14）热爱祖国
（15）拥护中国共产党
（16）言行一致
（17）自尊自信
（18）爱护公物
（19）求知好学
（20）是非分明
（21）务实求效
（22）庄重随和
（23）开拓进取
（24）宽容宽厚
（25）清洁卫生
（26）举止文明
（27）意志坚强
（28）责任心强
（29）注重身体
（30）待人友善

C. 通过调查统计确定所抽出的 30 条道德规范的外在道德规范位能量值；

将所抽出的 30 条道德规范，分别请 46 个班主任对其相对于新时代大学生道德要求的重要性用最重要、比较重要、一般重要、比较重要、最不重要进行评价，其评价结果如下表：

班主任对道德规范的重要性认识情况统计表

测评目标	最重要	比较重要	一般重要	比较不重要	最不重要
（1）节俭朴素	10/46	26/46	9/46	0	1/46
（2）学习勤奋	42/46	4/46	0	0	0
（3）志存高远	42/46	4/46	0	0	0
（4）谦虚谨慎	16/46	20/46	7/46	3/46	0
（5）诚实守信	42/46	4/46	0	0	0
（6）遵纪守法	34/46	6/46	6/46	0	0
（7）真诚友爱	14/46	22/46	10/46	0	0
（8）尊敬师长	24/46	17/46	5/46	1/46	0
（9）孝敬父母	21/46	20/46	3/46	2/46	0
（10）民主平等	4/46	13/46	14/46	10/46	5/46
（11）正直正义	14/46	20/46	8/46	3/46	1/46
（12）礼貌待人	16/46	27/46	3/46	0	0
（13）乐于助人	23/46	19/46	2/46	2/46	0
（14）热爱祖国	46/46	0	0	0	0
（15）拥护共产党	46/46	0	0	0	0
（16）言行一致	22/46	23/46	1/46	0	0
（17）自尊自信	18/46	19/46	6/46	3/46	0
（18）爱护公物	20/46	16/46	10/46	0	0
（19）求知好学	18/46	19/46	7/46	2/46	0

测评目标	最重要	比较重要	一般重要	比较不重要	最不重要
(20) 是非分明	26/46	15/46	0	5/46	0
(21) 务实求效	13/46	22/46	7/46	2/46	2/46
(22) 庄重随和	1/46	6/46	15/46	15/46	9/46
(23) 开拓进取	29/46	12/46	4/46	1/46	0
(24) 宽容宽厚	5/46	9/46	20/46	12/46	0
(25) 清洁卫生	8/46	18/46	11/46	7/46	2/46
(26) 举止文明	14/46	21/46	8/46	2/46	1/46
(27) 意志坚强	24/46	14/46	7/46	1/46	0
(28) 责任心强	17/46	21/46	7/46	1/46	0
(29) 注重身体	16/46	17/46	6/46	5/46	2/46
(30) 待人友善	42/46	4/46	0	0	0

上表是对 46 份问卷统计的结果,如果将重要性分为五档,其分值分别为:最重要 100 分、比较重要 80 分、一般重要 60 分、比较不重要 40 分、最不重要 20 分。那么,每条道德规范的重要性量值,可以通过用各档的分值乘以其对应的认同度后求和获得。经计算得到下表中的各条道德规范重要性量值(即外在道德规范位势量值):

道德规范的重要性量值(即外在道德规范位能量值)统计表

测评目标	外在道德规范位能量值
(1) 节俭朴素	$10/46 \times 100 + 26/46 \times 80 + 9/46 \times 60 + 0 \times 40 + 1/46 \times 20 = 79.13$
(2) 学习勤奋	$42/46 \times 100 + 4/46 \times 80 = 98.26$
(3) 志存高远	$42/46 \times 100 + 4/46 \times 80 = 98.26$
(4) 谦虚谨慎	$16/46 \times 100 + 20/46 \times 80 + 7/46 \times 60 + 3/46 \times 40 = 81.30$

续表

测评目标	外在道德规范位能量值
(5) 诚实守信	23/46×100＋17/46×80＋5/46×60＋1/46×40＝86.52
(6) 遵纪守法	34/46×100＋6/46×80＋6/46×60＝92.16
(7) 真诚友爱	14/46×100＋22/46×80＋10/46×60＝81.73
(8) 尊敬师长	24/46×100＋17/46×80＋5/46×60＋1/46×40＝88.69
(9) 孝敬父母	21/46×100＋20/46×80＋3/46×60＋2/46×40＝85.21
(10) 民主平等	4/46×100＋13/46×80＋14/46×60＋10/46×40＋5/46×20＝60.44
(11) 正直正义	14/46×100＋20/46×80＋8/46×60＋3/46×40＋1/46×20＝78.68
(12) 礼貌待人	16/46×100＋27/46×80＋3/46×60＝85.65
(13) 乐于助人	23/46×100＋19/46×80 ＋2/46×60＋2/46×40＝86.52
(14) 热爱祖国	46/46×100＝100
(15) 拥护共产党	46/46×100＝100
(16) 言行一致	22/46×100＋23/46×80＋1/46×60＝89.13
(17) 自尊自信	18/46×100＋19/46×80＋6/46×60＋3/46×40＝82.61
(18) 爱护公物	20/46×100＋16/46×80＋10/46×60＝84.35
(19) 求知就底	18/46×100＋19/46×80＋7/46×60＋2/46×40＝83.04
(20) 是非分明	26/46×100＋15/46×80＋0×60＋5/46×40＝86.96
(21) 务实求效	13/46×100＋22/46×80＋7/46×60＋2/46×40＋2/46×20＝78.26
(22) 庄重随和	1/46×100＋6/46×80＋15/46×60＋15/46×40＋9/46×20＝49.12
(23) 开拓进取	29/46×100＋12/46×80＋4/46×60＋1/46×40＝90.00
(24) 体谅宽厚	5/46×100＋9/46×80＋20/46×60＋12/46×40＝63.04
(25) 清洁卫生	8/46×100＋18/46×80＋11/46×60＋7/46×40＋2/46×20＝70.00

续表

测评目标	外在道德规范位能量值
(26) 举止文明	$14/46 \times 100 + 21/46 \times 80 + 8/46 \times 60 + 2/46 \times 40 + 1/46 \times 20 = 79.54$
(27) 意志坚强	$24/46 \times 100 + 14/46 \times 80 + 7/46 \times 60 + 1/46 \times 40 = 86.08$
(28) 责任心强	$17/46 \times 100 + 21/46 \times 80 + 7/46 \times 60 + 1/46 \times 40 = 83.48$
(29) 注重身体	$16/46 \times 100 + 17/46 \times 80 + 6/46 \times 60 + 5/46 \times 40 + 2/46 \times 20 = 77.40$
(30) 待人友善	$42/46 \times 100 + 4/46 \times 80 = 98.26$

D. 命题：针对随机抽出的 m 条道德规范，逐条设计 n 条测试题目；(可参照前文数学模型（Ⅰ）应用中的检测道德认识测度的试题设计来设计试题，此处略。)

E. 测试：发放测试题目给测评对象答卷；将测试试题发放给学生黄大干答题；

F. 阅卷：对测评对象黄大干提交的试卷评分，并应用数学模型（Ⅰ）；

计算出道德主体对各条道德规范的道德认识测度量值如下：

$K_{11}=86\%$	$K_{16}=90\%$	$K_{111}=70\%$	$K_{116}=80\%$	$K_{121}=88\%$	$K_{126}=88\%$
$K_{12}=96\%$	$K_{17}=89\%$	$K_{112}=91\%$	$K_{117}=86\%$	$K_{122}=72\%$	$K_{127}=72\%$
$K_{13}=89\%$	$K_{18}=87\%$	$K_{113}=75\%$	$K_{118}=82\%$	$K_{123}=86\%$	$K_{128}=88\%$
$K_{14}=81\%$	$K_{19}=90\%$	$K_{114}=93\%$	$K_{119}=90\%$	$K_{124}=78\%$	$K_{129}=87\%$
$K_{15}=83\%$	$K_{110}=86\%$	$K_{115}=89\%$	$K_{120}=81\%$	$K_{125}=87\%$	$K_{130}=85\%$

G. 计算：将所得到的外在道德规范位能量值和各条道德规范的认识测度量值代入数学模型（Ⅱ）得：

黄大干分别对 30 条道德规范的认识测度统计表

序号	道德规范	道德位能	认识测度	权重		
1	节俭朴素	79.13	86%	68.051 8		
2	学习勤奋	98.26	96%	94.329 6		
3	志存高远	98.26	89%	87.451 4		
4	谦虚谨慎	81.3	81%	65.853		
5	诚实守信	86.52	83%	71.811 6		
6	遵纪守法	92.16	90%	82.944		
7	真诚友爱	81.73	89%	72.739 7		
8	尊敬师长	88.69	87%	77.160 3		
9	孝敬父母	85.21	90%	76.689		
10	民主平等	60.44	86%	51.978 4		
11	正直正义	78.68	70%	55.076		
12	礼貌待人	85.65	91%	77.941 5		
13	乐于助人	86.52	75%	64.89		
14	热爱祖国	100	93%	93		
15	拥护共产党	100	89%	89		
16	言行一致	89.13	80%	71.304		
17	自尊自信	82.61	86%	71.044 6		
18	爱护公物	84.35	82%	69.167		
19	求知就底	83.04	90%	74.736		
20	是非分明	86.96	81%	70.437 6		
21	务实求效	78.26	88%	68.868 8		
22	庄重随和	49.12	72%	35.366 4		
23	开拓进取	90	86%	77.4		
24	体谅宽厚	63.04	78%	49.171 2		
25	清洁卫生	70	87%	60.9		

序号	道德规范	道德位能	认识测度	权重		
26	举止文明	79.54	88%	69.995 2		
27	意志坚强	86.08	72%	61.977 6		
28	责任心强	83.48	88%	73.462 4		
29	注重身体	77.4	87%	67.338		
30	待人友善	98.26	85%	83.521		
	合计：	2 503.82		2 133.606	0.852 14	

$$K_{1m} = \frac{K_{11}E_{o1} + K_{12}E_{o2} + \cdots + K_{130}E_{o30}}{E_{o1} + E_{o2} + \cdots + E_{o30}} \times 100\%$$

$$= \frac{86\% \times 79.13 + 96\% \times 98.26 + \cdots + 85\% \times 98.26}{79.13 + 98.26 + \cdots + 98.26}$$

$$= 85.214$$

由此可见，该名大学生的道德规范认识测度为 85.214。

（三）新时代大学生群体对单条道德规范认识测度的数学模型

1. 数学模型：

大学生群体对单条道德规范的道德认识测度，它是揭示大学生群体对单条道德规范认识的整体状况，并通过数量来反映这种道德认识整体状况或水平的。它与个体对单条道德规范的道德认识测度有直接关系，因正常都是用个体认识水平的算术平均数来表达整体认识水平的。由于在数学模型（Ⅰ）中已经给出了大学生个体对单条道德规范的道德认识测度，所以，我们可以为大学生群体对单条道德规范的道德认识测度构建如下数学模型。

如果设 K_{11}、K_{21}、K_{31}、$\cdots$、K_{r1} 分别代表具有 R 个人的大学生群体中的不同人，对特定的单条道德规范的道德认识测度，K_{R1} 代表具有 R 个大学生的群体对特定的一条道德规范的道德认识测度，那么，

$$K_{R1} = \frac{K_{11} + K_{21} + K_{31} + \cdots + K_{r1}}{r} \times 100\% = \frac{\sum\limits_{\omega=1}^{r} K_{\omega 1}}{r} \times 100\%$$

$$（Ⅲ）$$

由于 $K_{\omega 1} = \dfrac{x_{\omega 11} + x_{\omega 12} + \cdots + x_{\omega 1n}}{X_{\omega 11} + X_{\omega 12} + \cdots + X_{\omega 1n}} \times 100\%$

$$= \sum_{i=1}^{n} x_{\omega 1i} \Big/ \sum_{i=1}^{n} X_{\omega 1i} \times 100\%$$

$(1 \leqslant i \leqslant n,\ 1 \leqslant \omega \leqslant r)$,

所以数学模型（Ⅲ）也可以具体到如下形式：

$$K_{R1} =$$

$$\frac{\sum\limits_{i=1}^{n} x_{11i} \Big/ \sum\limits_{i=1}^{n} X_{11i} + \sum\limits_{i=1}^{n} x_{21i} \Big/ \sum\limits_{i=1}^{n} X_{21i} + \sum\limits_{i=1}^{n} x_{31i} \Big/ \sum\limits_{i=1}^{n} X_{31i} + \cdots + \sum\limits_{i=1}^{n} x_{r1i} \Big/ \sum\limits_{i=1}^{n} X_{r1i}}{r}$$

$$\times 100\%$$

$$= \frac{\sum\limits_{\omega=1}^{r} \left(\sum\limits_{i=1}^{n} x_{\omega 1i} \Big/ \sum\limits_{i=1}^{n} X_{\omega 1i} \right)}{r} \times 100\%$$

$(1 \leqslant i \leqslant n,\ 1 \leqslant \omega \leqslant r)$, $\qquad\qquad$（Ⅲ）

数学模型(3)用算术平均数来表达大学生群体对单条道德规范的道德认识测度的合理性论证，在此无须多说。因为，在个体对于整体的重要性上不存在差异时，在很多地方都是如此表达的，而且这样表达也是合理的。

2. 数学模型应用步骤：

(1) 数学模型应用条件：数学模型（Ⅲ）应用于测评多名新时代大学生对单条道德规范的认识测度。

(2) 数学模型应用的具体操作步骤：

A. 确定测评对象：明确被测的新时代大学生群体；

B. 确定测评目标:确定所测评的道德规范;

C. 命题:针对测评对象设计 n 条测试题目,用来检测所确定的群体对测评目标的道德认识测度;

D. 测试:发放测试题目给测评对象答卷;

E. 阅卷:对测评对象提交的试卷评分;

F. 计算:将卷面分数代入数学模型(Ⅲ)得出结果。

3. 数学模型应用案例:

A. 确定测评对象:大二学生汉语语言专业(2)班全体学生;

B. 确定测评目标:诚实守信;

C. 命题:李华、张龙和陈思三人,约定星期日下午3点在市体育馆门前见面。到了星期日的下午,李华的班主任突然有急事让李华办理,故迟到了15分钟;张龙怕迟到,在家里不时地看表,不耐烦地打开了电视,突然发现正好播放自己早就想看的故事片,他知道,要是看故事片肯定会迟到。但最后他还是看了,故晚15分钟到达约定的地点;陈思为了按时到达约定的地点,按计划提前一些时间出了门,但他没有想到星期日下午路上发生交通堵塞的情况,结果也迟到了15分钟。问:

1. 谁最不诚实,失约了?(10分)

2. 遇到李华那种处境应怎么办?(8分)

3. 陈思真的无法按时到达所约定的地点吗?假如有,那么办法是什么呢?(12分)

D. 将试题印发给全体学生,当场完成答卷。经老师评议试卷后,将50名学生得分分别记入《大学生道德认识试题检测得分及测度统计表》。而后将各人得分分别输入计算机,并通过计算机应用数学模型(Ⅰ)

$$K_{11} = \frac{x_{111} + x_{112} + \cdots + x_{11n}}{X_{111} + X_{112} + \cdots + X_{11n}} \times 100\% = \sum_{i=1}^{n} x_{11i} \Big/ \sum_{i=1}^{n} X_{11i} \times 100\%$$

分别计算出各个学生的个体道德认识测度,最后通过计算机应用数

学模型(Ⅲ)

$$K_{R1} =$$

$$\frac{\sum_{i=1}^{n} x_{11i} \Big/ \sum_{i=1}^{n} X_{11i} + \sum_{i=1}^{n} x_{21i} \Big/ \sum_{i=1}^{n} X_{21i} + \sum_{i=1}^{n} x_{31i} \Big/ \sum_{i=1}^{n} X_{31i} + \cdots + \sum_{i=1}^{n} x_{r1i} \Big/ \sum_{i=1}^{n} X_{r1i}}{r}$$

$$\times 100\%$$

计算出该校大二学生汉语语言专业(2)班50名学生对"诚实守信"的道德认识测度。经过计算机处理,其结果,请见《大学生道德认识试题检测得分及测度统计表》。

大学生道德认识试题检测得分及测度统计表

学　号	题1得分	题2得分	题3得分	合计	个体测度
20214001	10	7	12	29	0.966 667
20214002	0	4	8	12	0.4
20214003	10	6	9	25	0.833 333
20214004	10	8	9	27	0.9
20214005	10	6	11	27	0.9
20214006	0	4	8	12	0.4
20214007	10	7	12	29	0.966 667
20214008	10	8	12	30	1
20214009	10	7	12	29	0.966 667
20214010	10	7	12	29	0.966 667
20214011	10	7	11	28	0.933 333
20214012	10	7	11	28	0.933 333
20214013	10	6	9	25	0.833 333
20214014	10	7	9	26	0.866 667
20214015	10	6	8	24	0.8

学　号	题1得分	题2得分	题3得分	合计	个体测度
20214016	10	8	9	27	0.9
20214017	10	8	12	30	1
20214018	10	8	12	30	1
20214019	10	8	12	30	1
20214020	10	8	11	29	0.966 667
20214021	10	8	11	29	0.966 667
20214022	10	8	11	29	0.966 667
20214023	10	7	12	29	0.966 667
20214024	10	7	9	26	0.866 667
20214025	10	6	9	25	0.833 333
20214026	10	7	9	26	0.866 667
20214027	10	8	9	27	0.9
20214028	10	8	11	29	0.966 667
20214029	10	7	12	29	0.966 667
20214030	10	7	12	29	0.966 667
20214031	10	7	11	28	0.933 333
20214032	10	8	12	30	1
20214033	10	7	11	28	0.933 333
20214034	10	6	9	25	0.833 333
20214035	10	5	9	24	0.8
20214036	10	8	12	30	1
20214037	10	7	12	29	0.966 667
20214038	10	6	10	26	0.866 667
20214039	10	6	10	26	0.866 667

学　号	题1得分	题2得分	题3得分	合计	个体测度
20214040	0	3	5	8	0.266 667
20214041	10	8	12	30	1
20214042	10	7	11	28	0.933 333
20214043	10	8	11	29	0.966 667
20214044	10	7	11	28	0.933 333
20214045	10	6	10	26	0.866 667
20214046	10	8	12	30	1
20214047	10	7	12	29	0.966 667
20214048	10	6	10	26	0.866 667
20214049	0	4	5	9	0.3
20214050	10	8	12	30	1
全班测度					0.882

由该表计算知,该校大二学生汉语语言专业(2)班 50 名学生对"诚实守信"的道德认识测度为 88.2%。

（四）新时代大学生群体对多条道德规范认识测度的数学模型

1. 数学模型：

大学生群体对多条道德规范的认识测度,它是揭示一个大学生群体对特定的道德内容的认识程度。因为所给定的道德内容是一个由无数条道德规范所构成的体系,所以通常是无法一一穷尽的。但是,由上文可知,我们可以从这无数条道德规范中随机抽出有限条道德规范来代表这个由无限条道德规范所组成的整体。并通过对这有限条的道德规范的检测来揭示一个群体对该整体的道德认识水平。构建大学生群体对多条道德规范认识测度的数学模型,可以从两个角度思考构建:一是以具体的道德规范为单元体,先求大学生群体对各条道德规范的认识测度,而后在考虑道德规范自身的重要性基础上,对各条道德规范的认识测度求算术平均值。其中关于考虑道德规范重要性的问题,在上文已作说明,此处不再重复。二是以大学生群体中的个人为单元体,先求出个人对特定的道德内容的道德认识测度,而后对个人的道德认识测度求算术平均值。此处不需要考虑个人的重要性,因为人与人之间是平等的,不存在谁的认识重要谁的认识不重要。

首先,我们从第一种角度构建大学生群体对多条道德规范认识测度的数学模型。由数学模型(Ⅲ)知,一个大学生群体对单条道德规范道德认识测度的数学模型为

$$K_{R1} = \frac{K_{11}+K_{21}+K_{31}+\cdots+K_{r1}}{r} \times 100\% = \frac{\sum_{\omega=1}^{r}K_{\omega 1}}{r} \times 100\%$$

所以一个群体对多条道德规范的道德认识测度的数学模型可用以下算式表达:

$$K_{RM} = \frac{\frac{\sum_{\omega=1}^{r}K_{\omega 1}E_{o1}}{r}+\frac{\sum_{\omega=1}^{r}K_{\omega 2}E_{o2}}{r}+\frac{\sum_{\omega=1}^{r}K_{\omega 3}E_{o3}}{r}+\cdots+\frac{\sum_{\omega=1}^{r}K_{\omega m}E_{om}}{r}}{E_{o1}+E_{o2}+E_{o3}+\cdots+E_{om}}$$
$$\times 100\%$$
$$= \frac{\sum_{j=1}^{m}(\sum_{\omega=1}^{r}K_{\omega j}E_{oj})}{\sum_{j=1}^{m}rE_{oj}} \times 100\%$$
$$(1\leqslant\omega\leqslant r,\ 1\leqslant j\leqslant m,\ 1\leqslant i\leqslant n)$$

其次,我们从第二种角度再构建大学生群体对多条道德规范认识测度的数学模型。由数学模型(Ⅱ)知,大学生个体对多条道德规

范认识测度的数学模型为

$$K_{1M} = \frac{K_{11}E_{o1} + K_{12}E_{o2} + K_{13}E_{o3} + \cdots + K_{1m}E_{om}}{E_{o1} + E_{o2} + E_{o3} + \cdots + E_{om}} \times 100\%$$

$$= \sum_{j=1}^{m} K_{1j}E_{oj} \Big/ \sum_{j=1}^{m} E_{oj} \times 100\%$$

这样,一个大学生群体对多条道德规范的道德认识测度的数学模型可以用如下的算式表达:

$$K_{RM} = \frac{\dfrac{\sum\limits_{j=1}^{m} K_{1j}E_{oj}}{\sum\limits_{j=1}^{m} E_{oj}} + \dfrac{\sum\limits_{j=1}^{m} K_{2j}E_{oj}}{\sum\limits_{j=1}^{m} E_{oj}} + \dfrac{\sum\limits_{j=1}^{m} K_{3j}E_{oj}}{\sum\limits_{j=1}^{m} E_{oj}} + \cdots + \dfrac{\sum\limits_{j=1}^{m} K_{rj}E_{oj}}{\sum\limits_{j=1}^{m} E_{oj}}}{r} \times 100\%$$

$$= \frac{\sum\limits_{\omega=1}^{r} \left(\sum\limits_{j=1}^{m} K_{\omega j}E_{oj} \right)}{\sum\limits_{j=1}^{m} rE_{oj}} \times 100\%$$

因为

$$\sum_{\omega=1}^{r} \left(\sum_{j=1}^{m} K_{\omega j}E_{oj} \right) = \sum_{j=1}^{m} \left(\sum_{\omega=1}^{r} K_{\omega j}E_{oj} \right)$$

所以

$$\frac{\sum\limits_{j=1}^{m} \left(\sum\limits_{\omega=1}^{r} K_{\omega j}E_{oj} \right)}{\sum\limits_{j=1}^{m} rE_{oj}} \times 100\% = \frac{\sum\limits_{\omega=1}^{r} \left(\sum\limits_{j=1}^{m} K_{\omega j}E_{oj} \right)}{\sum\limits_{j=1}^{m} rE_{oj}} \times 100\%$$

由此可见,我们从两个不同的角度所建立起来的数学模型,虽然在形式上不同,但在量值上是相等的。因此,

$$K_{RM} = \frac{\sum\limits_{j=1}^{m}(\sum\limits_{\omega=1}^{r}K_{\omega j}E_{oj})}{\sum\limits_{j=1}^{m}rE_{oj}} \times 100\%$$

$$= \frac{\sum\limits_{\omega=1}^{r}(\sum\limits_{j=1}^{m}K_{\omega j}E_{oj})}{\sum\limits_{j=1}^{m}rE_{oj}} \times 100\%$$

由于　$K_{\omega j} = \sum\limits_{i=1}^{n}x_{\omega ji} / \sum\limits_{i=1}^{n}X_{\omega ji} \times 100\%$

所以　$K_{RM} = \dfrac{\sum\limits_{j=1}^{m}(\sum\limits_{\omega=1}^{r}K_{\omega j}E_{oj})}{\sum\limits_{j=1}^{m}rE_{oj}} \times 100\%$

$$= \frac{\sum\limits_{\omega=1}^{r}(\sum\limits_{j=1}^{m}K_{\omega j}E_{oj})}{\sum\limits_{j=1}^{m}rE_{oj}} \times 100\%$$

$$= \frac{\sum\limits_{\omega=1}^{r}\left[\sum\limits_{j=1}^{m}(\sum\limits_{i=1}^{n}x_{\omega ji} / \sum\limits_{i=1}^{n}X_{\omega ji})E_{oj}\right]}{\sum\limits_{j=1}^{m}rE_{oj}} \times 100\%$$

$(1 \leqslant \omega \leqslant r,\ 1 \leqslant j \leqslant m,\ 1 \leqslant i \leqslant n)$　　（Ⅳ）

2. 数学模型应用步骤：

（1）数学模型应用条件：数学模型（Ⅳ）应用于测评新时代大学生群体对特定道德内容的认识测度。

（2）数学模型（Ⅳ）应用的具体操作步骤：

A. 确定测评对象：明确被测的新时代大学生的群体；

B. 确定测评目标：确定特定的道德内容，并在其所包括的道德规范集合中随机抽出 m 条道德规范；

　　C. 调查研究随机抽出的 m 条道德规范的外在道德规范位能量值；

　　D. 命题：针对随机抽出的 m 条道德规范，逐条设计 n 条测试题目，用来检测大学生群体对各条道德规范的道德认识测度；

　　E. 测试：发放测试题目给测评对象答卷；

　　F. 阅卷：对测评对象提交的试卷评分；

　　G. 计算：将卷面分数代入数学模型（Ⅳ）得出结果。

　　3. 数学模型应用案例：

　　A. 确定测评对象：大二汉语语言专业（2）班 50 名学生；

　　B. 确定测评目标：新时代大学生道德品质；并在其所包括的道德规范集合中随机抽出 30 条道德规范见下表：

测评目标
（1）节俭朴素
（2）学习勤奋
（3）志存高远
（4）谦虚谨慎
（5）诚实守信
（6）遵纪守法
（7）真诚友爱
（8）尊敬师长
（9）孝敬父母
（10）民主平等
（11）正直正义
（12）礼貌待人
（13）乐于助人
（14）热爱祖国

测评目标
(15) 拥护中国共产党
(16) 言行一致
(17) 自尊自信
(18) 爱护公物
(19) 求知好学
(20) 是非分明
(21) 务实求效
(22) 庄重随和
(23) 开拓进取
(24) 宽容宽厚
(25) 清洁卫生
(26) 举止文明
(27) 意志坚强
(28) 责任心强
(29) 注重身体
(30) 待人友善

C. 通过调查统计确定所抽出的 30 条道德规范的外在道德规范位能量值；

将所抽出的 30 条道德规范，分别请 46 个班主任对其相对于新时代大学生道德要求的重要性进行最重要、比较重要、一般重要、比较重要、最不重要评价，其评价结果如下表：

班主任对道德规范的重要性认识情况统计表

测评目标	最重要	比较重要	一般重要	比较不重要	最不重要
(1) 节俭朴素	10/46	26/46	9/46	0	1/46
(2) 学习勤奋	42/46	4/46	0	0	0
(3) 志存高远	42/46	4/46	0	0	0
(4) 谦虚谨慎	16/46	20/46	7/46	3/46	0
(5) 诚实守信	42/46	4/46	0	0	0
(6) 遵纪守法	34/46	6/46	6/46	0	0
(7) 真诚友爱	14/46	22/46	10/46	0	0
(8) 尊敬师长	24/46	17/46	5/46	1/46	0
(9) 孝敬父母	21/46	20/46	3/46	2/46	0
(10) 民主平等	4/46	13/46	14/46	10/46	5/46
(11) 正直正义	14/46	20/46	8/46	3/46	1/46
(12) 礼貌待人	16/46	27/46	3/46	0	0
(13) 乐于助人	23/46	19/46	2/46	2/46	0
(14) 热爱祖国	46/46	0	0	0	0
(15) 拥护中国共产党	46/46	0	0	0	0
(16) 言行一致	22/46	23/46	1/46	0	0
(17) 自尊自信	18/46	19/46	6/46	3/46	0
(18) 爱护公物	20/46	16/46	10/46	0	0
(19) 求知好学	18/46	19/46	7/46	2/46	0
(20) 是非分明	26/46	15/46	0	5/46	0
(21) 务实求效	13/46	22/46	7/46	2/46	2/46
(22) 庄重随和	1/46	6/46	15/46	15/46	9/46
(23) 开拓进取	29/46	12/46	4/46	1/46	0
(24) 宽容宽厚	5/46	9/46	20/46	12/46	0

续表

测评目标	最重要	比较重要	一般重要	比较不重要	最不重要
(25)清洁卫生	8/46	18/46	11/46	7/46	2/46
(26)举止文明	14/46	21/46	8/46	2/46	1/46
(27)意志坚强	24/46	14/46	7/46	1/46	0
(28)责任心强	17/46	21/46	7/46	1/46	0
(29)注重身体	16/46	17/46	6/46	5/46	2/46
(30)待人友善	42/46	4/46	0	0	0

道德规范的重要性量值(即外在道德规范位能量值)统计表

测评目标	外在道德规范位能量值
(1)节俭朴素	$10/46 \times 100 + 26/46 \times 80 + 9/46 \times 60 + 0 \times 40 + 1/46 \times 20 = 79.13$
(2)学习勤奋	$42/46 \times 100 + 4/46 \times 80 = 98.26$
(3)志存高远	$42/46 \times 100 + 4/46 \times 80 = 98.26$
(4)谦虚谨慎	$16/46 \times 100 + 20/46 \times 80 + 7/46 \times 60 + 3/46 \times 40 = 81.30$
(5)诚实守信	$23/46 \times 100 + 17/46 \times 80 + 5/46 \times 60 + 1/46 \times 40 = 86.52$
(6)遵纪守法	$34/46 \times 100 + 6/46 \times 80 + 6/46 \times 60 = 92.16$
(7)真诚友爱	$14/46 \times 100 + 22/46 \times 80 + 10/46 \times 60 = 81.73$
(8)尊敬师长	$24/46 \times 100 + 17/46 \times 80 + 5/46 \times 60 + 1/46 \times 40 = 88.69$
(9)孝敬父母	$21/46 \times 100 + 20/46 \times 80 + 3/46 \times 60 + 2/46 \times 40 = 85.21$
(10)民主平等	$4/46 \times 100 + 13/46 \times 80 + 14/46 \times 60 + 10/46 \times 40 + 5/46 \times 20 = 60.44$
(11)正直正义	$14/46 \times 100 + 20/46 \times 80 + 8/46 \times 60 + 3/46 \times 40 + 1/46 \times 20 = 78.68$
(12)礼貌待人	$16/46 \times 100 + 27/46 \times 80 + 3/46 \times 60 = 85.65$
(13)乐于助人	$23/46 \times 100 + 19/46 \times 80 + 2/46 \times 60 + 2/46 \times 40 = 86.52$
(14)热爱祖国	$46/46 \times 100 = 100$

测评目标	外在道德规范位能量值
(15) 拥护共产党	$46/46×100＝100$
(16) 言行一致	$22/46×100＋23/46×80＋1/46×60＝89.13$
(17) 自尊自信	$18/46×100＋19/46×80＋6/46×60＋3/46×40＝82.61$
(18) 爱护公物	$20/46×100＋16/46×80＋10/46×60＝84.35$
(19) 求知就底	$18/46×100＋19/46×80＋7/46×60＋2/46×40＝83.04$
(20) 是非分明	$26/46×100＋15/46×80＋0×60＋5/46×40＝86.96$
(21) 务实求效	$13/46×100＋22/46×80＋7/46×60＋2/46×40＋2/46×20＝78.26$
(22) 庄重随和	$1/46×100＋6/46×80＋15/46×60＋15/46×40＋9/46×20＝49.12$
(23) 开拓进取	$29/46×100＋12/46×80＋4/46×60＋1/46×40＝90.00$
(24) 体谅宽厚	$5/46×100＋9/46×80＋20/46×60＋12/46×40＝63.04$
(25) 清洁卫生	$8/46×100＋18/46×80＋11/46×60＋7/46×40＋2/46×20＝70.00$
(26) 举止文明	$14/46×100＋21/46×80＋8/46×60＋2/46×40＋1/46×20＝79.54$
(27) 意志坚强	$24/46×100＋14/46×80＋7/46×60＋1/46×40＝86.08$
(28) 责任心强	$17/46×100＋21/46×80＋7/46×60＋1/46×40＝83.48$
(29) 注重身体	$16/46×100＋17/46×80＋6/46×60＋5/46×40＋2/46×20＝77.40$
(30) 待人友善	$42/46×100＋4/46×80＝98.26$

上表是对 46 份问卷统计的结果,如果将重要性分为五档,其分值分别为:最重要 100 分、比较重要 80 分、一般重要 60 分、比较不重要 40 分、最不重要 20 分。那么,每条道德规范的重要性量值,可以通过用各档的分值乘以其对应的认同度后求和获得。经计算得到上

表中的各条道德规范重要性量值(即外在道德规范位势量值)。

D. 命题:针对随机抽出的 m 条道德规范,逐条设计 n 条测试题目,用来检测大学生群体对各条道德规范的道德认识测度;

E. 测试:发放测试题目给测评对象答卷;

F. 阅卷:对测评对象提交的试卷评分;

G. 计算:将卷面分数代入数学模型(Ⅳ)得出结果。

首先,在计算机上利用 $K_{R1} = \dfrac{\sum\limits_{\omega=1}^{r}(\sum\limits_{i=1}^{n}x_{\omega 1i} / \sum\limits_{i=1}^{n}X_{\omega 1i})}{r} \times 100\%$ 的

数学模型,先计算出全班 50 名学生对各条道德规范的道德认识测

度。这样,数学模型(Ⅳ)就可以写成 $K_{RM} = \dfrac{\sum\limits_{j=1}^{m}K_{Rj}E_{oj}}{\sum\limits_{j=1}^{m}E_{oj}} \times 100\%$,再

经过计算机利用此数学模型对所给数据进行处理,即可得到该班 50 名学生对所给的 30 条道德规范的道德认识测度。具体处理数据见下表。由表中的结果知,该班级对所选定的 30 条道德规范的道德认识测度为 82.526 2%。

大二汉语语言专业(2)班 50 名学生对 30 条道德规范的认识测度统计表

序号	道德规范	道德位能	认识测度	测度价值	班级测度			
1	节俭朴素	79.13	80%	63.304				
2	学习勤奋	98.26	90%	88.434				
3	志存高远	98.26	86%	84.503 6				
4	谦虚谨慎	81.3	79%	64.227				
5	诚实守信	86.52	81%	70.081 2				
6	遵纪守法	92.16	92%	84.787 2				
7	真诚友爱	81.73	90%	73.557				

序号	道德规范	道德位能	认识测度	测度价值	班级测度			
8	尊敬师长	88.69	88%	78.047 2				
9	孝敬父母	85.21	91%	77.541 1				
10	民主平等	60.44	86%	51.978 4				
11	正直正义	78.68	76%	59.796 8				
12	礼貌待人	85.65	89%	76.228 5				
13	乐于助人	86.52	78%	67.485 6				
14	热爱祖国	100	97%	97				
15	拥护共产党	100	90%	90				
16	言行一致	89.13	82%	73.086 6				
17	自尊自信	82.61	88%	72.696 8				
18	爱护公物	84.35	83%	70.010 5				
19	求知就底	83.04	91%	75.566 4				
20	是非分明	86.96	82%	71.307 2				
21	务实求效	78.26	88%	68.868 8				
22	庄重随和	49.12	70%	34.384				
23	开拓进取	90	85%	76.5				
24	体谅宽厚	63.04	72%	45.388 8				
25	清洁卫生	70	81%	56.7				
26	举止文明	79.54	87%	69.199 8				
27	意志坚强	86.08	71%	61.116 8				
28	责任心强	83.48	85%	70.958				
29	注重身体	77.4	86%	66.564				
30	待人友善	98.26	83%	81.555 8				
	合　计	2 503.82		2 066.308 7	0.825 262 479			

第七章　新时代大学生道德
行为量化测评方法

第一节　新时代大学生道德行为测度构建的必要性

在道德品质结构中,道德行为是道德认识、道德感情、道德意志的最终归宿,它是人们道德心理的外在客观反映,是人们进行道德品质评价的重要依据。因此,道德行为在道德品质结构中具有十分重要的位置,为新时代大学生构建道德行为测度,进行定量分析是非常必要的,具体表现在以下几个方面:

1. 对新时代大学生道德行为作定量分析是对新时代大学生道德行为自身认识的必要。这种自身认识的必要性主要表现在三个方面:一是因为道德行为作为道德品质结构中的一个重要因素,作为道德认识、道德感情、道德意志的归宿和外部反映。它在道德品质结构中具有特殊的地位,这种特殊的地位本身就具有量化的必要。二是道德行为的价值量产生于行为内外的各个环节和各个阶段,特别是体现在动机和效果、目的和手段上。其表现形式是多样的、复杂的。这种多样性、复杂性需要在数量上予以揭示。三是道德行为在行为整体中所存在的复杂关系及其所产生的价值,从定性的角度很难说得清楚,这也需要通过数量来揭示。

2. 对新时代大学生道德行为作定量分析是新时代大学生道德行为之间在量的区分上的必要。"任何一类行为,任何一个善行或恶行,都不仅有质的规定性,而且有量的规定性"。①因此,道德行为不

---

① 　罗国杰:《伦理学》,人民出版社 1989 年版,第 382 页。

仅存在道德的行为和不道德的行为,即存在善恶之分,而且还存在道德的行为和不道德的行为各自所具有的善恶大小,可以在善或恶的范围内进行定量分析。区分道德的行为和不道德的行为各自善恶大小,我们在道德实践中通常会用好、比较好、最好、坏、比较坏、最坏等定性的程度词来表达在量上的区别。但是,用仅有的几个程度词作为道德行为在量上的区分是永远不够的,因为道德行为的善恶价值量是多层次的,即道德行为具有许许多多个大小不一的价值量。这样,如果仅用几个程度词来表达道德行为善恶的大小,常常会出现不当之误,也使人有在善行或恶行范围内定性分析不准确之感。因此,准确地对道德行为进行量的分析,对正确地评价道德行为是很重要的。当然,道德行为的价值量产生于行为内外的各个环节和各个阶段,特别是体现在动机和效果、目的和手段之中。其表现形式也是多样的,如数量的多少、比例的大小、影响的强弱、作用的久暂、范围的广狭等。对于这些复杂的表现形式及其所表现的量的差别,要进行具体的分析,才能作出恰当的价值判断。

3. 对新时代大学生道德行为作定量分析是新时代大学生道德品质量化评价的必要。由上文知,道德品质是在行为整体中表现出来的稳定特征和倾向。所谓"道德行为整体"包含两方面的含义:一方面是指构成个别道德行为的主观方面和客观方面的统一,即一定的道德意志和由道德意志所支配的道德行为的统一;另一方面,它是指一个人的一系列道德行为的综合,即一个人在某一实践活动领域的行为、某一活动时期或活动阶段的行为,以至一生的全部道德行为的综合。人的道德行为,不单是个别行为动作或举动构成的行为整体,而且也是各个活动领域和各个活动时期的一系列行为结合起来构成的行为整体。正因为如此,道德品质评价才得以通过对道德行为的评价而实现。如果说,道德品质评价仅满足于定性的评价,也不一定需要对道德行为进行量化评价。而要对新时代大学生道德品质进行量化评价,那么,必须对新时代大学生道德行为进行量化评价。因为,道德品质是在行为整体中表现出来的稳定特征和倾向,只有揭示新时代大学生具体道德行为的量及其相互间在整体中的关系,才能够较好地揭示新时代大学生道德品质的量。

第二节　新时代大学生道德行为测度构建的可行性

　　新时代大学生道德行为是一种复杂行为,它的价值量产生于行为内外的各个环节和各个阶段,特别是体现在动机和效果、目的和手段之中。其表现形式是多样的,如数量的多少、程度的高低、影响的强弱、效用的大小、范围的广狭等。对于这些复杂的表现形式及其所表现的量的差别,要进行具体分析,才能作出恰当的价值判断。当然,这种分析往往是很困难的,因为它不仅涉及对行为主体和客体的正确认识,而且还涉及行为主体的自我价值与社会价值、内在价值与外在价值、现有价值与应有价值的关系;特别是需要审慎辨别真实价值和虚假价值,采取正确的价值标准。但是,我们不能因为其复杂、困难,就否认道德行为价值量的差别存在,否认对道德行为作出量的分析的可能性。我们认为构建新时代大学生道德行为测度理论是可行的,其理由主要有以下几个方面:

　　1. 新时代大学生道德行为存在量的规定性,并且存在价值量的差别。新时代大学生的道德行为是有自觉意识的、自主自愿的、具有社会意义的行为。其道德行为的这种规定性决定其具有量的规定性。其一是因为道德行为是一种有自觉意识的、自主自愿的行为,所以,道德行为必然反映出行为主体的内在价值。譬如,"行为的目的是行为的灵魂,它给行为以价值规定,并贯穿行为的全过程"。[①]再

------

　　① 　罗国杰:《伦理学》,第385页。

如,道德感情是主体对周围现实和对自己的态度体验。它以心理的方式反映主客体之间的价值关系,表达着主体的价值态度。其二是因为道德行为不仅是自觉行为,而且是具有社会意义的行为。这种社会意义就在于道德行为是把个人的特殊行为与社会普遍性的道德原则、道德规范相统一的行为,使特殊性上升为普遍性,从而使行为具有社会道德价值。一般来说,"应当"就是一般原则对特殊行为的关系。人的现实行为是一种有限的活动。有限就是行为的现实规定和限制。但行为要成为道德的行为,就要向着善的目标前进,使自己符合普遍性的道德原则。这种普遍性要求对现实行为来说,是一种理想的标准或尺度,这就是行为所要追求的"应当"。正是在应当中,行为超出有限的规定。因此,做出一种道德行为,就是按照"应当"的知识和觉悟,使现有价值向应有价值转化,实现理想与现实的统一。严格地说,一个行为只有当它出于对道德的"应该"的自觉认识和自愿践行时,才具有道德价值。它的价值就体现着社会进步的道德要求,体现着道德原则和规范的要求,因而具有高尚性。人正是透过对道德要求的自觉,才具有人的尊严,才如荀子所说,"人不仅有气有生有知也且有义,故最为天下贵"。[①]人的行为的道德价值,就存在于朝着道德所要求的理想目标的奋斗过程中。

因此说,道德行为的规定性决定着道德行为具有量的规定性。道德行为的量是有差别的。这是因为道德行为量的规定性是由道德行为的规定性所决定的,而产生道德行为的道德意识存在价值量差别,并且,与道德行为相统一的道德原则和道德规范也存在量的差别。

2. 新时代大学生道德行为的善恶及其真伪辨别是可行的。首先,我们看道德行为的善恶性辨别的可行性。判断道德行为的善恶

_____

① 《荀子·王制篇》。

主要有两个依据：一是善恶标准，二是道德行为的动机与效果。道德行为的善恶标准虽然说比较复杂，其内涵随着社会的政治、经济、文化的变化而变化，不同的民族、地域、文化对其也有不同的理解，不同的社会、阶级、个人也有不同的标准，但是，人们总可以依据一定的标准来分辨道德行为的善恶。这也是被实践所证明的。道德行为的动机与效果虽然说不是道德行为的本身，但由上文知，在正常情况下，人们可以通过观察道德行为来发现道德行为的动机和效果，并依据马克思主义伦理学在道德评价上的动机和效果的辩证统一理论判定道德行为的善恶。这在实践中也是被长期所证实。由此可见，新时代大学生道德行为的善恶性判断是可行的。

其次，新时代大学生道德行为的真伪性辨别的可行性。道德行为的真伪性是指道德行为与非道德行为的辨别。根据道德行为的界定，道德行为是指那些有自觉意识的、自主自愿的、具有社会意义的行为。其中的自觉意识是指主体对行为本身及其对行为的意义、价值要有自觉意识。其中的自主自愿一方面是指意志自主、自愿，另一方面是指依据一定的道德原则，出于对道德准则的"应当"的理解。由此可见，道德行为必须是有道德认识的行为。也就是说，道德认识是产生道德行为的必要条件。因此，凡是不具有道德认识的行为都是非道德行为。据此结论，我们可以对道德行为进行道德认识检测。虽然说不可能针对具体的道德行为来检测主体的道德认识，但可以针对道德行为所对应的道德规范进行检测。检测结果可能有三种情况：一是主体对特定的道德规范有了完全认识，二是主体对特定的道德规范有了一定程度的认识，三是主体对特定的道德规范没有认识。在第一种情况下，我们可以认定：只要对道德规范有了完全认识的主体，在意志自主的情况下，所产生的具有社会意义的相应的行为就是道德行为。如果说不是道德行为，那只有一种可能：那就是主体在行为前突然失去认识能力，这种可能几乎不能发生。

在第二种情况下,如果说主体对道德规范不是完全认识,而是有了一定的认识,在意志自主的情况下,所产生的具有社会意义的相应的行为,我们可以根据统计学理论推理,测算该行为属于道德行为的可能性。这是因为,当人们对某一道德规范认识不够深刻时,对于所有属于该道德规范的应当发生的行为而言,在有些道德情境中主体根据现有的道德认识可以产生道德行为,在另一些道德情境中主体根据现有的道德认识就无法产生道德行为。这是因为主体的道德行为受到主体的道德认识水平的限制:在主体能够对道德情境在认识上给予把握时,主体所产生相应的行为应该是道德行为;在主体不能对道德情境在认识上给予把握时,主体也可能产生相应的行为,但这种行为不是由主体的自觉意识产生的,也谈不上发自于道德准则,所以,此时的行为不能属于道德行为。这样,根据统计学的观点,主体的道德认识水平与主体产生道德行为的概率成正相关。所以,在上述情况下用统计学方法测算主体产生道德行为的可能性是可行的。

在第三种情况下,如果说主体对特定的道德规范没有任何认识,我们可以认定:主体所产生的相应的行为都不是道德行为。这是因为道德认识是产生道德行为的必要条件。

统观上述三种情况,可以得出结论:对新时代大学生道德行为的真伪辨别是可行的。

3. 新时代大学生道德行为的数量及其价值量的计量是可行的。新时代大学生道德行为测度主要是揭示道德主体在一定时间内所发生的道德行为的状态。它不仅涉及道德行为的善恶性,而且还涉及道德行为发生的数量及其每个道德行为的价值量。关于主体所发生的道德行为的数量,通过观察就可以进行计量。这是显而易见的,也是历来被用来进行道德品质评价的基本方法。

关于新时代大学生道德行为的价值量计量问题,只要能够找到一个计量标准,这个问题也是可以解决的。众所周知,人们评价道德行为是以道德规范为标准的。如果能够为具体道德规范赋值,那么,满足该道德规范要求的道德行为所具有的价值量,在量值上就可以认定为具有该道德规范的量值;如果是部分达到该道德规范的要求,在量值上就可以认定为具有该道德规范的部分量值。反之,如果是完全违背了某条道德规范要求的道德行为,在量值上就可以认定为其道德行为具有该道德规范的负量值;如果是部分违背某条道德规范,在量值上就可以认定其道德行为具有该道德规范的部分负量值。关于新时代大学生道德规范的价值量,上文在讨论外在道德规范位能时,为外在道德规范位能的量值作了界定,它是根据外在道德规范在特定的道德体系中所具有的重要性来赋值的。实际上,这个量值所揭示的就是具体的道德规范在特定的道德体系中所具有的价值量。所以,具体的道德规范的价值量问题,在上文已经被解决。这样,我们只要对具体的道德行为进行确认:是遵守还是违背,是多大程度的遵守还是多大程度的违背,问题就解决了。这些问题在实践中已被证实,是能够做到的。

由以上的分析可知,新时代大学生道德行为的数量及其价值量的计量是可行的。

统观上述分析,道德行为既然善恶、真伪可辨,存在量的规定性,并可以进行数量及其价值量的计量,那么,构建新时代大学生道德行为测度理论的可行性也就很显然了。

第三节　新时代大学生道德行为测度数学模型构建

新时代大学生道德行为测度理论的构建,主要是为检测主体所产生的道德行为的质量、数量的程度提供理论依据和实践方法,从数量上揭示主体所产生的道德行为的性质和状态,为道德品质量化评价、道德知行状况分析奠定基础。

一、道德行为测度的定义

根据新时代大学生道德品质和道德行为量化评价的需要,新时代大学生道德行为测度不仅要揭示主体的具体道德行为的水平,而且还要揭示主体所有道德行为的综合水平。为此,我们首先为新时代大学生道德行为测度作界定,以确定其性质。根据上述的要求,我们对新时代大学生道德行为测度作如下界定:新时代大学生道德行为测度是用数量关系测量道德主体在一定时间内所产生的符合特定道德内容要求的道德行为水平。

关于这个定义,我们作如下说明:(1)道德主体要确定。新时代大学生道德行为测度检测的是道德主体所产生的道德行为,主体需要明确。此主体可以是个体,也可以是集体。(2)所检测的是一定时间内的新时代大学生道德行为。由道德品质定义知,道德品质是一个人在长期的、一系列的行为中所表现出来的稳定的、恒久的、整体的心理状态。反之,一个人的稳定的、恒久的、整体的心理状态必然会在长期的、一系列的行为中表现出来。也就是说,一个人的道德品质水平与其长期的道德行为水平是一致的,道德品质水平决定其道德行为水平。从这一角度看,主体长期的、一系列的道德行为的集中趋势具有稳定性。但是,从另一角度看,主体在产生道德行为的过程中,很容易受到各种因素的影响,从而产生不同性质的道德行为,所以,道德行为又存在很大的不确定性。因此,主体的道德行为水平不能通过个别的道德行为来检测,它必须通过一定时间、一系列的行为的综合评价才能确定,是对时间、空间的积分。(3)道德行为水平不仅表现在道德行为的数量上,而且也表现在道德行为的质量上。一个人在一定的时间内所产生的道德的行为的数量越多,说明其道德行为水平越高;一个人在一定的时间内所产生的不道德的行为的数量越多,说明其道德行为水平越低。所以,道德行为的数量是影响道德行为水平的重要因素。另一方面,道德行为的善恶的大小也是反映道德行为水平的关键因素。所以,定义中的新时代大学生道德行为水平揭示的是主体道德行为在数量和质量两个方面的综合状态。

二、新时代大学生道德行为测度数学模型构建

构建新时代大学生道德行为测度数学模型,一共涉及 5 种类型:一是对新时代大学生道德行为价值量计量的数学模型;二是对新时代大学生个体在单一道德规范上所表现出来的道德行为测度的数学模型;三是对新时代大学生个体在特定的道德内容上所表现出来的道德行为测度的数学模型;四是对新时代大学生群体在单一道德规范上所表现出来的道德行为测度的数学模型;五是对新时代大学生群体在特定的道德内容上所表现出来的道德行为测度的数学模型。

（一）新时代大学生道德行为价值量的数学模型

1. 数学模型构建

我们在上文中提到过新时代大学生道德行为价值量问题。为了构建新时代大学生道德行为价值量的数学模型,在此仍然需要进一步进行讨论。在上文中提到,人们评价道德行为是以道德规范为标准的。什么行为是道德的行为,什么行为是不道德的行为;什么行为是高尚的行为,什么行为是比较高尚的行为;这些都是以道德规范为评价标准的。众所周知,评价道德行为离不开道德规范。一般地说,道德规范就是一种"应当",对现实行为来说,它就是一种理想的标准或尺度。当现实的行为是"出于对'应当'的自觉认识和自愿践行时,才具有道德价值。它的价值就体现着社会进步的道德要求,体现着道德原则和道德规范的要求"。由此可见,道德行为是体现着道德规范的价值。当然,道德行为作为一种"实然"状态,不一定都能完全达到"应然"的要求。当"实然"的道德行为在一定程度上达到

"应然"状态时,此时的道德行为也应该具有一定的道德价值,只不过没有完全具有"应然"状态的道德价值。在上文已经阐释,道德规范的价值在量上就等同于外在道德规范位能的量值。所以,一个满足道德规范要求的道德行为的价值量,就等于它所相应的道德规范的外在道德规范位能的量值;一个部分满足道德规范要求的道德行为的价值量,就等于它所相应的道德规范的外在道德规范位能的部分量值。

根据上述分析,我们可以为新时代大学生道德行为价值量构建数学模型。设新时代大学生道德规范的外在道德规范位能为 $E_。$,新时代大学生道德行为能够满足道德规范要求的程度为 λ,新时代大学生道德行为的价值量为 W,则

$$W = \lambda E_。 \tag{Ⅰ}$$

此处的 λ 是通过检测者的评定而赋予的值,通常是以百分比来表达新时代大学生道德行为满足道德规范的程度。譬如:勤奋学习。它应答到一定的度,才能称之为勤奋学习。有的学习行为虽然说也比较勤奋,但还没有完全达到要求,此时只能说是在一定程度上还比较勤奋。当然,在很多情况下,λ 的取值只能为 1 或 0。因为对于有些道德规范只有二元结论:要么是遵守,要么就是违背。譬如:不旷课、不迟到、不打人、不骂人等等。

2. 数学模型应用

某高校文学院测评学生的学习品德,其中一项是检测学生作文的认真态度,经过多位教师对每个学生一个学 $E_。=88$ 期的 9 篇作文进行认真态度评分,其中某位学生的作文认真态度平均得分是 86 分,如果经评定:"作文认真"的外在道德规范位能,请计算该生作文认真态度的道德行为价值量。

解:根据题意,将数据代入数学模型(Ⅰ)得

$$W = \lambda E_o = \frac{86}{100} \times 88 = 75.68$$

答:该名学生作文认真态度的道德行为的价值量为75.68%。

（二）新时代大学生个体在单条道德规范上的道德行为测度数学模型

1. 数学模型构建

在道德品质评价中,评价个体在单一道德规范上所具有的道德品质,就需要检测个体在单一道德规范上所表现出来的道德行为水平。在上文定义中已说明,检测道德主体的道德行为水平,需要对主体在一定时间内的一系列的道德行为进行检测。同样,构建新时代大学生个体在单条道德规范所表现出来的道德行为程度的数学模型,也是如此。设 S 为新时代大学生个体在一定时间内应该发生的类道德行为的集合,在集合 S 中随机抽取 f 个道德行为样本 y_{111}、y_{112}、y_{113}、$\cdots$、y_{11f},各道德行为样本的行为程度分别为 λ_{111}、λ_{112}、λ_{113}、$\cdots$、λ_{11f},其价值量分别为 $\lambda_{111}E_o$、$\lambda_{112}E_o$、$\lambda_{113}\cdots$、$\lambda_{11f}E_o$,新时代大学生个体在单一道德规范上所表现出来的类道德行为测度为 D_{11},新时代大学生个体对该道德规范的道德认识测度为 K_{11},那么,

$$D_{11} = \frac{K_{11}(\lambda_{111}E_o + \lambda_{112}E_o + \lambda_{113}E_o + \cdots + \lambda_{11f}E_o)}{fE_o} \times 100\%$$

$$= \frac{K_{11}(\lambda_{111} + \lambda_{112} + \lambda_{113} + \cdots + \lambda_{11f})}{f} \times 100\%$$

$$= \frac{\sum\limits_{t=1}^{f} K_{11}\lambda_{11t}}{f} \times 100\% \quad (1 \leqslant t \leqslant f) \qquad （\text{II}）$$

数学模型（II）中的 K_{11} 是新时代大学生主体对检测目标道德规范的认识程度,数学模型中乘以 K_{11},目的是剔除那些无认识的非道德行为。其中的原因,在构建新时代大学生道德行为测度理论的可

行性论证中,已经作了论述。此处,我们再从数学的角度进一步阐述数学模型中乘以 K_{11} 的合理性。因为 S 为属于某一道德规范的所有"应当"发生的行为集合,即道德主体所有已发生的或未发生的"应当"的行为都在集合 S 之中。而 K_{11} 所揭示的是主体对 S 中的所有元素的认识程度,也就是说,S 中有 $1-K_{11}$ 成的元素未被主体所认识。又因为道德认识是道德行为产生的必要条件,所以,S 中存在 $1-K_{11}$ 的元素(包括已发生的或未发生的行为)不能属于主体的道德行为,也就是说,S 中只有 K_{11} 的元素可能产生道德行为。而 y_{111}、y_{112}、y_{113}、$\cdots$、y_{11f} 元素是 S 中的随机抽样,所以,y_{111}、y_{112}、y_{113}、$\cdots$、y_{11f} 可以代表 S 中的所有元素,故 y_{111}、y_{112}、y_{113}、$\cdots$、y_{11f} 中也只有 K_{11} 的元素可能产生道德行为。

2. 数学模型应用

黄小路是某校数学(2)班的学生,班级检测他的"勤奋学习"的行为表现。通过问卷调查统计,黄小路对"勤奋学习"的道德认识测度为 93%。通过平时观察记录统计,黄小路的作业认真程度为 95%、课堂勤奋程度为 97%、课余时间利用率为 91%、学习自觉性为 89%、钻研精神为 83%、课外阅读量 72%、课外习题量 76%。请计算黄小路"勤奋学习"的道德行为测度。

解:根据数学模型(Ⅱ)得

$$
\begin{aligned}
D_{11} &= \frac{K_{11}(\lambda_{111}E_o + \lambda_{112}E_o + \lambda_{113}E_o + \cdots + \lambda_{11f}E_o)}{fE_o} \times 100\% \\
&= \frac{K_{11}(\lambda_{111} + \lambda_{112} + \lambda_{113} + \cdots + \lambda_{11f})}{f} \times 100\% \\
&= \frac{93\%(95\% + 97\% + 91\% + 89\% + 83\% + 72\% + 76\%)}{7} \\
&\quad \times 100\% \\
&= 80.11\%
\end{aligned}
$$

答：黄小路"勤奋学习"的道德行为测度为80.11％。

（三）新时代大学生个体在特定道德内容上的道德行为测度数学模型

1. 数学模型构建

构建新时代大学生个体在特定的道德内容上所表现出来的道德行为测度的数学模型，存在两个问题需要解决：一是如何用有限的道德行为代表无限的道德行为；二是如何区别不同的道德行为的价值量。

关于第一个问题。众所周知，个体在特定的道德内容上所表现出来的道德行为的个数是无限条。这无限条道德行为可以根据道德规范分成无数个类道德行为。由道德认识测度中的分析知，我们可以用有限条的道德规范来代表特定的道德内容。这样，我们只要能够用有限个道德行为来揭示主体在有限条的道德规范上的道德行为表现就可以了。由本节里的数学模型（Ⅱ）中分析知，我们可以在一个"应当"发生的类道德行为集合中，随机抽样有限个道德行为，来揭示新时代大学生主体在一个"应当"发生的类道德行为集合中的无限个道德行为的水平。既然能够揭示新时代大学生主体在一个道德规范上所表现出来的道德行为水平，那么，我们就可以揭示新时代大学生主体在有限条道德规范上的道德行为水平。由此可见，第一个问题是可以解决的。

关于第二个问题。在区分道德行为价值量上，与构建数学模型（Ⅱ）中的情形有所不同。数学模型（Ⅱ）是针对一个道德规范进行构建，而现在是针对多条道德规范构建。所以，道德行为价值量不仅存在同类道德行为之间的价值量差别，而且也存在不同类道德行为之间的价值量差别。在同类道德行为之间的价值量差别，在构建数学模型（Ⅱ）中作了区别。在不同类道德行为之间的价值量差别，是道德规范与道德规范之间的价值量差别。又因为道德规范的价值量等于其相应的外在道德规范位能的量值。所以,第二个问题也是可以解决的。

　　根据上述分析,我们可以为新时代大学生个体在特定的道德内容上所表现出来的道德行为水平测度构建如下数学模型。设特定的道德内容的集合为 A,在集合 A 中随机抽取 m 条道德规范 A_1、A_2、A_3、$\cdots$、A_m,其外在道德规范位能分别为 E_{o1}、E_{o2}、E_{o3}、$\cdots$、E_{om};新时代大学生主体对 A_1、A_2、A_3、$\cdots$、A_m 的认识测度分别为 K_{11}、K_{12}、K_{13}、$\cdots$、K_{1m};新时代大学生主体在道德规范 A_1、A_2、A_3、$\cdots$、A_m 上应该发生的类道德行为集合为 S_1、S_2、S_3、$\cdots$、S_m,在 S_1、S_2、S_3、$\cdots$、S_m 中分别随机抽样本 f 个,分别为 y_{11}、y_{12}、y_{13}、$\cdots$、y_{1f},y_{21}、y_{22}、y_{23}、$\cdots$、y_{2f},y_{31}、y_{32}、y_{33}、$\cdots$、y_{3f},$\cdots$,y_{m1}、y_{m2}、y_{m3}、$\cdots$、y_{mf},其各个道德行为程度分别为 λ_{111}、λ_{112}、λ_{113}、$\cdots$、λ_{11f},λ_{121}、λ_{122}、λ_{123}、$\cdots$、λ_{12f},$\cdots$,λ_{1m1}、λ_{1m2}、λ_{1m3}、$\cdots$、λ_{1mf};新时代大学生个体在特定的道德内容上所表现出来的道德行为测度为 D_{1M},则

$$
D_{1M} = \frac{\sum\limits_{t=1}^{f} K_{11}E_{o1}\lambda_{11t} + \sum\limits_{t=1}^{f} K_{12}E_{o2}\lambda_{12t} + \cdots + \sum\limits_{t=1}^{f} K_{1m}E_{om}\lambda_{1mt}}{f\sum\limits_{j=1}^{m} E_{oj}} \times 100\%
$$

$$
= \frac{\sum\limits_{j=1}^{m}\left(\sum\limits_{t=1}^{f} K_{1j}E_{oj}\lambda_{1jt}\right)}{f\sum\limits_{j=1}^{m} E_{oj}} \times 100\%
$$

$$
(1 \leqslant t \leqslant f,\ 1 \leqslant j \leqslant m) \tag{Ⅲ}
$$

　　其中 K_{1j} 为大学生个体对第 j 条道德规范的认知测度,E_{oj} 为第 j 条道德规范的外在道德规范位能,λ_{1jt} 为大学生个体在第 j 条道德规范上的第 t 个行为程度。

2.数学模型应用

某校学生黄大干,对所选定的 30 条道德规范的道德认识测度如下表:

新时代大学生对各条道德规范的认识测度统计表

$K_{11}=86\%$	$K_{16}=90\%$	$K_{111}=70\%$	$K_{116}=80\%$	$K_{121}=88\%$	$K_{126}=88\%$
$K_{12}=96\%$	$K_{17}=89\%$	$K_{112}=76\%$	$K_{117}=87\%$	$K_{122}=72\%$	$K_{127}=85\%$
$K_{13}=89\%$	$K_{18}=83\%$	$K_{113}=75\%$	$K_{118}=82\%$	$K_{123}=86\%$	$K_{128}=88\%$
$K_{14}=81\%$	$K_{19}=90\%$	$K_{114}=93\%$	$K_{119}=90\%$	$K_{124}=78\%$	$K_{129}=87\%$
$K_{15}=83\%$	$K_{110}=71\%$	$K_{115}=89\%$	$K_{120}=81\%$	$K_{125}=87\%$	$K_{130}=83\%$

该生在所选定的 30 条道德规范上的各种道德行为表现程度统计结果如下表:

新时代大学生具体道德行为程度统计表

测评目标	行为程度 1	行为程度 2	行为程度 3	行为程度 4	行为程度 5
节俭朴素	81%	86%	89%	85%	86%
学习勤奋	89%	93%	96%	96%	95%
志存高远	91%	89%	90%	82%	90%
谦虚谨慎	86%	83%	86%	86%	86%
诚实守信	92%	96%	91%	90%	91%
遵纪守法	93%	90%	87%	96%	95%
真诚友爱	88%	87%	82%	86%	82%
尊敬师长	96%	95%	96%	98%	96%
孝敬父母	98%	96%	97%	96%	98%
民主平等	87%	83%	86%	86%	86%
正直正义	79%	81%	84%	80%	80%
礼貌待人	92%	90%	88%	94%	93%

测评目标	行为程度 1	行为程度 2	行为程度 3	行为程度 4	行为程度 5
乐于助人	86%	83%	86%	82%	84%
热爱祖国	96%	98%	93%	96%	96%
拥护共产党	98%	96%	98%	95%	98%
言行一致	87%	85%	86%	86%	85%
自尊自信	78%	81%	80%	79%	88%
爱护公物	82%	80%	80%	81%	80%
求知好学	76%	78%	77%	72%	72%
是非分明	78%	77%	81%	77%	78%
务实求效	82%	80%	86%	86%	82%
庄重随和	76%	70%	79%	72%	70%
开拓进取	81%	86%	82%	80%	81%
宽容宽厚	88%	87%	89%	82%	83%
清洁卫生	72%	76%	81%	77%	76%
举止文明	81%	88%	90%	79%	80%
意志坚强	76%	81%	76%	75%	72%
责任心强	85%	87%	82%	83%	80%
注重身体	76%	72%	72%	72%	73%
待人友善	89%	86%	86%	86%	85%

　　根据上表中所给数据,计算黄大干同学在所选定的 30 条道德规范上的道德行为测度。

　　解:由上文道德认识测度章节知,此 30 条道德规范位能为:

测评目标	外在道德规范位能量值
(1) 节俭朴素	$10/46×100+26/46×80+9/46×60+0×40+1/46×20=79.13$
(2) 学习勤奋	$42/46×100+4/46×80=98.26$
(3) 志存高远	$42/46×100+4/46×80=98.26$
(4) 谦虚谨慎	$16/46×100+20/46×80+7/46×60+3/46×40=81.30$
(5) 诚实守信	$23/46×100+17/46×80+5/46×60+1/46×40=86.52$
(6) 遵纪守法	$34/46×100+6/46×80+6/46×60=92.16$
(7) 真诚友爱	$14/46×100+22/46×80+10/46×60=81.73$
(8) 尊敬师长	$24/46×100+17/46×80+5/46×60+1/46×40=88.69$
(9) 孝敬父母	$21/46×100+20/46×80+3/46×60+2/46×40=85.21$
(10) 民主平等	$4/46×100+13/46×80+14/46×60+10/46×40+5/46×20=60.44$
(11) 正直正义	$14/46×100+20/46×80+8/46×60+3/46×40+1/46×20=78.68$
(12) 礼貌待人	$16/46×100+27/46×80+3/46×60=85.65$
(13) 乐于助人	$23/46×100+19/46×80+2/46×60+2/46×40=86.52$
(14) 热爱祖国	$46/46×100=100$
(15) 拥护共产党	$46/46×100=100$
(16) 言行一致	$22/46×100+23/46×80+1/46×60=89.13$
(17) 自尊自信	$18/46×100+19/46×80+6/46×60+3/46×40=82.61$
(18) 爱护公物	$20/46×100+16/46×80+10/46×60=84.35$
(19) 求知就底	$18/46×100+19/46×80+7/46×60+2/46×40=83.04$
(20) 是非分明	$26/46×100+15/46×80+0×60+5/46×40=86.96$
(21) 务实求效	$13/46×100+22/46×80+7/46×60+2/46×40+2/46×20=78.26$
(22) 庄重随和	$1/46×100+6/46×80+15/46×60+15/46×40+9/46×20=49.12$
(23) 开拓进取	$29/46×100+12/46×80+4/46×60+1/46×40=90.00$

测评目标	外在道德规范位能量值
（24）体谅宽厚	$5/46×100+9/46×80+20/46×60+12/46×40=63.04$
（25）清洁卫生	$8/46×100+18/46×80+11/46×60+7/46×40+2/46×20=70.00$
（26）举止文明	$14/46×100+21/46×80+8/46×60+2/46×40+1/46×20=79.54$
（27）意志坚强	$24/46×100+14/46×80+7/46×60+1/46×40=86.08$
（28）责任心强	$17/46×100+21/46×80+7/46×60+1/46×40=83.48$
（29）注重身体	$16/46×100+17/46×80+6/46×60+5/46×40+2/46×20=77.40$
（30）待人友善	$42/46×100+4/46×80=98.26$

将上表的道德规范位能量值和题中所给出的道德行为程度量值、道德认识测度量值数据输入电子表格，并利用数学模型（Ⅲ）

$$D_{1M}=\cfrac{\sum\limits_{t=1}^{f}K_{11}E_{o1}\lambda_{11t}+\sum\limits_{t=1}^{f}K_{12}E_{o2}\lambda_{12t}+\cdots+\sum\limits_{t=1}^{f}K_{1m}E_{om}\lambda_{1mt}}{f\sum\limits_{j=1}^{m}E_{oj}}×100\%$$

$$=\cfrac{\sum\limits_{j=1}^{m}\left(\sum\limits_{t=1}^{f}K_{1j}E_{oj}\lambda_{1jt}\right)}{f\sum\limits_{j=1}^{m}E_{oj}}×100\%$$

在计算机上运算，即可得到下表中的结果。

黄大干在选定的30条道德规范上的表现情况统计表

测评目标	行为程度1	行为程度2	行为程度3	行为程度4	行为程度5	平均程度	认识测度	规范位能	价值量
节俭朴素	81%	86%	89%	85%	86%	0.854	86%	79.13	58.116
学习勤奋	89%	93%	96%	96%	95%	0.938	96%	98.26	88.481
志存高远	91%	89%	90%	82%	90%	0.884	89%	98.26	77.307

测评目标	行为 程度 1	行为 程度 2	行为 程度 3	行为 程度 4	行为 程度 5	平均 程度	认识 测度	规范 位能	价值量
谦虚谨慎	86%	83%	86%	86%	86%	0.854	81%	81.3	56.238
诚实守信	92%	96%	91%	90%	91%	0.92	83%	86.52	66.067
遵纪守法	93%	90%	87%	96%	95%	0.922	90%	92.16	76.474
真诚友爱	88%	87%	82%	86%	82%	0.85	89%	81.73	61.829
尊敬师长	96%	95%	96%	98%	96%	0.962	83%	88.69	70.815
孝敬父母	98%	96%	97%	96%	98%	0.97	90%	85.21	74.388
民主平等	87%	83%	86%	86%	86%	0.856	71%	60.44	36.733
正直正义	79%	81%	84%	80%	80%	0.808	70%	78.68	44.501
礼貌待人	92%	90%	88%	94%	93%	0.914	76%	85.65	59.496
乐于助人	86%	83%	86%	82%	84%	0.842	75%	86.52	54.637
热爱祖国	96%	98%	93%	96%	96%	0.958	93%	100	89.094
拥护共产党	98%	96%	98%	95%	98%	0.97	89%	100	86.33
言行一致	87%	85%	86%	86%	85%	0.858	80%	89.13	61.179
自尊自信	78%	81%	80%	79%	88%	0.812	87%	82.61	58.359
爱护公物	82%	80%	80%	81%	80%	0.806	82%	84.35	55.749
求知好学	76%	78%	77%	72%	72%	0.75	90%	83.04	56.052
是非分明	78%	77%	81%	77%	78%	0.782	81%	86.96	55.082
务实求效	82%	80%	86%	86%	82%	0.832	88%	78.26	57.299
庄重随和	76%	70%	79%	72%	70%	0.734	72%	49.12	25.959
开拓进取	81%	86%	82%	80%	81%	0.82	86%	90	63.468
体谅宽厚	88%	87%	89%	82%	83%	0.858	78%	63.04	42.189
清洁卫生	72%	76%	81%	77%	76%	0.764	87%	70	46.528
举止文明	81%	88%	90%	79%	80%	0.836	88%	79.54	58.516
意志坚强	76%	81%	76%	75%	72%	0.76	85%	86.08	55.608
责任心强	85%	87%	82%	83%	80%	0.834	88%	83.48	61.268
注重身体	76%	72%	72%	72%	73%	0.73	87%	77.4	49.157
待人友善	89%	86%	86%	86%	85%	0.864	83%	98.26	70.464
合计:								2 503.82	1 817.4
30 条道德规范平均行为测度									0.725 8

由表中结果知,黄大干同学在所选定的 30 条道德规范上的道德行为测度为 72.58%。

（四）新时代大学生群体在单条道德规范上的道德行为测度数学模型

1. 数学模型构建

新时代大学生群体在单条道德规范上所表现出来的道德行为测度的数学模型的构建,可以以个体在单条道德规范上所表现出来的道德行为测度的数学模型为基础,然后对所有个体的道德行为测度求算术平均数。

设新时代大学生群体在单条道德规范上所表现出来的道德行为测度为 D_{R1};该群体中的每一个人在该道德规范上的应该表现的道德行为分别为:y_{11}、y_{12}、y_{13}、$\cdots$、y_{1f},y_{21}、y_{22}、y_{23}、$\cdots$、y_{2f},y_{31}、y_{32}、y_{33}、$\cdots$、y_{3f},$\cdots$,y_{m1}、y_{m2}、y_{m3}、$\cdots$、y_{mf};其所对应的各个道德行为程度分别为 λ_{111}、λ_{112}、λ_{113}、$\cdots$、λ_{11f},λ_{211}、λ_{212}、λ_{213}、$\cdots$、λ_{21f},$\cdots$,λ_{r11}、λ_{r12}、λ_{r13}、$\cdots$、λ_{r1f};其中各人对该条道德规范的道德认识测度分别为 K_{11}、K_{21}、K_{31}、$\cdots$、K_{r1};那么,

$$D_{R1} = \frac{\dfrac{\sum\limits_{t=1}^{f} K_{11}\lambda_{11t}}{f} + \dfrac{\sum\limits_{t=1}^{f} K_{21}\lambda_{21t}}{f} + \dfrac{\sum\limits_{t=1}^{f} K_{31}\lambda_{31t}}{f} + \cdots + \dfrac{\sum\limits_{t=1}^{f} K_{r1}\lambda_{r1t}}{f}}{r} \times 100\%$$

$$= \frac{\sum\limits_{\omega=1}^{r}\left(\sum\limits_{t=1}^{f} K_{\omega 1}\lambda_{\omega 1t}\right)}{rf} \times 100\%$$

$$(1 \leqslant t \leqslant f,\ 1 \leqslant \omega \leqslant r) \tag{Ⅳ}$$

其中 $K_{\omega 1}$ 为新时代大学生群体中第 ω 人对该条道德规范的道德认识测度,$\lambda_{\omega 1t}$ 为第 ω 学生在该条道德规范上的第 t 个道德行为程度。

2. 数学模型应用

某校化工专业大一(1)班 50 名学生,在检测他们的"勤奋学习"的道德行为水平时,经调查统计得到他们对"勤奋学习"的道德认识测度和具体道德行为程度数据如下表。

新时代大学生对"勤奋学习"认识/行为程度统计表

学号	行为程度 1	行为程度 2	行为程度 3	行为程度 4	认识测度
20214001	0.95	0.7	0.8	0.9	0.95
20214002	0.4	0.6	0.7	0.6	0.98
20214003	0.9	0.89	0.9	0.8	0.98
20214004	0.85	0.9	0.8	0.9	0.96
20214005	0.89	1	0.85	0.9	0.86
20214006	0.5	0.7	0.5	0.7	0.96
20214007	0.96	0.9	0.95	0.9	0.98
20214008	1	0.9	0.9	1	1
20214009	0.98	1	0.95	1	1
20214010	0.91	1	0.96	0.9	1
20214011	1	1	1	0.96	1
20214012	1	1	1	0.98	0.98
20214013	0.96	0.98	0.89	0.98	0.96
20214014	0.86	0.9	0.8	0.8	0.9
20214015	0.95	0.96	0.9	0.95	1
20214016	0.85	0.9	1	0.9	1
20214017	0.9	0.98	1	0.9	1
20214018	0.98	1	1	0.95	1
20214019	0.96	1	1	1	1
20214020	1	1	0.96	1	1

续表

学号	行为程度 1	行为程度 2	行为程度 3	行为程度 4	认识测度
20214021	1	1	0.95	1	1
20214022	1	0.98	1	0.96	1
20214023	1	0.9	1	0.89	1
20214024	1	0.95	1	0.89	0.96
20214025	0.9	1	0.95	0.9	0.95
20214026	0.98	1	0.95	0.95	1
20214027	0.8	0.9	0.96	1	1
20214028	0.95	1	0.9	1	1
20214029	0.96	1	1	1	1
20214030	0.86	0.96	0.9	0.9	1
20214031	1	1	1	1	1
20214032	1	1	1	1	1
20214033	1	0.98	0.9	0.9	0.98
20214034	1	0.78	0.84	0.9	0.8
20214035	1	0.9	0.68	1	0.9
20214036	0.98	0.89	0.89	0.9	0.9
20214037	0.95	0.9	0.9	0.9	0.95
20214038	0.9	0.9	1	1	1
20214039	0.8	0.9	0.8	0.9	1
20214040	0.6	0.7	0.6	0.8	0.8
20214041	1	0.95	1	0.9	1
20214042	1	0.98	1	1	1
20214043	0.96	0.96	0.9	1	0.96
20214044	0.98	0.89	0.8	0.9	0.9

学号	行为程度 1	行为程度 2	行为程度 3	行为程度 4	认识测度
20214045	0.9	0.95	0.8	0.8	0.95
20214046	1	1	1	1	1
20214047	1	1	1	1	1
20214048	1	1	1	1	1
20214049	0.6	0.8	0.9	0.8	0.9
20214050	1	1	0.95	1	1

解：根据题中所给条件，是关于求新时代大学生群体在单一道德规范上的道德行为表现水平。所以，只要将所给数据输入计算机，并应用数学模型

$$D_{R1} = \frac{\dfrac{\sum\limits_{t=1}^{f} K_{11}\lambda_{11t}}{f} + \dfrac{\sum\limits_{t=1}^{f} K_{21}\lambda_{21t}}{f} + \dfrac{\sum\limits_{t=1}^{f} K_{31}\lambda_{31t}}{f} + \cdots + \dfrac{\sum\limits_{t=1}^{f} K_{r1}\lambda_{r1t}}{f}}{r} \times 100\%$$

$$= \frac{\sum\limits_{\omega=1}^{r}\left(\sum\limits_{t=1}^{f} K_{\omega 1}\lambda_{\omega 1t}\right)}{rf} \times 100\%$$

进行运算，就可以计算出该班 50 名学生的勤奋学习程度。其结果如下表。

新时代大学生在"勤奋学习"上的表现情况统计表

学号	行为程度 1	行为程度 2	行为程度 3	行为程度 4	道德认识测度	道德行为测度
20214001	0.95	0.7	0.8	0.9	0.95	0.795 625
20214002	0.4	0.6	0.7	0.6	0.98	0.563 5

学号	行为 程度 1	行为 程度 2	行为 程度 3	行为 程度 4	道德认识 测度	道德行为 测度
20214003	0.9	0.89	0.9	0.8	0.98	0.855 05
20214004	0.85	0.9	0.8	0.9	0.96	0.828
20214005	0.89	1	0.85	0.9	0.86	0.782 6
20214006	0.5	0.7	0.5	0.7	0.96	0.576
20214007	0.96	0.9	0.95	0.9	0.98	0.908 95
20214008	1	0.9	0.9	1	1	0.95
20214009	0.98	1	0.95	1	1	0.982 5
20214010	0.91	1	0.96	0.9	1	0.942 5
20214011	1	1	1	0.96	1	0.99
20214012	1	1	1	0.98	0.98	0.975 1
20214013	0.96	0.98	0.89	0.98	0.96	0.914 4
20214014	0.86	0.9	0.8	0.8	0.9	0.756
20214015	0.95	0.96	0.9	0.95	1	0.94
20214016	0.85	0.9	1	0.9	1	0.912 5
20214017	0.9	0.98	1	0.9	1	0.945
20214018	0.98	1	1	0.95	1	0.982 5
20214019	0.96	1	1	1	1	0.99
20214020	1	1	0.96	1	1	0.99
20214021	1	1	0.95	1	1	0.987 5
20214022	1	0.98	1	0.96	1	0.985
20214023	1	0.9	1	0.89	1	0.947 5
20214024	1	0.95	1	0.89	0.96	0.921 6
20214025	0.9	1	0.95	0.9	0.95	0.890 625
20214026	0.98	1	0.95	0.95	1	0.97

学号	行为程度 1	行为程度 2	行为程度 3	行为程度 4	道德认识测度	道德行为测度
20214027	0.8	0.9	0.96	1	1	0.915
20214028	0.95	1	0.9	1	1	0.962 5
20214029	0.96	1	1	1	1	0.99
20214030	0.86	0.96	0.9	0.9	1	0.905
20214031	1	1	1	1	1	1
20214032	1	1	1	1	1	1
20214033	1	0.98	0.9	0.9	0.98	0.926 1
20214034	1	0.78	0.84	0.9	0.8	0.704
20214035	1	0.9	0.68	1	0.9	0.805 5
20214036	0.98	0.89	0.89	0.9	0.9	0.823 5
20214037	0.95	0.9	0.9	0.9	0.95	0.866 875
20214038	0.9	0.9	1	1	1	0.95
20214039	0.8	0.9	0.8	0.9	1	0.85
20214040	0.6	0.7	0.6	0.8	0.8	0.54
20214041	1	0.95	1	0.9	1	0.962 5
20214042	1	0.98	1	1	1	0.995
20214043	0.96	0.96	0.9	1	0.96	0.916 8
20214044	0.98	0.89	0.8	0.9	0.9	0.803 25
20214045	0.9	0.95	0.8	0.8	0.95	0.819 375
20214046	1	1	1	1	1	1
20214047	1	1	1	1	1	1
20214048	1	1	1	1	1	1
20214049	0.6	0.8	0.9	0.8	0.9	0.697 5
20214050	1	1	0.95	1	1	0.987 5
全班学生平均道德行为测度						0.894 057

由表中计算结果知,某校化工专业大一(1)班 50 名学生在"勤奋学习"上的道德行为测度为 89.41%。

(五)新时代大学生群体在特定道德内容上的道德行为测度数学模型

1. 数学模型构建

新时代大学生群体在特定的道德内容上所表现出来的道德行为测度的数学模型构建,与个体在特定的道德内容上所表现出来的道德行为测度的数学模型构建的道理是一致的。能够构建一个个体的数学模型,就能够构建新时代大学生群体中的每一个个体的数学模型。这样,我们就可以对新时代大学生群体中的所有个体在特定的道德内容上所表现出来的道德行为测度求算术平均值。

设这个新时代大学生群体的人数为 r,特定的道德内容的集合为 A,在集合 A 中随机抽取 m 条道德规范 A_1、A_2、A_3、$\cdots$、A_m,其外在道德规范位能分别为 E_{o1}、E_{o2}、E_{o3}、$\cdots$、E_{om};主体对 A_1、A_2、A_3、$\cdots$、A_m 的认识测度分别为 K_{11}、K_{12}、K_{13}、$\cdots$、K_{1m},K_{21}、K_{22}、K_{23}、$\cdots$、K_{2m},K_{31}、K_{32}、K_{33}、$\cdots$、K_{3m},$\cdots$,K_{r1}、K_{r2}、K_{r3}、$\cdots$、K_{rm};新时代大学生主体在道德规范 A_1、A_2、A_3、$\cdots$、A_m 上应该发生的类道德行为集合分别为 S_1、S_2、S_3、$\cdots$、S_m,在 S_1、S_2、S_3、$\cdots$、S_m 中分别随机抽道德行为样本 f 个,分别为 y_{11}、y_{12}、y_{13}、$\cdots$、y_{1f},y_{21}、y_{22}、y_{23}、$\cdots$、y_{2f},y_{31}、y_{32}、y_{33}、$\cdots$、y_{3f},$\cdots$,y_{m1}、y_{m2}、y_{m3}、$\cdots$、y_{mf};其各个道德行为程度分别为:λ_{111}、λ_{112}、λ_{113}、$\cdots$、λ_{11n},λ_{121}、λ_{122}、λ_{123}、$\cdots$、λ_{12n},$\cdots$,λ_{1m1}、λ_{1m2}、λ_{1m3}、$\cdots$、λ_{1mn};λ_{211}、λ_{212}、λ_{213}、$\cdots$、λ_{21n},λ_{221}、λ_{222}、λ_{223}、$\cdots$、λ_{22n},$\cdots$,λ_{2m1}、λ_{2m2}、λ_{2m3}、$\cdots$、λ_{2mn};λ_{311}、λ_{312}、λ_{313}、$\cdots$、λ_{31n},λ_{321}、λ_{322}、λ_{323}、$\cdots$、λ_{32n},$\cdots$,λ_{3m1}、λ_{3m2}、λ_{3m3}、$\cdots$、λ_{3mn};$\cdots$,λ_{r11}、λ_{r12}、λ_{r13}、$\cdots$、λ_{r1n},λ_{r21}、λ_{r22}、λ_{r23}、$\cdots$、λ_{r2n},$\cdots$,λ_{rm1}、λ_{rm2}、λ_{rm3}、$\cdots$、λ_{rmn};

设新时代大学生群体在特定的道德内容上所表现出来的道德行

为测度为 D_{RM}，每个个体在特定的道德内容上所表现出来的道德行为测度分别为 D_{1m}、D_{2m}、D_{3m}、…、D_{rm}，则

$$D_{RM} = \frac{D_{1m} + D_{2m} + D_{3m} + \cdots + D_{rm}}{r} \times 100\%$$

$$= \frac{\dfrac{\sum\limits_{j=1}^{m}\left(\sum\limits_{t=1}^{f} K_{1j} E_{oj} \lambda_{1jt}\right)}{f\sum\limits_{j=1}^{m} E_{oj}} + \dfrac{\sum\limits_{j=1}^{m}\left(\sum\limits_{t=1}^{f} K_{2j} E_{oj} \lambda_{2jt}\right)}{f\sum\limits_{j=1}^{m} E_{oj}} +}{r}$$

$$\frac{+\cdots+\dfrac{\sum\limits_{j=1}^{m}\left(\sum\limits_{t=1}^{f} K_{rj} E_{oj} \lambda_{rjt}\right)}{f\sum\limits_{j=1}^{m} E_{oj}}}{r} \times 100\%$$

$$= \frac{\sum\limits_{\omega=1}^{r}\left[\sum\limits_{j=1}^{m}\left(\sum\limits_{t=1}^{f} K_{\omega j} E_{oj} \lambda_{\omega jt}\right)\right]}{fr\sum\limits_{j=1}^{m} E_{oj}} \times 100\%$$

$$(1 \leqslant \omega \leqslant r,\ 1 \leqslant j \leqslant m,\ 1 \leqslant t \leqslant f) \qquad (\text{V})$$

由于 $\sum\limits_{\omega=1}^{r}\left[\sum\limits_{j=1}^{m}\left(\sum\limits_{t=1}^{f} K_{\omega j} E_{oj} \lambda_{\omega jt}\right)\right] = \sum\limits_{j=1}^{m}\left[\sum\limits_{\omega=1}^{r}\left(\sum\limits_{t=1}^{f} K_{\omega j} E_{oj} \lambda_{\omega jt}\right)\right]$

所以数学模型（V）又可转变为

$$D_{RM} = \frac{\sum\limits_{j=1}^{m}\left[\sum\limits_{\omega=1}^{r}\left(\sum\limits_{t=1}^{f} K_{\omega j} E_{oj} \lambda_{\omega jt}\right)\right]}{fr\sum\limits_{j=1}^{m} E_{oj}} \times 100\%$$

由此可见，检测新时代大学生群体在特定道德内容上的道德行为测度，又可以先分别检测出新时代大学生群体在各条道德规范上的道德行为测度，而后求它们的算术平均数。这样，在只需对新时代

大学生群体进行检测时,无须对每一个个体进行检测,而可以进行随机抽样检测。这样就可以简化操作,减少大量的工作量,提高工作效率。

2. 数学模型应用

某高校在学生中开展"诚信"状况调研活动,并把"诚信"分成"心口一致"和"言行一致"两个方面进行。随机抽样 50 名学生跟踪调查。经过一段时间以后,获得如下数据。求该校在校学生的"诚信"水平。

学生道德知行情况调查统计表

学生编号	心口一致				言行一致			
	行为程度 1	行为程度 2	行为程度 3	认知测度	行为测度 1	行为测度 2	行为测度 3	认知测度
1	0.9	1	0.96	1	0.9	0.9	0.89	0.96
2	0.8	0.86	0.86	0.95	0.89	0.86	0.95	0.9
3	0.86	0.85	0.96	0.68	0.68	0.7	0.65	0.89
4	0.85	0.96	0.85	0.96	0.95	0.85	0.85	0.95
5	0.96	0.85	0.63	0.85	0.85	0.65	0.65	0.98
6	0.86	0.65	0.96	0.78	0.86	0.85	0.65	0.98
7	0.75	1	0.85	0.95	0.85	0.85	0.8	0.95
8	0.52	0.78	0.96	0.86	0.6	0.7	0.7	0.92
9	0.63	0.98	0.85	0.96	0.8	0.6	0.9	0.9
10	0.85	0.85	0.65	0.86	0.7	0.8	0.8	0.85
11	0.96	0.65	0.65	0.86	0.6	0.7	0.7	0.85
12	0.86	0.36	1	0.95	0.8	0.65	0.5	0.65
13	1	0.85	0.86	0.95	0.9	0.85	0.8	0.85
14	0.98	0.24	0.78	0.86	0.8	0.56	0.6	0.95

学生编号	心口一致				言行一致			
	行为程度 1	行为程度 2	行为程度 3	认知测度	行为测度 1	行为测度 2	行为测度 3	认知测度
15	0.95	0.95	0.78	0.95	0.9	0.85	0.9	0.96
16	0.96	0.85	0.84	0.96	0.86	0.65	0.8	0.85
17	0.85	0.62	0.84	0.98	0.7	0.85	0.8	0.95
18	0.75	0.63	0.85	0.78	0.7	0.65	0.6	0.82
19	0.78	0.52	0.95	0.85	0.8	0.56	0.5	0.85
20	0.85	0.85	0.96	0.95	0.95	0.65	0.9	0.86
21	0.95	0.63	0.85	0.96	0.8	0.65	0.7	0.86
22	0.85	0.78	0.56	0.85	0.6	0.7	0	0.78
23	0.95	0.78	0.65	0.89	0.8	0.8	7	1
24	1	0.95	0.45	0.95	0.6	0.95	0.6	0.95
25	1	0.85	0.96	0.96	0.9	0.95	0.9	0.95
26	1	0.85	0.85	0.89	0.8	0.89	0.8	0.89
27	1	0.96	0.96	0.95	0.9	0.9	0.5	0.95
28	1	0.56	0.85	0.65	0.8	0.6	0.6	0.85
29	0.96	1	0.85	0.86	0.95	0.9	0.8	0.96
30	0.96	1	0.95	1	0.95	1	0.9	0.96
31	0.96	0.85	0.95	0.95	0.86	0.8	0.8	0.95
32	0.85	0.95	0.86	0.9	0.85	0.95	0.9	0.85
33	0.85	0.85	0.25	0.9	0.85	0.5	0.6	0.95
34	0.65	0.65	0.56	0.7	0.8	0.6	0.5	0.85
35	0.85	0.96	0.85	0.9	0.8	0.85	0.8	0.85
36	0.96	0.85	0.65	0.8	0.78	0.7	0.8	0.95
37	0.87	0.75	0.85	0.8	0.7	0.65	0.7	0.85

学生编号	心口一致				言行一致			
	行为程度1	行为程度2	行为程度3	认知测度	行为测度1	行为测度2	行为测度3	认知测度
38	0.87	0.75	0.65	0.8	0.75	0.85	0.8	0.95
39	0.85	0.95	0.56	0.7	0.8	0.85	0.8	0.96
40	0.54	0.65	0.45	0.6	0.6	0.45	0.6	0.89
41	0.23	0.86	0.26	0.5	0.3	0.26	0.3	0.95
42	0.86	0.85	0.85	0.78	0.8	0.85	0.85	0.95
43	0.95	0.78	0.89	0.85	0.65	0.65	0.9	0.98
44	0.95	0.87	0.98	0.9	0.85	0.85	0.8	0.96
45	0.85	0.98	0.86	0.9	0.9	0.95	0.8	0.86
46	0.95	0.56	0.56	0.65	0.86	0.65	0.98	0.83
47	0.87	0.95	0.85	0.85	0.56	0.85	0.5	0.85
48	0.98	0.95	0.95	0.95	0.85	0.95	0.65	0.95
49	1	0.86	1	1	0.95	1	0.95	0.95
50	0.98	1	0.98	1	1	1	0.95	0.96

解:根据题中所给条件,该题是一个求关于群体在特定的道德内容上所表现出来的道德行为测度问题。

首先,调查统计"心口一致"、"言行一致"两条道德规范的外在道德规范位能量值,经过50位有经验的辅导员对此两条道德规范重要性评价的调查统计,其结果如下表:

外在道德规范重要性调查统计表

道德规范	非常重要	比较重要	一般重要	比较不重要	不重要	重要性量值
心口一致	18	32				$(18*10+32*8)/50=8.72$
言行一致	32	18				$(32*10+18*8)/50=9.28$

因道德规范重要性的量值等于外在道德规范位能的量值,所以"心口一致"的外在道德规范位能 $E_{o1}=8.72$、"言行一致"的外在道德规范位能 $E_{o2}=9.28$。

其次,将外在道德规范位能量值和题中给出的道德行为程度、道德认知测度输入电子表格,利用数学模型(Ⅴ)

$$D_{RM}=\frac{\sum\limits_{\omega=1}^{r}\left[\sum\limits_{j=1}^{m}\left(\sum\limits_{t=1}^{f}K_{\omega j}E_{oj}\lambda_{\omega jt}\right)\right]}{fr\sum\limits_{j=1}^{m}E_{oj}}\times100\%$$

在计算机中计算,即可得到下表的结果。

大学生"诚信"的道德行为测度统计表

学生编号	心口一致					言行一致					价值量
	行为1	行为2	行为3	认知测度	位能	行为1	行为2	行为3	认知测度	位能	
1	0.9	1	0.96	1	8.72	0.9	0.9	0.89	0.96	9.28	16.301 3
2	0.8	0.86	0.86	0.95	8.72	0.89	0.86	0.95	0.9	9.28	14.475 4
3	0.86	0.85	0.96	0.68	8.72	0.68	0.7	0.65	0.89	9.28	10.866 1
4	0.85	0.96	0.85	0.96	8.72	0.95	0.85	0.85	0.95	9.28	15.209 9
5	0.96	0.85	0.63	0.85	8.72	0.85	0.65	0.65	0.98	9.28	12.546 1
6	0.86	0.65	0.96	0.78	8.72	0.86	0.85	0.65	0.98	9.25	12.754 2
7	0.75	0.85	0.85	0.95	8.72	0.85	0.85	0.8	0.95	9.28	14.111 9
8	0.52	0.78	0.96	0.86	8.72	0.6	0.7	0.7	0.92	9.28	11.341 1
9	0.63	0.98	0.85	0.96	8.72	0.6	0.6	0.9	0.9	9.28	13.267 6
10	0.85	0.85	0.65	0.86	8.72	0.7	0.8	0.8	0.85	9.28	11.921 8
11	0.96	0.65	0.65	0.86	8.72	0.6	0.7	0.7	0.85	9.28	10.908 1
12	0.86	0.36	0.86	0.95	8.72	0.8	0.65	0.5	0.65	9.28	9.664 37

学生编号	心口一致					言行一致					价值量
	行为1	行为2	行为3	认知测度	位能	行为1	行为2	行为3	认知测度	位能	
13	1	0.85	0.86	0.95	8.72	0.9	0.85	0.8	0.85	9.28	14.188
14	0.98	0.24	0.78	0.86	8.72	0.8	0.56	0.6	0.95	9.28	10.759 3
15	0.95	0.96	0.78	0.95	8.72	0.9	0.85	0.9	0.96	9.28	15.297 4
16	0.96	0.85	0.84	0.96	8.72	0.86	0.65	0.8	0.85	9.28	13.468 3
17	0.85	0.62	0.84	0.98	8.72	0.7	0.85	0.8	0.95	9.28	13.486
18	0.75	0.63	0.85	0.78	8.72	0.7	0.65	0.6	0.82	9.28	10.002 1
19	0.78	0.52	0.95	0.85	8.72	0.8	0.56	0.5	0.85	9.28	10.449 6
20	0.85	0.85	0.96	0.95	8.72	0.95	0.65	0.9	0.86	9.28	13.995 8
21	0.95	0.63	0.85	0.96	8.72	0.8	0.65	0.7	0.86	9.28	12.500 2
22	0.85	0.78	0.56	0.85	8.72	0.6	0.7	0	0.78	9.28	8.547 4
23	0.95	0.78	0.65	0.89	8.72	0.8	0.8	0.7	1	9.28	13.271 6
24	1	0.95	0.45	0.95	8.72	0.6	0.95	0.6	0.95	9.28	12.945 3
25	1	0.85	0.96	0.96	8.72	0.9	0.95	0.9	0.95	9.28	15.922 4
26	1	0.85	0.85	0.89	8.72	0.9	0.89	0.8	0.89	9.28	13.839 9
27	1	0.96	0.96	0.95	8.72	0.9	0.9	0.5	0.95	9.28	14.822
28	1	0.56	0.85	0.65	8.72	0.8	0.6	0.6	0.85	9.28	9.811 96
29	0.96	1	0.85	0.86	8.72	0.95	0.9	0.8	0.96	9.28	14.893 7
30	0.96	1	0.95	1	8.72	0.95	1	0.9	0.96	9.28	16.921 8
31	0.96	0.85	0.95	0.95	8.72	0.86	0.8	0.8	0.95	9.28	14.850 4
32	0.85	0.95	0.86	0.9	8.72	0.85	0.95	0.8	0.85	9.28	14.057 8
33	0.85	0.85	0.25	0.9	8.72	0.85	0.5	0.6	0.95	9.28	10.831 6
34	0.65	0.66	0.56	0.7	8.72	0.8	0.6	0.5	0.85	9.28	8.800 56
35	0.85	0.96	0.85	0.9	8.72	0.8	0.85	0.8	0.85	9.28	13.400 4

学生编号	心口一致					言行一致					价值量
	行为1	行为2	行为3	认知测度	位能	行为1	行为2	行为3	认知测度	位能	
36	0.96	0.85	0.65	0.8	8.72	0.78	0.7	0.8	0.95	9.28	12.420 5
37	0.87	0.75	0.85	0.8	8.72	0.7	0.65	0.7	0.85	9.28	11.133 7
38	0.87	0.75	0.65	0.8	8.72	0.75	0.85	0.8	0.95	9.28	12.331 3
39	0.85	0.95	0.56	0.7	8.72	0.8	0.85	0.8	0.96	9.28	12.077 3
40	0.54	0.65	0.45	0.6	8.72	0.6	0.45	0.6	0.89	9.28	7.402 72
41	0.23	0.86	0.26	5	8.72	0.3	0.26	0.3	0.95	9.28	22.147 3
42	0.86	0.85	0.85	0.78	8.72	0.8	0.85	0.85	0.95	9.28	13.150 7
43	0.95	0.78	0.89	0.85	8.72	0.65	0.65	0.9	0.98	9.28	13.142 4
44	0.95	0.87	0.98	0.9	8.72	0.85	0.85	0.8	0.96	9.28	14.748 8
45	0.85	0.98	0.86	0.9	8.72	0.9	0.95	0.8	0.86	9.28	14.086 7
46	0.95	0.56	0.56	0.65	8.72	0.86	0.65	0.98	0.83	9.28	10.303 9
47	0.87	0.95	0.85	0.85	8.72	0.56	0.85	0.5	0.85	9.28	11.618 7
48	0.98	0.95	0.95	0.95	8.72	0.85	0.95	0.65	0.95	9.28	15.152 4
49	1	0.86	1	1	8.72	0.95	1	0.95	0.95	9.28	16.835 2
50	0.98	1	0.98	1	8.72	1	1	0.95	0.96	9.28	17.364 1
50 名学生的价值量合计											654.347
该校学生在"诚信"上的平均道德行为认知测度											0.727 1

由表中数据可知,该校学生在"诚信"上表现出来的道德行为测度为72.7%。

第八章　新时代大学生道德知行
离合量化测评方法

新时代大学生道德知行离合测度是从数量上揭示新时代大学生道德认识(知)与道德行为(行)的离散性和趋近性的。它为人们认识新时代大学生个体或整体在道德认知上的存在状态提供一个数量尺度,对进一步认识新时代大学生道德知行关系,开展有针对性的德育工作,提高德育实效,都具有十分重要的意义。

第一节　新时代大学生道德知行
离合测度构建的必要性

一、揭示道德知行离合程度是准确把握道德知行关系的需要。道德认识(知)与道德行为(行)之间的关系,在历史上一直被高度重视,并具有了较为深刻的认识。诸如:张载的"闻斯行,好学之徒也;见而识其善而未果于行,愈于不知者尔。"[1]"尊其所闻则高明,行其所知则光大,凡未理会至实处,如空中立,终不着踏着实地"[2]的知行观;湛若水的"在心为性,在事为学;尊德性为行,道问学为知,知行并进,心事合一,而修德之功尽矣。"的知行观;[3]王阳明的"我今说个知行合一,正要人晓得,一念发动处,便即是行了;发动处有不善,就将这不善克倒了,需要彻根彻底,不使那一念不善潜在胸中。此是我立

---

[1] 《正蒙·中正》。

[2] 《经学理窟·义理》。

[3] 《圣学格物通·进德业》。

言宗旨。"的知行观;①再如王夫之的"知行相知以为用,惟其各有致功,而亦各有其效,故相资以为用"。②

今天,我们对道德认识(知)与道德行为(行)之间的关系有了更为深刻的认识。现在,学界普遍认为:道德行为作为一种自觉、自知的行为,是在理智的支配下通过意志的推动产生的行为。在这里,自觉的理智活动虽然是非价值意识,但是它是一切价值意识活动的前提和基础。任何道德行为,都是理智的行为,而理智的行为必然以对事物、对象、关系和要求的正确认知为前提。如果说意志是推动行为的动力,那么理智活动就是意志的内在机制。意志要不是盲目的力量,就必须是理智的、清醒的意志。实际上,对于道德行为来说,意志和理智、认知,并不是分离的东西,而是主体的同一个内在的机制。不过前者司职行为、实践活动,后者司职思维、认识过程。在这个意义上,道德的行为就是理智的行为。

在道德行为过程中,理智活动是一种意识功能,认知则是理智活动的结果。理智与行为的关系,实际上就是认知与行为的关系,即知与行的关系。这里的"知"包含两种意义:一种是指关于对象、事物、关系的认知。这种知识包括关于自然、社会和人自身的知识,对人的道德行为是必要的。因为道德行为不是孤立的,它首先是社会的行为,是有一定社会生活内容的行为。没有一定的生活知识,就不能产生具有一定生活内容的行为,当然也不可能产生道德行为。一般地说,关于这方面的知识,可以称为事实的或实然的知识,也可以表示为"是什么"的知识。但是还有另一种"知",这就是作为道德行为的"知"。道德行为的认知,主要是指道德价值的知识,是应然的知识,即"应当如何"的知识。道德的行为就是出于"应当"的行为。所谓出

---

① 《王文成公全书·传习录下》。
② 《礼记章句》卷三十一。

于"应当",就是按照普遍性的道德原则、规范,指导和约束自己的特殊行为,把普遍性与特殊性统一起来,使特殊性上升为普遍性,从而使行为具有社会道德价值。一般地说,"应当"就是一般原则对特殊行为的关系。人的现实行为是一种有限的活动。有限就是行为的现实规定和限制。但行为要成为道德行为,就要向着善的目标前进,使自己符合普遍性的道德要求。这种普遍性要求对现实行为来说,是一种理想的标准或尺度,这就是行为所要追求的"应当"。正是在应当中,行为超出有限的规定。因此,做出一种道德行为,就是按照"应当"的知识和觉悟,使现有价值向应有价值转化,实现理想与现实的统一。严格地说,一个行为只有当它出于对道德的"应该"的自觉认识和自愿践行时,才具有道德价值。它的价值就体现着社会进步的道德要求,体现着道德原则和规范的要求,因而具有高尚性。人正是透过对道德要求的自觉,才具有人的尊严,才如荀子所说,"人不仅有气有生有知亦且有义,故最为天下贵"。[①]人的行为的道德价值,就存在于朝着道德所要求的理想目标的奋斗过程中。

　　对"应当"的认知,是道德行为的主观条件。没有对"应当如何"的认知,对自己应当如何行为无知或半无知,就不可能产生真正自觉的道德行为。但是,有了对"应当如何"的知识,知道自己应当如何行为处世,是否就一定能够产生"应当"所要求的行为呢?有一种理论认为,有了道德认知,就一定会产生道德行为。这种理论显然是不符合人类行为实际的。实际上,有不少人是有知而不行、明知而故犯的。这就是说,知与行并非是必然合一的。有了对道德"应该"的认知,可能产生道德行为,也可能不产生道德行为。这里的关键在于是否自愿自抉。从认知到行为是一个由内到外、由知到行、由想到做的转化过程,实际这个转化的中介、动力就是行为者的自愿自抉和努

_____

① 《荀子·王制篇》。

力。自知还必须自愿自抉。只有自知而没有自愿自抉,"应该"还仅仅停留在思维领域,还没有变为行动的意志,因而就不能实现从知到行的转化。知和行的关系在这里也就是志与行的关系。人行于世应当立大志,这是应该的。人无大志就不会有伟大的行动。但是只立大志而不行动也是不行的。立大志还必须行大志,成大事,否则这种大志就等于零。道德之注重自觉、认知,仅仅是因为它能指导行动。如果有了正确的道德认知,只是在内心自赏而不实行,那么这种认知再正确、再高尚也没有实际意义。道德行为中的知与行,是在行为实践的基础上统一的。

在道德实践中,新时代大学生个体或整体的知与行在行为实践中是否实现了统一,统一的程度是多少?仅满足于定性上的认识是远远不够的,通过对其道德知行离合程度的研究,这个问题就可以得到很好的解决。

二、揭示道德知行离合程度是提高德育针对性的需要。在道德生活中,道德主体对特定道德内容的认知与道德主体在认知基础上所产生的行为常常不能达到统一,有时因诸多原因,道德行为与道德认知相比还存在很大差距,知与行发生了脱节。针对这种现象,德育主体在德育实践中非常有必要及时掌握德育客体的道德行为偏离或趋近道德认知的程度,即道德知行离合程度,以便及时抓住重点,采取有针对性的方法,解决知行偏离问题,提高德育时效性,同时亦可避免因德育工作重复所引起的逆反心理。

第二节　新时代大学生道德知行
离合测度构建的可行性

构建新时代大学生道德知行离合测度理论的可行性论证,主要涉及两个方面:一是道德知行之间是否存在离合关系;二是道德知行之间是否存在量的可比性。如果说上述两个条件都具备,那么就可以断言:构建新时代大学生道德知行离合测度理论是可行的。

一、新时代大学生道德知行离合关系的存在性

讨论构建新时代大学生道德知行离合测度理论的可行性,首先要讨论新时代大学生道德知行离合关系的存在性。由前文知,道德认识是产生道德行为的必要条件,而非充分条件。即道德行为以道德认知为前提,没有道德认知就不可能产生道德行为,但是有了道德认知,不一定就能够产生道德行为。实际上,有不少人是有知而不行、明知而故犯的。这就是说,知与行并非是必然合一的。有了对道德"应该"的认知,可能产生道德行为,也可能不产生道德行为。由此可见,道德知行之间存在离散关系。同样有前文可知,道德认知在一定的条件下,可以在行为实践的基础上与道德行为实现统一。这就是说,道德认知与道德行为之间存在因果关系,并且在一定条件下可以实现统一。由此可见,道德知行之间存在合一关系。由此推断,新时代大学生道德知行离合关系存在。

为了下文的需要,现用集合来表达新时代大学生道德知行离合关系。设特定的道德内容为集合 A,被新时代大学生道德主体所认知的特定的道德内容为集合 A_1,道德主体在对特定的道德内容认知的基础上产生的道德行为所对应的特定道德内容为集合 A_2,那么,集合 A、A_1、A_2 存在如下关系:$A \supseteq A_1 \supseteq A_2$。

二、新时代大学生道德知行在数量上的可比性

讨论构建新时代大学生道德知行离合测度理论的可行性,其次就要讨论新时代大学生道德知行在数量上的可比性。道德认知与道德行为本身不可以直接进行比较,这就如同梨子与苹果不可比一样。如果要比较,必须找到具有两者共性的中介物。如果用"个数"来表

示梨子与苹果的多少,这样就可以将梨子与苹果进行数量比较。譬如:梨子与苹果在数量上一样多;梨子的个数比苹果的个数多;等等。同样,道德认知、道德行为之间要进行比较,也必须找到一个能代表两者共性的中介物。我们发现这个中介物是客观存在的,它就是特定的道德内容。这是因为,道德认知的对象物是特定的道德内容,道德行为所反映的对象物也是特定的道德内容,反之,人们也是用特定的道德内容来评价道德认知和道德行为程度的。因此,特定的道德内容可以充当道德认知与道德行为之间的中介。这样,我们就可以根据新时代大学生道德主体对特定的道德内容认知程度,与新时代大学生道德主体在道德认知的基础上所产生的符合特定道德内容的道德行为程度进行比较,从而得到新时代大学生道德主体的道德知行离合测度。

由上文分析可知,构建新时代大学生道德知行离合测度理论可行。

第三节　新时代大学生道德知行离合测度数学模型构建

新时代大学生道德知行离合测度理论的构建分两步:一是道德知行离散测度理论的构建;二是道德知行趋近测度的构建。它们是分别从不同的角度揭示道德知行之间的存在状态的。

一、新时代大学生道德知行离散测度构建

新时代大学生道德知行离散测度是揭示新时代大学生道德生活中的道德知行脱节程度的。在道德生活中,新时代大学生道德主体的道德认知水平与道德行为水平往往存在一定的差距,即新时代大学生道德主体的道德行为水平偏离于道德认知水平,出现道德知行

脱节现象。为了揭示这种脱节程度,我们引入道德知行离差率概念,并用道德知行离差率来表示道德知行之间的离散程度。

（一）新时代大学生道德知行离差率的定义

定义:将已被新时代大学生道德主体所认知的特定道德内容,但没有产生相应的道德行为的特定道德内容之和,占已被新时代大学生道德主体所认知的特定道德内容之和的百分比,称之为新时代大学生道德知行离差率。

由新时代大学生道德知行离差率的定义知,新时代大学生道德知行离差率是一种相对量,是新时代大学生道德行为水平与道德认知水平相比较而产生的量。因此,新时代大学生主体道德知行离差率高的,不代表其道德知行水平就低,也有可能它们在较高水平上产生了道德知行的较大脱节;主体道德知行离差率低的,不代表其道德知行水平就高,也有可能它们是在较低的水平上实现了道德知行的较高水平的统一。由此可见,道德知行离差率只揭示道德知行之间的离散程度,不揭示道德知行水平的高低。

（二）新时代大学生道德知行离差率数学模型构建

1. 新时代大学生个体在单条道德规范上的道德知行离差率的数学模型

新时代大学生个体在单条道德规范上的道德知行离差率,是指被评价的新时代大学生道德主体为一个人,被评价的目标为一条道德规范。在前面章节中,我们分别构建了个体在单条道德规范上的道德认知测度和道德行为测度数学模型,现在利用前面的数学模型来构建新时代大学生个体在单条道德规范上的道德知行离差率数学模型。由前文知,新时代大学生个体在单条道德规范上的道德认知测度、道德行为测度数学模型分别为

$$K_{11} = \frac{x_{111} + x_{112} + \cdots + x_{11n}}{X_{111} + X_{112} + \cdots + X_{11n}} \times 100\% = \sum_{i=1}^{n} x_{11i} \bigg/ \sum_{i=1}^{n} X_{11i} \times 100\%$$

$(1 \leqslant i \leqslant n)$，

$$D_{11} = \frac{K_{11}(\lambda_{111}E_o + \lambda_{112}E_o + \lambda_{113}E_o + \cdots + \lambda_{11f}E_o)}{fE_o} \times 100\%$$

$$= \frac{K_{11}(\lambda_{111} + \lambda_{112} + \lambda_{113} + \cdots + \lambda_{11f})}{f} \times 100\%$$

$$= \frac{\sum\limits_{t=1}^{f} K_{11}\lambda_{11t}}{f} \times 100\% \quad (1 \leqslant t \leqslant f)$$

根据定义,我们可以建立新时代大学生个体在单条道德规范上的道德知行离差率的数学模型。设新时代大学生个体在单条道德规范上的道德知行离差率为 β_{11},则

$$\beta_{11} = \frac{K_{11} - D_{11}}{K_{11}} \times 100\%$$

$$= \frac{K_{11} - \sum\limits_{t=1}^{f} K_{11}\lambda_{11t}/f}{K_{11}} \times 100\%$$

$$= \frac{f - \sum\limits_{t=1}^{f} \lambda_{11t}}{f} \times 100\% \quad (1 \leqslant t \leqslant f) \qquad （Ⅰ）$$

由数学模型(Ⅰ)知,新时代大学生个体在单条道德规范上的道德知行离差率 β_{11},最终是与新时代大学生个体的每个道德行为程度有关。不过,在具体的道德知行评价中,我们往往是要首先计算出道德认知、道德行为测度。这样,我们就可以直接应用 $\beta_{11} = \frac{K_{11} - D_{11}}{K_{11}} \times 100\%$ 公式来计算道德知行离差率 β_{11}。

数学模型(Ⅰ)的合理性论证。数学模型（Ⅰ）中的 $\beta_{11} = \frac{K_{11} - D_{11}}{K_{11}} \times 100\%$ 是根据新时代大学生道德认知、道德行为测度,按

照道德知行离差率的定义建立的,其中 K_{11}、D_{11} 的合理性在前文已经作了说明,故 $\beta_{11}=\dfrac{K_{11}-D_{11}}{K_{11}}\times100\%$ 无须作更多说明。数学模型

（Ⅰ）中的 $\beta_{11}=\dfrac{f-\sum\limits_{t=1}^{f}\lambda_{11t}}{f}\times100\%$ 是由 K_{11}、D_{11} 推导出来的,从逻辑推理上讲,只要推导过程没有出错,其结果也不应该有问题,即其

结果是合理的。我们只要将 $\beta_{11}=\dfrac{f-\sum\limits_{t=1}^{f}\lambda_{11t}}{f}\times100\%$ 变换一下,对其合理性也就很容易理解了。因为

$$
\begin{aligned}
\beta_{11}&=\dfrac{f-\sum\limits_{t=1}^{f}\lambda_{11t}}{f}\times100\%\\
&=\dfrac{f-(\lambda_{111}+\lambda_{112}+\lambda_{113}+\cdots+\lambda_{11f})}{f}\times100\%\\
&=\dfrac{(1-\lambda_{111})+(1-\lambda_{112})+(1-\lambda_{113})+\cdots+(1-\lambda_{11f})}{f}\times100\%
\end{aligned}
$$

如果把实际行为"应当"达到的理想值看作"1",那么,由通过变化的数学模型很容易看出,道德知行离差率在量值上等于"应当"值与每一个道德行为程度差的和,除以"应当"值。即道德知行离差率在量值上是"应当"值与每一个道德行为程度差的和占"应当"值的比重。这样,就与我们在生活中的认识一致起来了,也就比较容易理解道德知行离差率的合理性了。但是,这里需要说明的是:道德知行离差率在量值上等于"应当"值与每一个道德行为程度差的和,除以"应当"值。这不代表在数理含义上把"应当"值与道德行为程度值看成是道德认知、道德行为值。事实上,实际的道德认知值大多低于"应当"值,实际的道德行为值大多低于道德行为程度值。

数学模型应用

某校对学生"勤奋学习"的品德进行道德知行离差状况调查。学生王晓在勤奋学习方面的道德行为程度为:作业认真程度 91%,作业订正程度 95%,课堂认真听讲程度 87%,课堂上眼、脑、手并用程度 72%,课外作业完成程度 90%,课余时间利用率 85%,学习钻研程度 80%,除作业以外的阅读量 68%,除作业以外的所做习题量 56%。请计算王晓在勤奋学习方面的道德知行离差率。

解:根据数学模型(Ⅰ)

$$\beta_{11} = \frac{K_{11} - D_{11}}{K_{11}} \times 100\% = \frac{K_{11} - \sum\limits_{t=1}^{f} K_{11}\lambda_{11t}/f}{K_{11}} \times 100\%$$

$$= \frac{f - \sum\limits_{ti=1}^{f} \lambda_{11t}}{f} \times 100\%$$

将题中所给数据代入数学模型(Ⅰ)得

$$\beta_{11} = \frac{9 - (0.91 + 0.95 + 0.87 + 0.72 + 0.90 + 0.85 + 0.80 + 0.68 + 0.56)}{9}$$
$$\times 100\% \approx 19.6\%$$

答:王晓在勤奋学习方面的道德知行离差率为 19.6%。

2. 新时代大学生个体在特定道德内容上的道德知行离差率的数学模型

新时代大学生个体在特定道德内容上的道德知行离差率,是指被评价的道德主体为一个人,被评价的目标为特定道德内容。在前面章节中,我们分别构建了新时代大学生个体在特定道德内容上的道德认知测度和道德行为测度数学模型,现在利用前面的数学模型来构建新时代大学生个体在特定道德内容上的道德知行离差率数学模型。由前文知,新时代大学生个体在特定道德内容上的道德认知

测度、道德行为测度数学模型分别为

$$K_{1M} = \frac{K_{11}E_{o1} + K_{12}E_{o2} + K_{13}E_{o3} + \cdots + K_{1m}E_{om}}{E_{o1} + E_{o2} + E_{o3} + \cdots + E_{om}} \times 100\%$$

$$= \sum_{j=1}^{m} K_{1j}E_{oj} \Big/ \sum_{j=1}^{m} E_{oj} \times 100\% \quad (1 \leqslant j \leqslant m)$$

$$D_{1M} = \frac{\displaystyle\sum_{t=1}^{f} K_{11}E_{o1}\lambda_{11t} + \sum_{t=1}^{f} K_{12}E_{o2}\lambda_{12t} + \cdots + \sum_{t=1}^{f} K_{1m}E_{om}\lambda_{1mt}}{f \displaystyle\sum_{j=1}^{m} E_{oj}} \times 100\%$$

$$= \frac{\displaystyle\sum_{j=1}^{m} \Big(\sum_{t=1}^{f} K_{1j}E_{oj}\lambda_{1jt} \Big)}{f \displaystyle\sum_{j=1}^{m} E_{oj}} \times 100\% \quad (1 \leqslant t \leqslant f, \ 1 \leqslant j \leqslant m)$$

根据定义得

$$\beta_{1M} = \frac{K_{1M} - D_{1M}}{K_{1M}} \times 100\%$$

$$= \frac{\displaystyle\sum_{j=1}^{m} K_{1j}E_{oj} \Big/ \sum_{j=1}^{m} E_{oj} - \sum_{j=1}^{m} \Big(\sum_{t=1}^{f} K_{1j}E_{oj}\lambda_{1jt} \Big) \Big/ f \sum_{j=1}^{m} E_{oj}}{\displaystyle\sum_{j=1}^{m} K_{1j}E_{oj} \Big/ \sum_{j=1}^{m} E_{oj}} \times 100\%$$

$$= \frac{f \displaystyle\sum_{j=1}^{m} K_{1j}E_{oj} - \sum_{j=1}^{m}\sum_{t=1}^{f} K_{1j}E_{oj}\lambda_{1jt}}{f \displaystyle\sum_{j=1}^{m} K_{1j}E_{oj}} \times 100\%$$

$$(1 \leqslant t \leqslant f, \ 1 \leqslant j \leqslant m) \tag{II}$$

因数学模型（Ⅱ）由前文的道德认知测度、道德行为测度引用而来，故其中的假设和条件与前文一致，此处就不再一一说明。又因在道德认知测度、道德行为测度构建中，对道德认知测度、道德行为测度的合理性已作说明，并且数学模型（Ⅱ）是直接根据定义建立的，所以,数学模型(Ⅱ)的合理性也无须多说。

数学模型应用

在上文例题中已经计算出黄大干对 30 条道德规范的道德认知测度是 85.214%,在 30 条道德规范上的道德行为程度为 72.86%。请计算黄大干在此 30 条道德规范上的道德知行离差率。

解:根据数学模型(Ⅱ)

$$\beta_{1M} = \frac{K_{1M} - D_{1M}}{K_{1M}} \times 100\%$$

$$= \frac{85.214\% - 72.86\%}{85.214\%} \times 100\%$$

$$\approx 14.39\%$$

答:黄大干在此 30 条道德规范上的道德知行离差率为 14.39%。

3. 新时代大学生群体在单条道德规范上的道德知行离差率的数学模型

新时代大学生群体在单条道德规范上的道德知行离差率,是指被评价的道德主体为两个或两个以上的集体,被评价的目标为单条道德规范。在前面章节中,我们分别构建了新时代大学生群体在单条道德规范上的道德认知测度和道德行为测度数学模型,现在利用前面的数学模型来构建新时代大学生群体在单条道德规范上的道德知行离差率数学模型。由前文知,新时代大学生群体在单条道德规范上的道德认知测度、道德行为测度数学模型分别为

$$K_{R1} =$$

$$\frac{\sum_{i=1}^{n} x_{11i} / \sum_{i=1}^{n} X_{11i} + \sum_{i=1}^{n} x_{21i} / \sum_{i=1}^{n} X_{21i} + \sum_{i=1}^{n} x_{31i} / \sum_{i=1}^{n} X_{31i} + \cdots + \sum_{i=1}^{n} x_{r1i} / \sum_{i=1}^{n} X_{r1i}}{r}$$

$$\times 100\%$$

$$=\frac{\sum\limits_{\omega=1}^{r}(\sum\limits_{i=1}^{n}x_{\omega1i}\big/\sum\limits_{i=1}^{n}X_{\omega1i})}{r}\times100\% \qquad (1\leqslant i\leqslant n,\ 1\leqslant\omega\leqslant r),$$

$$D_{R1}=\frac{\dfrac{\sum\limits_{t=1}^{f}K_{11}\lambda_{11t}}{f}+\dfrac{\sum\limits_{t=1}^{f}K_{21}\lambda_{21t}}{f}+\dfrac{\sum\limits_{t=1}^{f}K_{31}\lambda_{31t}}{f}+\cdots+\dfrac{\sum\limits_{t=1}^{f}K_{r1}\lambda_{r1t}}{f}}{r}\times100\%$$

$$=\frac{\sum\limits_{\omega=1}^{r}(\sum\limits_{t=1}^{f}K_{\omega1}\lambda_{\omega1t})}{rf}\times100\% \qquad (1\leqslant\omega\leqslant r,\ 1\leqslant t\leqslant f),$$

根据定义得

$$\beta_{R1}=\frac{K_{R1}-D_{R1}}{K_{R1}}\times100\%$$

$$=\frac{K_{R1}-\sum\limits_{\omega=1}^{r}(\sum\limits_{t=1}^{f}K_{\omega1}\lambda_{\omega1t})\big/rf}{K_{R1}}\times100\%$$

$$=\frac{\dfrac{\sum\limits_{\omega=1}^{r}(\sum\limits_{i=1}^{n}x_{\omega1i}\big/\sum\limits_{i=1}^{n}X_{\omega1i})}{r}-\dfrac{\sum\limits_{\omega=1}^{r}[\sum\limits_{t=1}^{f}\lambda_{\omega1t}(\sum\limits_{i=1}^{n}x_{\omega1i}\big/\sum\limits_{i=1}^{n}X_{\omega1i})]}{rf}}{\dfrac{\sum\limits_{\omega=1}^{r}(\sum\limits_{i=1}^{n}x_{\omega1i}\big/\sum\limits_{i=1}^{n}X_{\omega1i})}{r}}$$

$$\times100\%$$

$$=\frac{f\sum\limits_{\omega=1}^{r}(\sum\limits_{i=1}^{n}x_{\omega1i}\big/\sum\limits_{i=1}^{n}X_{\omega1i})-\sum\limits_{\omega=1}^{r}[\sum\limits_{t=1}^{f}\lambda_{\omega1t}(\sum\limits_{i=1}^{n}x_{\omega1i}\big/\sum\limits_{i=1}^{n}X_{\omega1i})]}{f\sum\limits_{\omega=1}^{r}(\sum\limits_{i=1}^{n}x_{\omega1i}\big/\sum\limits_{i=1}^{n}X_{\omega1i})}$$

$$\times100\%$$

$$(1\leqslant i\leqslant n,\ 1\leqslant\omega\leqslant r,\ 1\leqslant t\leqslant f), \qquad\qquad (\text{III})$$

（数学模型（Ⅲ）的合理性论证与上同）

数学模型应用

某校大一（1）班 50 名学生，经调查统计得到他们对"勤奋学习"的道德认知测度和道德行为程度数据如下表。

大一（1）班学生对"勤奋学习"的认知及表现情况统计表

学号	行为程度 1	行为程度 2	行为程度 3	行为程度 4	认知测度
20214001	0.95	0.7	0.8	0.9	0.95
20214002	0.4	0.6	0.7	0.6	0.98
20214003	0.9	0.89	0.9	0.8	0.98
20214004	0.85	0.9	0.8	0.9	0.96
20214005	0.89	1	0.85	0.9	0.86
20214006	0.5	0.7	0.5	0.7	0.96
20214007	0.96	0.9	0.95	0.9	0.98
20214008	1	0.9	0.9	1	1
20214009	0.98	1	0.95	1	1
20214010	0.91	1	0.96	0.9	1
20214011	1	1	1	0.96	1
20214012	1	1	1	0.98	0.98
20214013	0.96	0.98	0.89	0.98	0.96
20214014	0.86	0.9	0.8	0.8	0.9
20214015	0.95	0.96	0.9	0.95	1
20214016	0.85	0.9	1	0.9	1
20214017	0.9	0.98	1	0.9	1
20214018	0.98	1	1	0.95	1
20214019	0.96	1	1	1	1
20214020	1	1	0.96	1	1

续表

学号	行为程度 1	行为程度 2	行为程度 3	行为程度 4	认知测度
20214021	1	1	0.95	1	1
20214022	1	0.98	1	0.96	1
20214023	1	0.9	1	0.89	1
20214024	1	0.95	1	0.89	0.96
20214025	0.9	1	0.95	0.9	0.95
20214026	0.98	1	0.95	0.95	1
20214027	0.8	0.9	0.96	1	1
20214028	0.95	1	0.9	1	1
20214029	0.96	1	1	1	1
20214030	0.86	0.96	0.9	0.9	1
20214031	1	1	1	1	1
20214032	1	1	1	1	1
20214033	1	0.98	0.9	0.9	0.98
20214034	1	0.78	0.84	0.9	0.8
20214035	1	0.9	0.68	1	0.9
20214036	0.98	0.89	0.89	0.9	0.9
20214037	0.95	0.9	0.9	0.9	0.95
20214038	0.9	0.9	1	1	1
20214039	0.8	0.9	0.8	0.9	1
20214040	0.6	0.7	0.6	0.8	0.8
20214041	1	0.95	1	0.9	1
20214042	1	0.98	1	1	1
20214043	0.96	0.96	0.9	1	0.96
20214044	0.98	0.89	0.8	0.9	0.9

学号	行为程度 1	行为程度 2	行为程度 3	行为程度 4	认知测度
20214045	0.9	0.95	0.8	0.8	0.95
20214046	1	1	1	1	1
20214047	1	1	1	1	1
20214048	1	1	1	1	1
20214049	0.6	0.8	0.9	0.8	0.9
20214050	1		0.95	1	1

试计算该班学生在"勤奋学习"上的道德知行离差率。

解:题中所给的条件是各位学生的各个道德行为程度和各个学

生对"勤奋学习"的道德认知测度,由数学模型(Ⅲ)和 $K_{R1} = \dfrac{\sum\limits_{\omega=1}^{r} K_{\omega 1}}{r} \times 100\%$ 得,

$$\beta_{R1} = \frac{K_{R1} - D_{R1}}{K_{R1}} \times 100\%$$

$$= \frac{K_{R1} - \sum\limits_{\omega=1}^{r} \left(\sum\limits_{t=1}^{f} K_{\omega 1} \lambda_{\omega 1 t} \right) \Big/ rf}{K_{R1}} \times 100\%$$

$$= \frac{\sum\limits_{\omega=1}^{r} K_{\omega 1} \Big/ r - \sum\limits_{\omega=1}^{r} \left(\sum\limits_{t=1}^{f} K_{\omega 1} \lambda_{\omega 1 t} \right) \Big/ rf}{\sum\limits_{\omega=1}^{r} K_{\omega 1} \Big/ r} \times 100\%$$

$$= \frac{f \sum\limits_{\omega=1}^{r} K_{\omega 1} - \sum\limits_{\omega=1}^{r} \left(\sum\limits_{t=1}^{f} K_{\omega 1} \lambda_{\omega 1 t} \right)}{f \sum\limits_{\omega=1}^{r} K_{\omega 1}} \times 100\%$$

将题中所给数据输入计算机,并利用上述数学模型计算,即可得到下表结果。

大一(1)班学生在"勤奋学习"上的道德知行离差率统计表

学号	行为程度1	行为程度2	行为程度3	行为程度4	道德认识测度	道德行为测度	知行离差率
20214001	0.95	0.7	0.8	0.9	0.95	0.795 625	0.162 5
20214002	0.4	0.6	0.7	0.6	0.98	0.563 5	0.425
20214003	0.9	0.89	0.9	0.8	0.98	0.855 05	0.127 5
20214004	0.85	0.9	0.8	0.9	0.96	0.828	0.137 5
20214005	0.89	1	0.85	0.9	0.86	0.782 6	0.09
20214006	0.5	0.7	0.5	0.7	0.96	0.576	0.4
20214007	0.96	0.9	0.95	0.9	0.98	0.908 95	0.072 5
20214008	1	0.9	0.9	1	1	0.95	0.05
20214009	0.98	1	0.95	1	1	0.982 5	0.017 5
20214010	0.91	1	0.96	0.9	1	0.942 5	0.057 5
20214011	1	1	1	0.96	1	0.99	0.01
20214012	1	1	1	0.98	0.98	0.975 1	0.005
20214013	0.96	0.98	0.89	0.98	0.96	0.914 4	0.047 5
20214014	0.86	0.9	0.8	0.8	0.9	0.756	0.16
20214015	0.95	0.96	0.9	0.95	1	0.94	0.06
20214016	0.85	0.9	1	0.9	1	0.912 5	0.087 5
20214017	0.9	0.98	1	0.9	1	0.945	0.055
20214018	0.98	1	1	0.95	1	0.982 5	0.017 5
20214019	0.96	1	1	1	1	0.99	0.01
20214020	1	1	0.96	1	1	0.99	0.01
20214021	1	1	0.95	1	1	0.987 5	0.012 5

学号	行为程度 1	行为程度 2	行为程度 3	行为程度 4	道德认识测度	道德行为测度	知行离差率
20214022	1	0.98	1	0.96	1	0.985	0.015
20214023	1	0.9	1	0.89	1	0.947 5	0.052 5
20214024	1	0.95	1	0.89	0.96	0.921 6	0.04
20214025	0.9	1	0.95	0.9	0.95	0.890 625	0.062 5
20214026	0.98	1	0.95	0.95	1	0.97	0.03
20214027	0.8	0.9	0.96	1	1	0.915	0.085
20214028	0.95	1	0.9	1	1	0.962 5	0.037 5
20214029	0.96	1	1	1	1	0.99	0.01
20214030	0.86	0.96	0.9	0.9	1	0.905	0.095
20214031	1	1	1	1	1	1	0
20214032	1	1	1	1	1	1	0
20214033	1	0.98	0.9	0.9	0.98	0.926 1	0.055
20214034	1	0.78	0.84	0.9	0.8	0.704	0.12
20214035	1	0.9	0.68	1	0.9	0.805 5	0.105
20214036	0.98	0.89	0.89	0.9	0.9	0.823 5	0.085
20214037	0.95	0.9	0.9	0.9	0.95	0.866 875	0.087 5
20214038	0.9	0.9	1	1	1	0.95	0.05
20214039	0.8	0.9	0.8	0.9	1	0.85	0.15
20214040	0.6	0.7	0.6	0.8	0.8	0.54	0.325
20214041	1	0.95	1	0.9	1	0.962 5	0.037 5
20214042	1	0.98	1	1	1	0.995	0.005
20214043	0.96	0.96	0.9	1	0.96	0.916 8	0.045
20214044	0.98	0.89	0.8	0.9	0.9	0.803 25	0.107 5

学号	行为 程度 1	行为 程度 2	行为 程度 3	行为 程度 4	道德认识 测度	道德行为 测度	知行 离差率
20214045	0.9	0.95	0.8	0.8	0.95	0.819 375	0.137 5
20214046	1	1	1	1	1	1	0
20214047	1	1	1	1	1	1	0
20214048	1	1	1	1	1	1	0
20214049	0.6	0.8	0.9	0.8	0.9	0.697 5	0.225
20214050	1	1	0.95	1	1	0.987 5	0.012 5
全班学生道德认知、道德行为测度和道德知行离差率					0.969 2	0.894 057	0.077 530 953

由表中数据可知,该班学生在"勤奋学习"上的道德知行离差率为 7.75%。

4. 新时代大学生群体在特定道德内容上的道德知行离差率的数学模型

新时代大学生群体在特定道德内容上的道德知行离差率,是指被评价的道德主体为两个或两个以上的集体,被评价的目标为特定的道德内容。在前面章节中,我们分别构建了群体在特定道德内容上的道德认知测度和道德行为测度数学模型,现在利用前面的数学模型来构建群体在特定道德内容上的道德知行离差率数学模型。由前文知,群体在特定道德内容上的道德认知测度、道德行为测度数学模型分别为

$$K_{RM} = \frac{\sum_{j=1}^{m} \left(\sum_{\omega=1}^{r} K_{\omega j} E_{oj} \right)}{r \sum_{j=1}^{m} E_{oj}} \times 100\%$$

$$= \frac{\sum\limits_{\omega=1}^{r} \left[\sum\limits_{j=1}^{m} K_{\omega j} E_{oj} \right]}{r \sum\limits_{j=1}^{m} E_{oj}} \times 100\%$$

$$(1 \leqslant \omega \leqslant r,\ 1 \leqslant j \leqslant m,\ 1 \leqslant i \leqslant n)$$

$$D_{RM} = \frac{\sum\limits_{\omega=1}^{r} \left[\sum\limits_{j=1}^{m} \left(\sum\limits_{t=1}^{f} K_{\omega j} E_{oj} \lambda_{\omega jt} \right) \right]}{fr \sum\limits_{j=1}^{m} E_{oj}} \times 100\%$$

$$(1 \leqslant \omega \leqslant r,\ 1 \leqslant j \leqslant m,\ 1 \leqslant t \leqslant f)$$

根据道德知行离差率定义,我们可以构建新时代大学生群体在特定道德内容上的道德知行离差率的数学模型。设群体在特定道德内容上的道德知行离差率为 β_{RM} ,则

$$\beta_{RM} = \frac{K_{RM} - D_{RM}}{K_{RM}} \times 100\%$$

$$= \frac{\dfrac{\sum\limits_{\omega=1}^{r} \left(\sum\limits_{j=1}^{m} K_{\omega j} E_{oj} \right)}{r \sum\limits_{j=1}^{m} E_{oj}} - \dfrac{\sum\limits_{\omega=1}^{r} \left[\sum\limits_{j=1}^{m} \left(\sum\limits_{t=1}^{f} K_{\omega j} E_{oj} \lambda_{\omega jt} \right) \right]}{fr \sum\limits_{j=1}^{m} E_{oj}}}{\dfrac{\sum\limits_{\omega=1}^{r} \left(\sum\limits_{j=1}^{m} K_{\omega j} E_{oj} \right)}{r \sum\limits_{j=1}^{m} E_{oj}}} \times 100\%$$

$$= \frac{f \sum\limits_{j=1}^{m} \sum\limits_{\omega=1}^{r} K_{\omega j} E_{oj} - \sum\limits_{\omega=1}^{r} \sum\limits_{j=1}^{m} \sum\limits_{t=1}^{f} K_{\omega j} E_{oj} \lambda_{\omega jt}}{f \sum\limits_{j=1}^{m} \sum\limits_{t=1}^{r} K_{\omega j} E_{oj}}$$

又因为 $K_{\omega j} = \sum\limits_{i=1}^{n} x_{\omega ji} \Big/ \sum\limits_{i=1}^{n} X_{\omega ji} \times 100\%$

所以

$$\beta_{RM} = \cfrac{\cfrac{\sum\limits_{\omega=1}^{r}\sum\limits_{j=1}^{m}\left(\sum\limits_{i=1}^{n}x_{\omega ji}\Big/\sum\limits_{i=1}^{n}X_{\omega ji}\right)E_{oj}}{r\sum\limits_{j=1}^{m}E_{oj}} - \cfrac{\sum\limits_{\omega=1}^{r}\sum\limits_{j=1}^{m}\sum\limits_{t=1}^{f}\left(\sum\limits_{i=1}^{n}x_{\omega ji}\Big/\sum\limits_{i=1}^{n}X_{\omega ji}\right)E_{oj}\lambda_{\omega jt}}{fr\sum\limits_{j=1}^{m}E_{oj}}}{\cfrac{\sum\limits_{\omega=1}^{r}\sum\limits_{j=1}^{m}\left(\sum\limits_{i=1}^{n}x_{\omega ji}/X_{\omega ji}\right)E_{oj}}{r\sum\limits_{j=1}^{m}E_{oj}}}$$

$$\times 100\%$$

$$= \cfrac{f\sum\limits_{\omega=1}^{r}\sum\limits_{j=1}^{m}\left(\sum\limits_{i=1}^{n}x_{\omega ji}\Big/\sum\limits_{i=1}^{n}X_{\omega ji}\right)E_{oj} - \sum\limits_{\omega=1}^{r}\sum\limits_{j=1}^{m}\sum\limits_{t=1}^{f}\left(\sum\limits_{i=1}^{n}x_{\omega ji}\Big/\sum\limits_{i=1}^{n}X_{\omega ji}\right)E_{oj}\lambda_{\omega ji}}{f\sum\limits_{\omega=1}^{r}\sum\limits_{j=1}^{m}\left(\sum\limits_{i=1}^{n}x_{\omega ji}\Big/\sum\limits_{i=1}^{n}X_{\omega ji}\right)E_{oj}}$$

$$\times 100\%$$

$$(1 \leqslant \omega \leqslant r,\ 1 \leqslant j \leqslant m,\ 1 \leqslant t \leqslant f,\ 1 \leqslant i \leqslant n) \qquad (\text{Ⅳ})$$

数学模型应用

某高校在学生中开展"诚信"状况调研活动,并把"诚信"分成"心口一致"和"言行一致"两个方面进行。随机抽样 50 名学生跟踪调查。经过一段时间以后,获得如下表数据。已知"心口一致"和"言行一致"的外在道德规范位能分别为 8.72、9.28,求该校在校学生在"诚信"上的道德知行离差率。

学生道德知行情况调查统计表

学生编号	心口一致				言行一致			
	程度 1	程度 2	程度 3	认知测度	测度 1	测度 2	测度 3	认知测度
1	0.9	1	0.96	1	0.9	0.9	0.89	0.96
2	0.8	0.86	0.86	95	0.89	0.86	0.95	0.9
3	0.86	0.85	0.96	0.68	0.68	0.7	0.65	0.89
4	0.85	0.96	0.85	0.96	0.95	0.85	0.85	0.95

学生编号	心口一致				言行一致			
	程度1	程度2	程度3	认知测度	测度1	测度2	测度3	认知测度
5	0.96	0.85	0.63	0.85	0.85	0.65	0.65	0.98
6	0.86	0.65	0.96	0.78	0.86	0.85	0.65	0.98
7	0.75	0.85	0.85	0.95	0.85	0.85	0.8	0.95
8	0.52	0.78	0.96	0.86	0.6	0.7	0.7	0.92
9	0.63	0.98	0.85	0.96	0.8	0.6	0.9	0.9
10	0.85	0.85	0.65	0.86	0.7	0.8	0.8	0.85
11	0.96	0.65	0.65	0.86	0.6	0.7	0.7	0.85
12	0.86	0.36	0.86	0.95	0.8	0.65	0.5	0.65
13	1	0.85	0.86	0.95	0.9	0.85	0.8	0.85
14	0.98	0.24	0.78	0.86	0.8	0.56	0.6	0.95
15	0.95	0.95	0.78	0.95	0.9	0.85	0.9	0.96
16	0.96	0.85	0.84	0.96	0.86	0.65	0.8	0.85
17	0.85	0.62	0.84	0.98	0.7	0.85	0.8	0.95
18	0.75	0.63	0.85	0.78	0.7	0.65	0.6	0.82
19	0.78	0.52	0.95	0.85	0.8	0.56	0.5	0.85
20	0.85	0.85	0.96	0.95	0.95	0.65	0.9	0.86
21	0.95	0.63	0.85	0.96	0.8	0.65	0.7	0.86
22	0.85	0.78	0.56	0.85	0.6	0.7	0	0.78
23	0.95	0.78	0.65	0.89	0.8	0.8	7	1
24	1	0.95	0.45	0.95	0.6	0.95	0.6	0.95
25	1	0.85	0.96	0.96	0.9	0.95	0.9	0.95
26	1	0.85	0.85	0.89	0.8	0.89	0.8	0.89
27	1	0.96	0.96	0.95	0.9	0.9	0.5	0.95

学生编号	心口一致				言行一致			
	程度1	程度2	程度3	认知测度	测度1	测度2	测度3	认知测度
28	1	0.56	0.85	0.65	0.8	0.6	0.6	0.85
29	0.96	1	0.85	0.86	0.95	0.9	0.8	0.96
30	0.96	1	0.95	1	0.95	1	0.9	0.96
31	0.96	0.85	0.95	0.95	0.86	0.8	0.8	0.95
32	0.85	0.95	0.86	0.9	0.85	0.95	0.9	0.85
33	0.85	0.85	0.25	0.9	0.85	0.5	0.6	0.95
34	0.65	0.65	0.56	0.7	0.8	0.6	0.5	0.85
35	0.85	0.96	0.85	0.9	0.8	0.85	0.8	0.85
36	0.96	0.85	0.65	0.8	0.78	0.7	0.8	0.95
37	0.87	0.75	0.85	0.8	0.7	0.65	0.7	0.85
38	0.87	0.75	0.65	0.8	0.75	0.8	0.8	0.95
39	0.85	0.95	0.56	0.7	0.8	0.85	0.8	0.96
40	0.54	0.65	0.45	0.6	0.6	0.45	0.6	0.89
41	0.23	0.86	0.26	0.5	0.3	0.26	0.3	0.95
42	0.86	0.85	0.85	0.78	0.8	0.85	0.85	0.95
43	0.95	0.78	0.89	0.85	0.65	0.65	0.9	0.98
44	0.95	0.87	0.98	0.9	0.85	0.85	0.8	0.96
45	0.85	0.98	0.86	0.9	0.9	0.95	0.8	0.86
46	0.95	0.56	0.56	0.65	0.86	0.65	0.98	0.83
47	0.87	0.95	0.85	0.85	0.56	0.85	0.5	0.85
48	0.98	0.95	0.95	0.95	0.85	0.95	0.65	0.95
49	1	0.86	1	1	0.95	1	0.95	0.95
50	0.98	1	0.98	1	1	1	0.95	0.96

解：题中所给的条件是每一位学生对诚信方面的两条道德规范的道德认知测度数据，以及在诚信方面的两条道德规范上所表现出来的道德行为程度，根据数学模型（Ⅳ）$\beta_{RM} = \dfrac{K_{RM} - D_{RM}}{K_{RM}} \times 100\%$，可以分别求出 K_{RM}、D_{RM}，而后求出 β_{RM}。由上文知，

$$K_{RM} = \frac{\sum\limits_{\omega=1}^{r}(\sum\limits_{j=1}^{m}K_{\omega j}E_{oj})}{\sum\limits_{j=1}^{m}rE_{oj}} \times 100\%$$

$$(1 \leqslant \omega \leqslant r, \ 1 \leqslant j \leqslant m, \ 1 \leqslant t \leqslant f)$$

$$D_{RM} = \frac{\sum\limits_{\omega=1}^{r}\left[\sum\limits_{j=1}^{m}(\sum\limits_{t=1}^{f}K_{\omega j}E_{oj}\lambda_{\omega jt})\right]}{fr\sum\limits_{j=1}^{m}E_{oj}} \times 100\%$$

$$(1 \leqslant \omega \leqslant r, \ 1 \leqslant j \leqslant m, \ 1 \leqslant t \leqslant f)$$

故可以根据 K_{RM}、D_{RM} 的数学模型，先利用计算机分别求出 K_{RM}、D_{RM}，其结果如下表。

大学生"诚信"的道德行为测度统计表

学生编号	心口一致					言行一致					行为价值	认知价值
	行为1	行为2	行为3	认知测度	位能	行为1	行为2	行为3	认知测度	位能		
1	0.9	1	0.96	1	8.72	0.9	0.9	0.89	0.96	9.28	16.301 3	17.628 8
2	0.8	0.86	0.86	0.95	8.72	0.89	0.86	0.95	0.9	9.28	14.475 4	16.636
3	0.86	0.85	0.96	0.68	8.72	0.68	0.7	0.65	0.89	9.28	10.866 1	14.188 8
4	0.85	0.96	0.85	0.96	8.72	0.95	0.85	0.85	0.95	9.28	15.209 9	17.187 2
5	0.96	0.85	0.63	0.85	8.72	0.85	0.65	0.65	0.98	9.28	12.546 1	16.506 4
6	0.86	0.65	0.96	0.78	8.72	0.86	0.85	0.65	0.98	9.28	12.754 2	15.896

学生编号	心口一致					言行一致					行为价值	认知价值
	行为1	行为2	行为3	认知测度	位能	行为1	行为2	行为3	认知测度	位能		
7	0.75	0.85	0.85	0.95	8.72	0.85	0.85	0.8	0.95	9.28	14.111 9	17.1
8	0.52	0.78	0.96	0.86	8.72	0.6	0.7	0.7	0.92	9.28	11.341 1	16.036 8
9	0.63	0.98	0.85	0.96	8.72	0.8	0.6	0.9	0.9	9.28	13.267 6	16.723 2
10	0.85	0.85	0.65	0.86	8.72	0.7	0.8	0.8	0.85	9.28	11.921 8	15.387 2
11	0.96	0.65	0.65	0.86	8.72	0.6	0.7	0.7	0.85	9.28	10.908 1	15.387 2
12	0.86	0.36	0.86	0.95	8.72	0.8	0.65	0.5	0.65	9.28	9.664 37	14.316
13	1	0.85	0.86	0.95	8.72	0.9	0.85	0.8	0.85	9.28	14.188	16.172
14	0.98	0.24	0.78	0.86	8.72	0.8	0.56	0.6	0.95	9.28	10.759 3	16.315 2
15	0.95	0.96	0.78	0.95	8.72	0.9	0.85	0.9	0.96	9.28	15.297 4	17.192 8
16	0.96	0.85	0.84	0.96	8.72	0.86	0.65	0.8	0.85	9.28	13.468 3	16.259 2
17	0.85	0.62	0.84	0.98	8.72	0.7	0.85	0.8	0.95	9.28	13.486	17.361 6
18	0.75	0.63	0.85	0.78	8.72	0.7	0.65	0.6	0.82	9.28	10.002 1	14.411 2
19	0.78	0.52	0.95	0.85	8.72	0.8	0.56	0.5	0.85	9.28	10.449 6	15.3
20	0.85	0.85	0.96	0.95	8.72	0.95	0.65	0.9	0.86	9.28	13.995 8	16.264 8
21	0.95	0.63	0.85	0.96	8.72	0.8	0.65	0.7	0.86	9.28	12.500 2	16.352
22	0.85	0.78	0.56	0.85	8.72	0.6	0.7	0	0.78	9.28	8.547 4	14.650 4
23	0.95	0.78	0.65	0.89	8.72	0.8	0.8	0.7	1	9.28	13.271 6	17.040 8
24	1	0.95	0.45	0.95	8.72	0.6	0.95	0.6	0.95	9.28	12.945 3	17.1
25	1	0.85	0.96	0.96	8.72	0.9	0.95	0.9	0.95	9.28	15.922 4	17.187 2
26	1	0.85	0.85	0.89	8.72	0.8	0.89	0.8	0.89	9.28	13.839 9	16.02
27	1	0.96	0.96	0.95	8.72	0.9	0.9	0.5	0.95	9.28	14.822	17.1
28	1	0.56	0.85	0.65	8.72	0.8	0.6	0.6	0.85	9.28	9.811 96	13.556
29	0.96	1	0.85	0.86	8.72	0.95	0.9	0.8	0.96	9.28	14.893 7	16.408

续表

学生编号	心口一致					言行一致					行为价值	认知价值
	行为1	行为2	行为3	认知测度	位能	行为1	行为2	行为3	认知测度	位能		
30	0.96	1	0.95	1	8.72	0.95	1	0.9	0.96	9.28	16.921 8	17.628 8
31	0.96	0.85	0.95	0.95	8.72	0.86	0.8	0.8	0.95	9.28	14.850 4	17.1
32	0.85	0.95	0.86	0.9	8.72	0.85	0.95	0.9	0.85	9.28	14.057 8	15.736
33	0.85	0.85	0.25	0.9	8.72	0.85	0.5	0.6	0.95	9.28	10.831 6	16.664
34	0.65	0.66	0.56	0.7	8.72	0.8	0.6	0.5	0.85	9.28	8.800 56	13.992
35	0.85	0.96	0.85	0.85	8.72	0.8	0.85	0.8	0.85	9.28	13.400 4	15.736
36	0.96	0.85	0.65	0.8	8.72	0.78	0.7	0.8	0.95	9.28	12.420 5	15.792
37	0.87	0.75	0.85	0.8	8.72	0.7	0.65	0.7	0.85	9.28	11.133 7	14.864
38	0.87	0.75	0.65	0.8	8.72	0.75	0.85	0.8	0.95	9.28	12.331 3	15.792
39	0.85	0.95	0.56	0.7	8.72	0.8	0.85	0.8	0.96	9.28	12.077 3	15.012 8
40	0.54	0.65	0.45	0.6	8.72	0.6	0.45	0.6	0.89	9.28	7.402 72	13.491 2
41	0.23	0.86	0.26	5	8.72	0.3	0.26	0.3	0.95	9.28	22.147 3	52.416
42	0.86	0.85	0.85	0.78	8.72	0.8	0.85	0.85	0.95	9.28	13.150 7	15.617 6
43	0.95	0.78	0.89	0.85	8.72	0.65	0.65	0.9	0.98	9.28	13.142 4	16.506 4
44	0.95	0.87	0.98	0.9	8.72	0.85	0.85	0.8	0.96	9.28	14.748 8	16.756 8
45	0.85	0.98	0.86	0.9	8.72	0.9	0.95	0.8	0.86	9.28	14.086 7	15.828 8
46	0.95	0.56	0.56	0.65	8.72	0.86	0.65	0.98	0.83	9.28	10.303 9	13.370 4
47	0.87	0.95	0.85	0.85	8.72	0.56	0.85	0.5	0.85	9.28	11.618 7	15.3
48	0.98	0.95	0.95	0.95	8.72	0.85	0.95	0.65	0.95	9.28	15.152 4	17.1
49	1	0.85	1	1	8.72	0.95	1	0.95	0.95	9.28	16.835 2	17.536
50	0.98	1	0.98	1	8.72	1	1	0.95	0.96	9.28	17.364 1	17.628 8
50名学生的价值量合计											654.347	837.554 4
该校学生在"诚信"上的平均道德行为/认知测度											0.727 1	0.930 6

将上表中的道德认知测度、道德行为测度代入公式（Ⅳ）：

$$\beta_{RM} = \frac{K_{RM} - D_{RM}}{K_{RM}} \times 100\% = \frac{0.930\,6 - 0.727\,1}{0.930\,6} = 21.87\%$$

由于此 50 名学生是随机抽样，故此 50 名学生可以代表该校全体学生。所以，该校在校学生在"诚信"方面的道德知行离差率为 21.87%。

二、新时代大学生道德知行趋近测度数学模型构建

新时代大学生道德知行趋近测度与道德知行离散测度相比，它是从另一个角度来揭示道德认知与道德行为之间的关系的。通过道德知行趋近测度，我们可以从另一个角度认识道德行为趋近于道德认知的程度，即道德知行统一程度。道德知行趋近测度用道德知行系数来表示。

（一）新时代大学生道德知行系数的定义

定义：将道德主体在特定的道德内容上所具有的道德行为测度与道德认知测度的比，称为道德知行系数。道德知行系数不大于 1，不小于 0。当道德知行系数为 1 时，道德知行完全统一；当道德知行系数小于 1 时，道德知行统一程度不完全。

（二）新时代大学生道德知行系数的数学模型

道德知行系数的数学模型分四步来建构，一是个体在单条道德规范上的道德知行系数的数学模型，二是个体在特定的道德内容上的道德知行系数的数学模型，三是群体在单条道德规范上的道德知行系数的数学模型，四是群体在特定的道德内容上的道德知行系数的数学模型。

1. 新时代大学生个体在单条道德规范上的道德知行系数的数学模型

新时代大学生个体在单条道德规范上的道德知行系数，它是揭示新时代大学生个体在一条道德规范上的道德行为与道德认知之间的统一程度，所评价的对象是一个个体，评价的目标是一条道德规

范。我们用个体在该条道德规范上所表现出来的道德行为测度占该个体对该条道德规范的道德认知测度的百分比来表示。在前面章节中,我们分别构建了新时代大学生群体在特定道德内容上的道德认知测度和道德行为测度数学模型,现在利用前面的数学模型来构建新时代大学生个体在单条道德规范上的道德知行系数的数学模型。由前文知,新时代大学生个体在单条道德规范上的道德认知测度、道德行为测度数学模型分别为

$$K_{11} = \frac{x_{111} + x_{112} + \cdots + x_{11n}}{X_{111} + X_{112} + \cdots + X_{11n}} \times 100\% = \sum_{i=1}^{n} x_{11i} \Big/ \sum_{i=1}^{n} X_{11i} \times 100\%$$

$$(1 \leqslant i \leqslant n),$$

$$D_{11} = \frac{K_{11}(\lambda_{111}E_o + \lambda_{112}E_o + \lambda_{113}E_o + \cdots + \lambda_{11f}E_o)}{fE_o} \times 100\%$$

$$= \frac{K_{11}(\lambda_{111} + \lambda_{112} + \lambda_{113} + \cdots + \lambda_{11f})}{f} \times 100\%$$

$$= \frac{\sum\limits_{t=1}^{f} K_{11}\lambda_{11t}}{f} \times 100\% \quad (1 \leqslant t \leqslant f)$$

根据定义,设新时代大学生个体在单条道德规范上的道德知行系数为 σ_{11},则

$$\sigma_{11} = \frac{D_{11}}{K_{11}}$$

$$= \frac{\sum\limits_{t=1}^{f} \left(\sum\limits_{i=1}^{n} x_{11i} \Big/ \sum\limits_{i=1}^{n} X_{11i} \right) \lambda_{11t}}{f} \Bigg/ \frac{\sum\limits_{i=1}^{n} x_{11i} \Big/ \sum\limits_{i=1}^{n} X_{11i}}{}$$

$$= \frac{\sum\limits_{t=1}^{f} \lambda_{11t}}{f} \quad (1 \leqslant t \leqslant f) \tag{I}$$

由新时代大学生道德知行系数数学模型（Ⅰ）知，新时代大学生个体在单条道德规范上的道德知行系数在量值上与个体的道德认知测度无关，主体的道德行为程度有关。

新时代大学生道德知行系数数学模型（Ⅰ），是由上文的新时代大学生个体在单条道德规范上的道德认知测度、道德行为测度，根据道德知行系数的定义建构的，故其合理性也就无须再作说明。

数学模型应用

某校对学生"勤奋学习"的品德进行道德知行离差状况调查。学生王晓在勤奋学习方面的道德行为程度为：作业认真程度91％，作业订正程度95％，课堂认真听讲程度87％，课堂上眼、脑、手并用程度72％，课外作业完成程度90％，课余时间利用率85％，学习钻研程度80％，除作业以外的阅读量68％，除作业以外的所做习题量56％。请计算王晓在勤奋学习方面的道德知行统一程度。

解：将题中所给数据代入道德知行系数数学模型（Ⅰ）$\sigma_{11} = \dfrac{D_{11}}{K_{11}}$

$$\times 100\% = \frac{\sum\limits_{t=1}^{f} \lambda_{11t}}{f} \text{ 得}$$

$$\sigma_{11} = \frac{0.91 + 0.95 + 0.87 + 0.72 + 0.90 + 0.85 + 0.80 + 0.68 + 0.56 +}{9}$$

$$= 0.804\,4$$

答：王晓在勤奋学习方面的道德知行统一程度是0.804 4。

2. 新时代大学生个体在特定道德内容上的道德知行系数的数学模型

新时代大学生个体在特定道德内容上的道德知行系数，是指被评价的道德主体为一个人，被评价的目标为特定道德内容，揭示个体在特定道德内容上的道德知行统一程度。在前面章节中，我们分别构建了新时代大学生个体在特定道德内容上的道德认知测度和道德行为测度数学模型,现在利用前面的数学模型来构建新时代大学生个体在特定道德内容上的道德知行系数数学模型。由前文知,新时代大学生个体在特定道德内容上的道德认知测度、道德行为测度数学模型分别为

$$K_{1M} = \frac{K_{11}E_{o1} + K_{12}E_{o2} + K_{13}E_{o3} + \cdots + K_{1m}E_{om}}{E_{o1} + E_{o2} + E_{o3} + \cdots + E_{om}} \times 100\%$$

$$= \sum_{j=1}^{m} K_{1j}E_{oj} \Big/ \sum_{j=1}^{m} E_{oj} \times 100\% \qquad (1 \leqslant j \leqslant m)$$

$$D_{1M} = \frac{\sum\limits_{t=1}^{f} K_{11}E_{o1}\lambda_{11t} + \sum\limits_{t=1}^{f} K_{12}E_{o2}\lambda_{12t} + \cdots + \sum\limits_{t=1}^{f} K_{1m}E_{om}\lambda_{1mt}}{f\sum\limits_{j=1}^{m} E_{oj}} \times 100\%$$

$$= \frac{\sum\limits_{j=1}^{m} \left(\sum\limits_{t=1}^{f} K_{1j}E_{oj}\lambda_{1jt} \right)}{f\sum\limits_{j=1}^{m} E_{oj}} \times 100\%$$

$$(1 \leqslant t \leqslant f, \ 1 \leqslant j \leqslant m)$$

根据定义,设新时代大学生个体在特定道德内容上的道德知行系数为 σ_{1M},则

$$\sigma_{1M} = \frac{D_{1M}}{K_{1M}} = \frac{\dfrac{\sum\limits_{j=1}^{m} \left(\sum\limits_{t=1}^{f} K_{1j}E_{oj}\lambda_{1jt} \right)}{f\sum\limits_{j=1}^{m} E_{oj}}}{\dfrac{\sum\limits_{j=1}^{m} K_{1j}E_{oj}}{\sum\limits_{j=1}^{m} E_{oj}}} = \frac{\sum\limits_{j=1}^{m} \left(\sum\limits_{t=1}^{f} K_{1j}E_{oj}\lambda_{1jt} \right)}{f\sum\limits_{j=1}^{m} K_{1j}E_{oj}}$$

$$(1 \leqslant t \leqslant f, \ 1 \leqslant j \leqslant m) \tag{II}$$

数学模型应用

在上文例题中已经计算出黄大干对 30 条道德规范的道德认知测度是 85.214%，在 30 条道德规范上的道德行为程度为 72.86%。请计算黄大干在此 30 条道德规范上的道德知行统一程度。

解：根据题意，此题是求关于新时代大学生个体在多条道德规范上的道德知行系数的，即是求关于新时代大学生个体在特定道德内容上的道德知行系数，故可利用数学模型（Ⅱ）求得。

$$\sigma_{1M} = \frac{D_{1M}}{K_{1M}} = \frac{72.86\%}{85.214\%} \approx 0.855$$

答：黄大干在此 30 条道德规范上的道德知行统一程度为 0.855。

3. 新时代大学生群体在单条道德规范上的道德知行系数的数学模型

新时代大学生群体在单条道德规范上的道德知行系数，是指被评价的道德主体为两个或两个以上的集体，被评价的目标为单条道德规范，即是求新时代大学生群体在单条道德规范上的道德知行统一程度。在前面章节中，我们分别构建了新时代大学生群体在单条道德规范上的道德认知测度和道德行为测度数学模型，现在利用前面的数学模型来构建新时代大学生群体在单条道德规范上的道德知行系数数学模型。由前文知，新时代大学生群体在单条道德规范上的道德认知测度、道德行为测度数学模型分别为

$$K_{R1} =$$

$$\frac{\sum_{i=1}^{n} x_{11i} \Big/ \sum_{i=1}^{n} X_{11i} + \sum_{i=1}^{n} x_{21i} \Big/ \sum_{i=1}^{n} X_{21i} + \sum_{i=1}^{n} x_{31i} \Big/ \sum_{i=1}^{n} X_{31i} + \cdots + \sum_{i=1}^{n} x_{r1i} \Big/ \sum_{i=1}^{n} X_{r1i}}{r}$$

$$\times 100\%$$

$$= \frac{\sum_{\omega=1}^{r} \left(\sum_{i=1}^{n} x_{\omega 1i} \Big/ \sum_{i=1}^{n} X_{\omega 1i} \right)}{r} \times 100\% \quad (1 \leqslant i \leqslant n, \ 1 \leqslant \omega \leqslant r),$$

$$D_{R1} = \frac{\dfrac{\sum\limits_{t=1}^{f} K_{11}\lambda_{11t}}{f} + \dfrac{\sum\limits_{t=1}^{f} K_{21}\lambda_{21t}}{f} + \dfrac{\sum\limits_{t=1}^{f} K_{31}\lambda_{31t}}{f} + \cdots + \dfrac{\sum\limits_{t=1}^{f} K_{r1}\lambda_{r1t}}{f}}{r} \times 100\%$$

$$= \frac{\sum\limits_{\omega=1}^{r}\left(\sum\limits_{t=1}^{f} K_{\omega 1}\lambda_{\omega 1t}\right)}{rf} \times 100\% \quad (1 \leqslant \omega \leqslant r,\ 1 \leqslant t \leqslant f),$$

根据定义,设新时代大学生群体在单条道德规范上的道德知行系数为 σ_{R1},则

$$\sigma_{R1} = \frac{D_{R1}}{K_{R1}} = \frac{\dfrac{\sum\limits_{\omega=1}^{r}\left(\sum\limits_{t=1}^{f} K_{\omega 1}\lambda_{\omega 1t}\right)}{rf}}{\dfrac{\sum\limits_{\omega=1}^{r}\left(\sum\limits_{i=1}^{n} x_{\omega 1i} \Big/ \sum\limits_{i=1}^{n} X_{\omega 1i}\right)}{r}} = \frac{\sum\limits_{\omega=1}^{r}\sum\limits_{t=1}^{f}\left(\sum\limits_{i=1}^{n} x_{\omega 1i} \Big/ \sum\limits_{i=1}^{n} X_{\omega 1i}\right)\lambda_{\omega 1t}}{f\sum\limits_{\omega=1}^{r}\left(\sum\limits_{i=1}^{n} x_{\omega 1i} \Big/ \sum\limits_{i=1}^{n} X_{\omega 1i}\right)}$$

$$(1 \leqslant i \leqslant n,\ 1 \leqslant t \leqslant f,\ 1 \leqslant \omega \leqslant r) \qquad (\text{Ⅲ})$$

数学模型应用

某校大一(1)班 50 名学生,他们在"勤奋学习"上的道德认知测度和道德行为测度分别为 96.92%、89.41%。求该班在"勤奋学习"上的道德知行统一程度。

解:根据题中所给条件,本题是求新时代大学生群体在单条道德规范上的道德认知统一性,即求新时代大学生群体在单条道德规范上的道德知行系数。所以

$$\sigma_{R1} = \frac{D_{R1}}{K_{R1}} = \frac{89.41\%}{96.92\%} = 0.922\,5$$

答:该班在"勤奋学习"上的道德知行统一程度为 0.922 5。

4. 新时代大学生群体在特定道德内容上的道德知行系数的数学模型

新时代大学生群体在特定道德内容上的道德知行系数,是指被评价的新时代大学生道德主体为两个或两个以上的集体,被评价的目标为特定的道德内容。在前面章节中,我们分别构建了新时代大学生群体在特定道德内容上的道德认知测度和道德行为测度数学模型,现在利用前面的数学模型来构建新时代大学生群体在特定道德内容上的道德知行系数的数学模型。由前文知,新时代大学生群体在特定道德内容上的道德认知测度、道德行为测度数学模型分别为

$$K_{RM} = \frac{\sum\limits_{j=1}^{m}\left(\sum\limits_{\omega=1}^{r}K_{\omega j}E_{oj}\right)}{\sum\limits_{j=1}^{m}rE_{oj}} \times 100\%$$

$$= \frac{\sum\limits_{\omega=1}^{r}\left(\sum\limits_{j=1}^{m}K_{\omega j}E_{oj}\right)}{\sum\limits_{j=1}^{m}rE_{oj}} \times 100\%$$

$$= \frac{\sum\limits_{\omega=1}^{r}\left[\sum\limits_{j=1}^{m}\left(\sum\limits_{i=1}^{n}x_{\omega ji}\Big/\sum\limits_{i=1}^{n}X_{\omega ji}\right)E_{oj}\right]}{\sum\limits_{j=1}^{m}rE_{oj}} \times 100\%$$

$$(1\leqslant\omega\leqslant r,\ 1\leqslant j\leqslant m,\ 1\leqslant i\leqslant n)$$

$$D_{RM} = \frac{\sum\limits_{\omega=1}^{r}\left[\sum\limits_{j=1}^{m}\left(\sum\limits_{t=1}^{f}K_{\omega j}E_{oj}\lambda_{\omega jt}\right)\right]}{fr\sum\limits_{j=1}^{m}E_{oj}} \times 100\%$$

$$(1\leqslant\omega\leqslant r,\ 1\leqslant j\leqslant m,\ 1\leqslant t\leqslant f)$$

根据道德知行系数的定义,我们可以构建新时代大学生群体在特定道德内容上的道德知行系数的数学模型。设新时代大学生群体

在特定道德内容上的道德知行系数为 σ_{RM}，则

$$\sigma_{RM} = \frac{D_{RM}}{K_{RM}}$$

$$= \frac{\sum\limits_{\omega=1}^{r}\left[\sum\limits_{j=1}^{m}\left(\sum\limits_{t=1}^{f} K_{\omega j}E_{oj}\lambda_{\omega jt}\right)\right]\Big/ fr\sum\limits_{j=1}^{m}E_{oj}}{\sum\limits_{\omega=1}^{r}\left(\sum\limits_{j=1}^{m}K_{\omega j}E_{oj}\right)\Big/ r\sum\limits_{j=1}^{m}E_{oj}}$$

$$= \frac{\sum\limits_{\omega=1}^{r}\left[\sum\limits_{j=1}^{m}\left(\sum\limits_{t=1}^{f} K_{\omega j}E_{oj}\lambda_{\omega jt}\right)\right]}{f\sum\limits_{\omega=1}^{r}\left(\sum\limits_{j=1}^{m}K_{\omega j}E_{oj}\right)}$$

$$(1\leqslant\omega\leqslant r,\ 1\leqslant j\leqslant m,\ 1\leqslant t\leqslant f) \tag{IV}$$

数学模型应用

某高校在学生中开展"诚信"状况调研活动，并把"诚信"分成"心口一致"和"言行一致"两个方面进行。随机抽样 50 名学生跟踪调查。经过一段时间以后，获得如下表数据。已知"心口一致"和"言行一致"的外在道德规范位能分别为 8.72、9.28，求该校在校学生在"诚信"上的道德知行合一程度。

学生道德知行情况调查统计表

学生编号	心口一致				言行一致			
	行为程度1	行为程度2	行为程度3	认知测度	行为测度1	行为测度2	行为测度3	认知测度
1	0.9	1	0.96	1	0.9	0.9	0.89	0.96
2	0.8	0.86	0.86	95	0.89	0.86	0.95	0.9
3	0.86	0.85	0.96	0.68	0.68	0.7	0.65	0.89
4	0.85	0.96	0.85	0.96	0.95	0.85	0.85	0.95
5	0.96	0.85	0.63	0.85	0.85	0.65	0.65	0.98
6	0.86	0.65	0.96	0.78	0.86	0.85	0.65	0.98

学生编号	心口一致				言行一致			
	行为程度1	行为程度2	行为程度3	认知测度	行为测度1	行为测度2	行为测度3	认知测度
7	0.75	0.85	0.85	0.95	0.85	0.85	0.8	0.95
8	0.52	0.78	0.96	0.86	0.6	0.7	0.7	0.92
9	0.63	0.98	0.85	0.96	0.8	0.6	0.9	0.9
10	0.85	0.85	0.65	0.86	0.7	0.8	0.8	0.85
11	0.96	0.65	0.65	0.86	0.6	0.7	0.7	0.85
12	0.86	0.36	0.86	0.95	0.8	0.65	0.5	0.65
13	1	0.85	0.86	0.95	0.9	0.85	0.8	0.85
14	0.98	0.24	0.78	0.86	0.8	0.56	0.6	0.95
15	0.95	0.95	0.78	0.95	0.9	0.85	0.9	0.96
16	0.96	0.85	0.84	0.96	0.86	0.65	0.8	0.85
17	0.85	0.62	0.84	0.98	0.7	0.85	0.8	0.95
18	0.75	0.63	0.85	0.78	0.7	0.65	0.6	0.82
19	0.78	0.52	0.95	0.85	0.8	0.56	0.5	0.85
20	0.85	0.85	0.96	0.95	0.95	0.65	0.9	0.86
21	0.95	0.63	0.85	0.96	0.8	0.65	0.7	0.86
22	0.85	0.78	0.56	0.85	0.6	0.7	0	0.78
23	0.95	0.78	0.65	0.89	0.8	0.8	7	1
24	1	0.95	0.45	0.95	0.6	0.95	0.6	0.95
25	1	0.85	0.96	0.96	0.9	0.95	0.9	0.95
26	1	0.85	0.85	0.89	0.8	0.89	0.8	0.89
27	1	0.96	0.96	0.95	0.9	0.9	0.5	0.95
28	1	0.56	0.85	0.65	0.8	0.6	0.6	0.85
29	0.96	1	0.85	0.86	0.95	0.9	0.8	0.96
30	0.96	1	0.95	1	0.95	1	0.9	0.96

续表

学生编号	心口一致				言行一致			
	行为程度 1	行为程度 2	行为程度 3	认知测度	行为测度 1	行为测度 2	行为测度 3	认知测度
31	0.96	0.85	0.95	0.95	0.86	0.8	0.8	0.95
32	0.85	0.95	0.86	0.9	0.85	0.95	0.9	0.85
33	0.85	0.85	0.25	0.9	0.85	0.5	0.6	0.95
34	0.65	0.65	0.56	0.7	0.8	0.6	0.5	0.85
35	0.85	0.96	0.85	0.9	0.8	0.85	0.8	0.85
36	0.96	0.85	0.65	0.8	0.78	0.7	0.8	0.95
37	0.87	0.75	0.8	0.8	0.7	0.65	0.7	0.85
38	0.87	0.75	0.65	0.8	0.75	0.85	0.8	0.95
39	0.85	0.95	0.56	0.7	0.8	0.85	0.8	0.96
40	0.54	0.65	0.45	0.6	0.6	0.45	0.6	0.89
41	0.23	0.86	0.26	0.5	0.3	0.26	0.3	0.95
42	0.86	0.85	0.85	0.78	0.8	0.85	0.85	0.95
43	0.95	0.78	0.89	0.85	0.65	0.65	0.9	0.98
44	0.95	0.87	0.98	0.9	0.85	0.85	0.8	0.96
45	0.85	0.98	0.86	0.9	0.9	0.95	0.8	0.86
46	0.95	0.56	0.56	0.65	0.86	0.65	0.98	0.83
47	0.87	0.95	0.85	0.85	0.56	0.85	0.5	0.85
48	0.98	0.95	0.95	0.95	0.85	0.95	0.65	0.95
49	1	0.86	1	1	0.95	1	0.95	0.95
50	0.98	1	0.98	1	1	1	0.95	0.96

求该校在校学生在"诚信"上的道德知行统一程度。

解:题中所给的条件是每一位学生对诚信方面的两条道德规范的道德认知测度数据,以及在诚信方面的两条道德规范上所表现出来的道德行为程度,以及两条道德规范的外在道德规范位能。这是一道关于求某高校在学生中开展"诚信"状况调研活动,并把"诚信"分成"心口一致"和"言行一致"两个方面进行。随机抽样 50 名学生跟踪调查。经过一段时间以后,获得如下表数据。已知"心口一致"和"言行一致"的外在道德规范位能分别为 8.72、9.28,求该校在校学生在"诚信"上的道德知行合一程度。

根据道德知行系数的数学模型(Ⅳ)

$$\sigma_{RM} = \frac{D_{RM}}{K_{RM}}$$

$$= \frac{\sum\limits_{\omega=1}^{r} \Big[\sum\limits_{j=1}^{m} \big(\sum\limits_{t=1}^{f} K_{\omega j} E_{oj} \lambda_{\omega jt} \big) \Big]}{f \sum\limits_{\omega=1}^{r} \big(\sum\limits_{j=1}^{m} K_{\omega j} E_{oj} \big)}$$

将已知数据输入计算机电子表格中,利用计算机计算,即可得到下表结果。

大学生"诚信"的道德行为测度统计表

学生编号	心口一致					言行一致					行为价值	认知价值
	行为1	行为2	行为3	认知测度	位能	行为1	行为2	行为3	认知测度	位能		
1	0.9	1	0.96	1	8.72	0.9	0.9	0.89	0.96	9.28	16.301 3	17.628 8
2	0.8	0.86	0.86	0.95	8.72	0.89	0.86	0.95	0.9	9.28	14.475 4	16.636
3	0.86	0.85	0.96	0.68	8.72	0.68	0.7	0.65	0.89	9.28	10.866 1	14.188 8
4	0.85	0.96	0.85	0.96	8.72	0.95	0.85	0.85	0.95	9.28	15.209 9	17.187 2
5	0.96	0.85	0.63	0.85	8.72	0.85	0.65	0.65	0.98	9.28	12.546 1	16.506 4
6	0.86	0.65	0.96	0.78	8.72	0.86	0.85	0.65	0.98	9.28	12.754 2	15.896
7	0.75	0.85	0.85	0.95	8.72	0.85	0.85	0.85	0.95	9.28	14.111 9	17.1
8	0.52	0.78	0.96	0.86	8.72	0.6	0.7	0.7	0.92	9.28	11.341 1	16.036 8
9	0.63	0.98	0.85	0.96	8.72	0.8	0.6	0.9	0.9	9.28	13.267 6	16.723 2

学生编号	心口一致					言行一致					行为价值	认知价值
	行为1	行为2	行为3	认知测度	位能	行为1	行为2	行为3	认知测度	位能		
10	0.85	0.85	0.65	0.86	8.72	0.7	0.8	0.8	0.85	9.28	11.921 8	15.387 2
11	0.96	0.65	0.65	0.86	8.72	0.6	0.7	0.7	0.85	9.28	10.908 1	15.387 2
12	0.86	0.36	0.86	0.95	8.72	0.8	0.65	0.5	0.65	9.28	9.664 37	14.316
13	1	0.85	0.86	0.95	8.72	0.9	0.85	0.8	0.85	9.28	14.188	16.172
14	0.98	0.24	0.78	0.86	8.72	0.8	0.56	0.6	0.95	9.28	10.759 3	16.315 2
15	0.95	0.96	0.78	0.95	8.72	0.9	0.85	0.9	0.96	9.28	15.297 4	17.192 8
16	0.96	0.85	0.84	0.96	8.72	0.86	0.65	0.8	0.85	9.28	13.468 3	16.259 2
17	0.85	0.62	0.84	0.98	8.72	0.7	0.85	0.8	0.95	9.28	13.486	17.361 6
18	0.75	0.63	0.85	0.78	8.72	0.7	0.65	0.6	0.82	9.28	10.002 1	14.411 2
19	0.78	0.52	0.95	0.85	8.72	0.8	0.56	0.5	0.85	9.28	10.449 6	15.3
20	0.85	0.85	0.96	0.95	8.72	0.95	0.65	0.9	0.86	9.28	13.995 8	16.264 8
21	0.95	0.63	0.85	0.96	8.72	0.8	0.65	0.7	0.86	9.28	12.500 2	16.352
22	0.85	0.78	0.56	0.85	8.72	0.6	0.7	0	0.78	9.28	8.547 4	14.650 4
23	0.95	0.78	0.65	0.89	8.72	0.8	0.8	0.7	1	9.28	13.271 6	17.040 8
24	1	0.95	0.45	0.95	8.72	0.6	0.95	0.6	0.95	9.28	12.945 3	17.1
25	1	0.85	0.96	0.96	8.72	0.9	0.95	0.9	0.95	9.28	15.922 4	17.187 2
26	1	0.85	0.85	0.89	8.72	0.8	0.89	0.8	0.89	9.28	13.839 9	16.02
27	1	0.96	0.96	0.95	8.72	0.9	0.9	0.5	0.95	9.28	14.822	17.1
28	1	0.56	0.85	0.65	8.72	0.8	0.6	0.6	0.85	9.28	9.811 96	13.556
29	0.96	1	0.85	0.86	8.72	0.95	0.9	0.8	0.96	9.28	14.893 7	16.408
30	0.96	1	0.95	1	8.72	0.95	1	0.9	0.96	9.28	16.921 8	17.628 8
31	0.96	0.85	0.95	0.95	8.72	0.86	0.8	0.8	0.95	9.28	14.850 4	17.1
32	0.85	0.95	0.86	0.9	8.72	0.85	0.95	0.9	0.85	9.28	14.057 8	15.736
33	0.85	0.85	0.25	0.9	8.72	0.85	0.5	0.6	0.95	9.28	10.831 6	16.664

续表

学生编号	心口一致					言行一致					行为价值	认知价值
	行为1	行为2	行为3	认知测度	位能	行为1	行为2	行为3	认知测度	位能		
34	0.65	0.66	0.56	0.7	8.72	0.8	0.6	0.5	0.85	9.28	8.800 56	13.992
35	0.85	0.96	0.85	0.9	8.72	0.8	0.85	0.8	0.85	9.28	13.400 4	15.736
36	0.96	0.85	0.65	0.8	8.72	0.78	0.7	0.8	0.95	9.28	12.420 5	15.792
37	0.87	0.75	0.85	0.8	8.72	0.7	0.65	0.7	0.85	9.28	11.133 7	14.864
38	0.87	0.75	0.65	0.8	8.72	0.75	0.85	0.8	0.95	9.28	12.331 3	15.792
39	0.85	0.95	0.56	0.7	8.72	0.8	0.85	0.8	0.96	9.28	12.077 3	15.012 8
40	0.54	0.65	0.45	0.6	8.72	0.6	0.45	0.6	0.89	9.28	7.402 72	13.491 2
41	0.23	0.86	0.26	5	8.72	0.3	0.26	0.3	0.95	9.28	22.147 3	52.416
42	0.86	0.85	0.85	0.78	8.72	0.8	0.85	0.85	0.95	9.28	13.150 7	15.617 6
43	0.95	0.78	0.89	0.8	8.72	0.65	0.65	0.9	0.98	9.28	13.142 4	16.506 4
44	0.95	0.87	0.98	0.8	8.72	0.85	0.8	0.9	0.95	9.28	14.748 8	16.756 8
45	0.85	0.98	0.86	0.9	8.72	0.9	0.95	0.8	0.86	9.28	14.086 7	15.828 8
46	0.95	0.56	0.56	0.65	8.72	0.86	0.65	0.98	0.83	9.28	10.303 9	13.370 4
47	0.87	0.95	0.85	0.85	8.72	0.56	0.85	0.5	0.85	9.28	11.618 7	15.3
48	0.98	0.95	0.95	0.95	8.72	0.85	0.95	0.65	0.95	9.28	15.152 4	17.1
49	1	0.86	1	1	8.72	0.95	1	0.95	0.95	9.28	16.835 2	17.536
50	0.98	1	0.98	1	8.72	1	1	0.95	0.96	9.28	17.364 1	17.628 8
50 名学生的价值量合计											654.347	837.554 4
该校学生在"诚信"上的平均道德行为/认知测度											0.727 1	0.930 6

$$\sigma_{RM} = \frac{D_{RM}}{K_{RM}} = \frac{0.727\ 1}{0.930\ 6} = 0.781\ 3$$

　　答:该校在校学生在"诚信"上的道德知行系数是 0.781 3,即该校在校学生在"诚信"上的道德知行合一程度为 78.13%。

第九章　新时代大学生道德品质量化测评方法

第一节　新时代大学生道德品质测度构建的必要性

构建新时代大学生道德品质测度是否必要？从现实的需要与道德品质测评的功能和作用两个方面看都是非常必要的。

1. 从新时代大学生道德建设的现实需要看，迫切需要科学合理的道德品质测评理论。一是高校德育工作迫切需要量化评价理论。高校德育工作评价是高校德育工作的重要环节，这个环节把握得好坏，将直接影响高校德育工作的效果。而高校德育工作的效果直接反映在高校德育工作对象的道德品质的变化上，因此，对新时代大学生个体或集体的道德品质测评，也是对高校德育工作的测评。但是，由于高校道德品质测评理论跟不上现实的需要，就用大而化之的笼统评价代替科学、具体的评价，导致高校德育工作不重实效，德育首位变为德育虚位，严重影响人才培养质量。要改变这种境况，必须完善高校德育工作的评价环节，充分发挥评价环节的作用。二是新时代大学生个体的道德品质养成迫切需要量化评价理论。人都是在一定的价值定位下产生行为的，没有人愿意去做无意义、无价值的事。人在道德品质养成上也不例外。因此，对具有了一定道德品质的人作出一个合理的价值定位，也是在导引新时代大学生向这个价值方向努力。但是，由于高校道德品质评价理论的滞后，不能够对新时代大学生的道德品质作出客观合理的评价，因此，导致新时代大学生逐渐淡化了这种价值追求。高校道德建设的现实迫切需要一种科学的评价理论,对新时代大学生的道德品质作出一个客观的评价,从而唤醒新时代大学生对道德价值的追求。三是用人、升学、工作分配、职业与专业咨询等迫切需要新时代大学生道德品质的量化评价理论。在用人、升学、工作分配、职业与专业咨询上,都需要对新时代大学生的道德品质进行定位。但是,由于道德品质评价理论的滞后,对新时代大学生道德品质评价的结果存在问题很多,严重影响了用人、升学等方面的质量和效果。

2. 从道德品质测评的功能和作用上看也是必要的。道德品质测评主要有如下功能:

(1)评定功能。道德品质测评最为显著的特征,就是对个体或集体的道德品质表现,运用科学的方法和正确的途径,按一定的检测目标进行价值判断,通过对大量的数据处理,给出具体的综合性的数据量值,直观明确地对个体或集体的道德品质进行价值定位。评定功能的正向发挥表现为导向作用。所谓导向作用,即对受教育者自我修养与教育工作的定向引导。道德品质测评中的测评目标及测评内容,无形中为新时代大学生后继的修养树起了奋斗目标与努力方向,也为教育者提供了德育工作的方向与直接目标。然而,评定功能的反向发挥,则表现为片面追求评定结果,为评定而进行德育,为评定而修养行为,甚至弄虚作假,文过饰非。

(2)区分功能。道德品质测评的第二个显著功能就是根据各测评对象的量化定位,能够很具体地区分测评对象间的差异性,以便对他们进行比较。区分功能的正向发挥表现为激励作用。所谓激励作用,是指因道德品质测度把不同对象区分出差异,而激发起教育者与受教育者的某种奋进动机,激发他们的内部活力,促使他们积极向上。而区分功能的反向发挥,则表现为紧张、焦虑、自暴自弃或骄傲自满、嫉妒或无所谓。

（3）反馈功能。道德品质测评的第三个显著功能，就是通过道德品质测评，各德育主体能够了解与掌握道德品质的变化情况，教育者与受教育者、家长和他人均能掌握与认识被测评者的有关情况与道德品质面貌。反馈功能的正向发挥，表现为诊断作用、管理作用、协调作用与控制作用。所谓诊断作用，是指德育主体或客体通过了解测评结果，知道好在哪里、差在哪里，优点是什么、缺点是什么，找到成功与失败的原因；所谓协调作用，是指各德育主体通过参与道德品质测评活动，既知道道德品质实际状况又知道道德品质培养要求，因而能够自觉地协调自己的行为；所谓管理作用，是指各德育主体或管理者，通过参与道德品质测评活动，了解到德育目标要求及实际工作效果偏离目标的程度，会自觉进行调整与组织有关的德育因素，使工作与效果尽可能逼近德育目标；所谓控制作用，是指各受教育者与教育者，通过直接参与道德品质测评，知道什么行为应该提倡，什么行为应该反对，什么行为应该发扬，什么行为应该抑制，从而会自觉地控制各自的行为，使德育成为一个可控、有序的优化工作系统。道德品质测评反馈功能的反向发挥，则表现为约束限制作用。由于道德品质测评的标准对于学生来说，具有"法定"性和权威性。凡是那些测评目标中尚未规定的东西，就容易被学生或教师所轻视和忽视。凡是那些测评目标中规定了的东西，则会引起师生们去加倍重视。有些人为了获得高评价，往往会违背个性和谐与自然发展的规律，强迫自己去迎合测评的需要，甚至以舍弃某些合理的个性发展来换取高评价的近期效果。

（4）教育功能。道德品质测评第四个较为显著的功能就是各德育主体通过直接参与测评，会激发出教育的自觉性和责任感。道德品质测评教育功能的正向发挥，表现为改进作用。所谓改进作用是指各教育主体（包括受教育者）通过直接参与测评，及时获得德育过程及效果信息，可以及时强化、及时调节和及时修正德育工作，使德育工作不断得到改进和完善，达到整体优化和全面提高。道德品质测评教育功能的反向发挥,则表现为掩饰缺点,吹嘘优点,弄虚作假,甚至产生抵触情绪,相互闹矛盾。

(5)预测功能。道德品质测评的第五个较为显著特征,就是鉴往通今,鉴今预来,借助道德品质现状的测评与分析,对个体或集体将来的发展做出某种估计。预测功能的正向发挥,表现为选拔作用。所谓选拔作用,即根据道德品质水平差异及其特征的后延性,能够有效地从众多的对象中选择少数符合条件的对象。预测功能的反向发挥,则表现为阻碍个性发展与潜能发挥。无论道德品质测评的结果是否正确,当人们用孤立、静止、绝对的观点来看待时,则道德品质测评对个体或集体的潜能与个性发展,容易产生阻碍作用。

此外,道德品质测评还有研究作用、传导作用、决策咨询作用等。道德品质测评目标及具体标准制定的合理性为德育的序列化、层次化提供了正确的依据。测评结果为人们分析德育方法、德育内容及德育工作的有效性提供了客观依据,为德育方案与计划的制定提供了科学依据。

然而,以上的道德品质测评的功能与作用不是绝对的,它能否发挥积极作用,避免消极作用,还取决于高校如何利用道德品质测评。当高校注意了这些问题时,就有可能提高新时代大学生道德品质测评的效果与作用,发挥道德品质功能的正向效用。

由道德品质测评的功能和作用可以发现,道德品质测度正可以解决上述的现实需要。因此说,构建新时代大学生道德品质测度理论是非常必要的。

第二节　新时代大学生道德品质测度构建的可行性

构建新时代大学生道德品质测度理论是否可行? 这要从道德品质的概念上进行分析。在上文中,我们对道德品质进行了专门的探讨。从概念上看,学界对此有了较为一致的看法。在伦理学中,罗国杰先生在其所编的《伦理学》中认为:"道德品质是一定社会的道德原则和规范在个人思想和行为中的体现,是一个人在一系列的道德行为中所表现出来的比较稳定的特征和倾向"。[①]王海明先生在其所著的《新伦理学》中认为:道德品质"是一个人在长期的、一系列的行为中所表现出来的稳定的、恒久的、整体的心理状态"。[②]

在教育心理学中,道德品质是指个人依据一定的道德行为准则行动时所表现出来的某些稳定的特征,它是个性中具有道德评价意义的核心部分。

由此看来,学界对道德品质的认识具有以下一致性:(1)道德品质是一种比较稳定的特征和倾向;(2)道德品质是一个人在长期的、一系列的行为中所表现出来的;(3)道德品质是一定社会的道德原则和规范在个人思想和行为中的体现。

由道德品质的概念,可以得出下列结论:

1. 道德品质具有一个较为稳定的量值。从道德品质是一种比较稳定的特征和倾向来看,道德品质具有相对稳定性。根据马克思主义的观点,世界上没有无质的量,也没有无量的质,任何事物都是质与量的有机统一体。著名的教育测量学者桑代克也曾断言,凡是存在的东西都会有数量,凡是有数量的东西都可以测量。因此,道德品质不但有数量,而且由于其稳定性决定其数量的量值是较为稳定的。这就说明道德品质的数量是可以捕捉到的,并且所捕捉到的数量具有一定的稳定性,因此,所捕捉到的量值具有道德品质的评价意义。

2. 道德品质可以通过道德行为进行测量。由道德品质是一个人在长期的、一系列的行为中所表现出来的规定性知,道德品质是可以

---

①　罗国杰:《伦理学》,人民出版社 1989 年版,第 394 页。
②　王海明:《新伦理学》,商务印书馆 2002 年版,第 604—605 页。

通过一个人在长期的、一系列的行为表现来评价的。这在上文中已作了专门探讨,并且论证了主体的行为可以完全地揭示主体的道德品质。这样,我们只要尽可能多地捕捉主体的道德行为,就能使我们的评价趋于客观。

3. 道德品质可以用道德规范作为尺度。由道德品质是一定社会的道德原则和规范在个人行为中的体现可知,道德品质是一种道德原则和规范。它是存在于主体内部,表现在主体外部的行为之中。我们在上文中对此曾作过阐释,并且在道德品质结构的论述中,提出了道德品质的内在要素的集合与外在要素的集合形成内外影射集合结构。这样,我们就可以以道德规范为标准对主体的外在道德行为进行测量,所测量出来的量值就可以认定为主体的道德品质量值。

由于道德规范揭示的是一个"应然"状态,即是一个"应当"值,而主体所产生的实际道德行为是纷繁复杂的,并且与"应当"的要求相比,还存在一定的差距。如果要真实地揭示主体的道德行为水平,那么,一是要根据道德规范的要求对道德行为进行分类,即符合同一道德规范要求的道德行为为一个类道德行为。二是对每一个道德行为与应当产生的行为进行比较,界定具体的道德行为程度。这样,我们就可以统计出主体在一条或多条道德规范上的道德行为测度(见道德行为测度理论),为道德品质测度理论的建立提供真实的依据。

由于道德规范体系是一个价值体系,道德规范自身的价值量如何界定? 不同的道德规范之间的价值量如何区别? 如果说能够解决这两个问题,那么为主体的道德行为进行定量分析也就可行了,即构建新时代大学生道德品质测度理论就可行了。为此,我们在上文中引入道德位能的概念。在道德位能的概念阐述中,从道德规范的社会效用的角度探讨道德规范具有能的属性,并可以从道德规范的重要性角度为道德规范位能赋值。这为道德行为的价值量的确定,从源头上找到了依据。

由上述分析可知,道德品质既然具有较稳定的量,而且可以以道德规范为标准,通过道德行为进行测量,那么,构建新时代大学生道德品质测度理论的可行性也就很显然了。

第三节　新时代大学生道德品质测度数学模型构建

若要构建新时代大学生道德品质测度的数学模型,首先要能够对评价新时代大学生道德品质的标准进行赋值,而后才能建构其数学模型。由上文知,道德品质评价是通过评价道德行为来实现的,评价道德行为的标准是道德规范,而道德规范的价值量是由道德规范的社会效用决定,即由道德规范的社会重要性所决定。因此,如果说能够对道德规范的社会重要性进行赋值,那么就可以对道德规范进行赋值。在上文讨论道德位能一节中,我们正是通过对道德规范的社会重要性的赋值,来实现对外在道德规范位势的赋值,从而实现对道德规范位能的赋值。那么,道德规范位能的量值是否就是道德规范的价值量? 由上文对道德规范位能的讨论知:外在道德规范位能是揭示道德规范的理想值,即"应当"值的。它是通过对道德规范重要性的调查统计而获得。内在道德规范位能揭示的是道德主体在相应道德规范上的品质水平,即是揭示主体所具有支撑其产生道德行为的程度。它是通过对道德行为的调查统计获得。道德位能是从社会的角度揭示道德主体所具有的符合社会某一标准的道德品质,即我们通常所说的"道德品质"。也就是说,主体所具有的道德位能的量值,就是主体所具有的道德品质的量值。它是由外在道德规范位能与内在道德规范位能相乘获得。由此可见,只要能够为道德位能建立测度数学模型,也就是为道德品质建立了测度数学模型。

一、新时代大学生外在道德规范位能的数学模型构建

新时代大学生外在道德规范位能的数学模型构建,我们在上文已经作出了构建。由上文知,若用 E_{oj}、V_{oj} 分别表示某条外在道德规范的位能、位势,则 $E_{oj} = V_{oj}$;如设 E_o 为特定 m 条道德规范的集合位能,则 $E_o = \sum_{j=1}^{m} E_{oj} = \sum_{j=1}^{m} V_{oj}$。 若考虑道德评价力度的影响,那么,设道德评价力度参数为 T, $0 \leqslant T \leqslant 1$,则 $E_{oj} = TV_{oj}$, $E_o = \sum_{j=1}^{m} E_{oj} = \sum_{j=1}^{m} TV_{oj}$,其中,当 $T = 1$ 时,道德评价力度处于理想状态;当 $T = 0$ 时,道德评价力度为 0。其中外在道德规范位势是由社会对外在道德规范广泛认同的重要性所决定。

二、新时代大学生内在道德规范位能的数学模型构建

由上文知,新时代大学生内在道德规范位能的量值是由内部道德规范位势所决定,也就是该条道德规范被新时代大学生道德主体所认识到的重要性决定。这种重要性又是由该条道德规范被主体内化的程度决定。并且其位能、位势、内化程度三者成正相关。这样,某条外在道德规范被新时代大学生主体内化的程度量值,可以被认为与该条外在道德规范在新时代大学生道德主体身上所具有的位势在量值上相等。如果当内在道德规范位势为零量值时,其位能量值也看着零,那么,某条内在道德规范的位势量值就等于其位能量值。当某条外在道德规范没有被新时代大学生主体内化时,并主体存在背离该条道德规范的倾向,此时,本文定义新时代大学生主体对该条道德规范具有负位势和负位能,背离程度越大,其负位势和负位能的绝对值越大。因此,要拟构新时代大学生内在道德规范位能数学模型,必须用数值表示道德规范内化程度的量值,并使所赋予的值能够

揭示内化程度的量值。

　　为此,我们先讨论新时代大学生道德规范内化程度的赋值。道德规范内化程度的值是一个程度量,它是指道德主体对道德规范内化了多少的概念,即是把道德规范看成单位"1",主体对其内化了几分之几的概念,通常是用百分比来表示。当主体对道德规范完全内化了以后,主体在相应道德规范上的内化程度为百分之百,此时,为道德规范内化程度赋值为1;当主体对道德规范完全没有内化并无背离现象时,主体在相应道德规范上的内化程度为零,此时,为道德规范内化程度赋值为0;当主体对道德规范存在背离现象时,此时我们称之为反内化,此时主体在相应道德规范上的内化程度为负值。关于道德规范内化程度的量值,可以从道德认知测度和道德行为测度两个方面获得。根据上文的分析,道德认知是道德感情、道德意志产生的必要条件,道德认知、道德感情、道德意志共同形成主体的道德心理,并在主体的外部行为上表现出来,形成内外一一对应关系。这样,我们就可以从新时代大学生主体的道德认知和道德行为上探寻道德规范内化程度的量值。通常可以认为:新时代大学生主体对道德规范有了道德认知以后,并能够产生相应的道德行为,这就表明新时代大学生主体对该道德规范有了相应的内化程度。基于这种认识,我们就可以通过道德认知、道德行为的调查统计,由道德认知、道德行为测度来确定道德规范内化程度的量值。正常情况下,人的道德认知水平与道德行为水平存在一定的差异,道德认知水平要高于道德行为水平。因此,道德认知测度结果不能完全代表内化程度,应当乘上一个道德知行离合系数。道德行为测度是可以表示道德规范内化程度量值的,因为道德行为测度是建立在道德认知基础上的,已经剔除了非道德认知行为。

　　根据上文的分析,内在道德规范位势、位能的量值与新时代大学生主体对相应的道德规范的内化程度的量值相等。即当新时代大学生主体对道德规范完全内化时,也把内在道德规范位势、位能的量值看成单位"1"；当新时代大学生主体对道德规范有了部分内化时，也把内在道德规范位势、位能的量值看成单位"1"的几分之几，正常也用百分比表示。这样，我们就可以根据上述的赋值为内在道德规范位能构建数学模型。

（一）新时代大学生个体在单条道德规范上的内在道德规范位能数学模型

新时代大学生个体在单条道德规范上的内在道德规范位能数学模型，它是揭示个体在单条道德规范上所具有的内在道德规范能量，即是揭示新时代大学生个体在单条道德规范上支撑其产生道德行为的能量。新时代大学生个体在单条道德规范上的内在道德规范位能越大，其道德行为水平越趋近于该条道德规范的要求；新时代大学生个体在单条道德规范上的内在道德规范位能越小，其道德行为水平越远离于该条道德规范的要求。

设新时代大学生个体在单条道德规范上的内在道德规范位势、位能分别为 V_{b11}、E_{b11}，那么

$$E_{b11} = V_{b11} = \sigma_{11} K_{11} = D_{11} = \frac{\sum\limits_{t=1}^{f} K_{11}\lambda_{11t}}{f} \times 100\% \quad (1 \leqslant t \leqslant f)$$

$$（\text{I}）$$

（二）新时代大学生个体在特定的道德内容上的内在道德规范位能的数学模型

新时代大学生个体在特定道德内容上的内在道德规范位能数学模型，它是揭示新时代大学生个体在特定道德内容上所具有的内在道德规范能量，即是揭示新时代大学生个体在特定道德内容上支撑其产生道德行为的能量。新时代大学生个体在特定道德内容上的内在道德规范位能越大，其道德行为水平越趋近于该道德内容的要求；新时代大学生个体在特定道德内容上的内在道德规范位能越小，其

道德行为水平越远离于该道德内容的要求。

设新时代大学生个体在特定道德内容上的内在道德规范位势、位能分别为 V_{b1M}、E_{b1M}，那么

$$E_{b1M} = V_{b1M} = \sigma_{1M} K_{1M} = D_{1M}$$

$$= \frac{\sum\limits_{j=1}^{m} \left(\sum\limits_{t=1}^{f} K_{1j} E_{oj} \lambda_{1jt} \right)}{f \sum\limits_{j=1}^{m} E_{oj}} \times 100\%$$

$$(1 \leqslant t \leqslant f,\ 1 \leqslant j \leqslant m) \qquad (\text{II})$$

（三）新时代大学生群体在单条道德规范上的内在道德规范位能的数学模型

新时代大学生群体在单条道德规范上的内在道德规范位能数学模型，它是揭示新时代大学生群体在单条道德规范上所具有的内在道德规范能量，即是揭示新时代大学生群体在单条道德规范上支撑其产生道德行为的能量。新时代大学生群体在单条道德规范上的内在道德规范位能越大，其道德行为水平越趋近于该条道德规范的要求；新时代大学生群体在单条道德规范上的内在道德规范位能越小，其道德行为水平越远离于该条道德规范的要求。

设新时代大学生群体在单条道德规范上的内在道德规范位势、位能分别为 V_{bR1}、E_{bR1}，那么

$$E_{bR1} = V_{bR1} = \sigma_{R1} K_{R1} = D_{R1} = \frac{\sum\limits_{\omega=1}^{r} \left(\sum\limits_{t=1}^{f} K_{\omega 1} \lambda_{\omega 1t} \right)}{rf} \times 100\%$$

$$(1 \leqslant t \leqslant f,\ 1 \leqslant \omega \leqslant r) \qquad (\text{III})$$

（四）新时代大学生群体在特定道德内容上的内在道德规范位能的数学模型

新时代大学生群体在特定道德内容上的内在道德规范位能数学

模型,它是揭示新时代大学生群体在特定道德内容上所具有的内在道德规范能量,即是揭示新时代大学生群体在特定道德内容上支撑其产生道德行为的能量。新时代大学生群体在特定道德内容上的内在道德规范位能越大,其道德行为水平越趋近于该道德内容的要求;新时代大学生群体在特定道德内容上的内在道德规范位能越小,其道德行为水平越远离于该道德内容的要求。

设新时代大学生群体在特定道德内容上的内在道德规范位势、位能分别为 V_{bRm}、E_{bRm},那么

$$E_{bRM} = V_{bRM} = \sigma_{RM} K_{RM} = D_{RM}$$

$$D_{RM} = \frac{\sum_{\omega=1}^{r} \left[\sum_{j=1}^{m} \left(\sum_{t=1}^{f} K_{\omega j} E_{oj} \lambda_{\omega jt} \right) \right]}{fr \sum_{j=1}^{m} E_{oj}} \times 100\%$$

$$(1 \leqslant \omega \leqslant r, \ 1 \leqslant j \leqslant m, \ 1 \leqslant t \leqslant f) \qquad (\text{IV})$$

三、新时代大学生道德位能的数学模型构建

由上文知,新时代大学生道德位能是揭示道德主体在特定的道德体系中所具有的综合的道德能量,它的评价标准是该道德体系的价值标准。只有应用该道德体系的价值标准,才能真实地揭示道德主体在该道德体系中所具有的道德位能。在同一个道德体系中所有的道德规范都是该道德体系所认可的应该如何的道德规范,都具有该道德体系认定的善的价值;与该道德体系中的道德规范相违背的其他道德体系中的道德规范视为恶,都具有该道德体系认定的善的负价值。也就是说,只要道德主体遵守该道德体系内的道德规范,都被该道德体系的评价标准判定为善;只要遵守非该道德体系中的道德规范,即违反了该道德体系中的规范,都被该道德体系的评价标准判定为恶。事实上,我们在日常生活中都是站在一定的立场上评价

主体的善恶的,也就是站在特定的道德体系的立场上评价主体的善恶的,满足该道德体系的善的价值标准的称为道德善,不满足该道德体系的善的价值标准的称为道德恶。设属于道德善的外在道德规范位势、位能大于零,属于道德恶的外在道德规范位势、位能小于零,无善恶的外在道德规范位势、位能为零;道德主体对其有认同倾向的内在道德规范位势、位能大于零,道德主体对其存在背离倾向的内在道德规范位势、位能小于零,道德主体对其无任何倾向的内在道德规范位势、位能为零。

由关于新时代大学生道德位能一节的理论分析知,道德位势、道德位能既由社会的客观评价决定,又由道德主体的主观评价决定。它是道德主体的主观评价与社会的客观评价相统一的结果。因此,要体现道德位能的这种统一性,一是要确定主体评价、社会评价的量值,二是要找到这两者之间统一的数学关系。关于主体的评价量值,由上文知,就是新时代大学生内在道德规范位能的量值;关于社会评价的量值,由上文知,就是新时代大学生外在道德规范位能的量值;关于两者之间统一的数学关系在道德位能一节的理论分析中已经给出:道德位能是道德主体身上所具有的一切内在道德规范位能与其相对应的外在道德规范位能的乘积之和。其中对应乘积是指同一条道德规范所具有的外在道德规范位能与内在道德规范位能的积。依此分析,我们可以为道德位能构建数学模型。

(一)新时代大学生个体在单条道德规范上的道德位能数学模型

新时代大学生个体在单条道德规范上的道德位能数学模型,它是揭示新时代大学生个体在单条道德规范上所具有的道德能量,即是揭示新时代大学生个体在单条道德规范上支撑其产生具有社会价值意义的道德行为的能量。新时代大学生个体在单条道德规范上的道德位能越大,其道德行为的社会价值越趋近于该条道德规范所要求的社会价值;新时代大学生个体在单条道德规范上的道德位能越小,其道德行为的社会价值越远离于该条道德规范所要求的社会价值。

设新时代大学生个体在单条道德规范上的道德位势、位能分别为 V_{11}、E_{11},那么

$$E_{11} = E_{o1}E_{b11} = E_{o1}D_{11} = \frac{E_{o1}\sum\limits_{t=1}^{f}K_{11}\lambda_{11t}}{f} \qquad (1 \leqslant t \leqslant f) \qquad (\text{Ⅰ})$$

(二) 新时代大学生个体在特定道德内容上的道德位能数学模型

新时代大学生个体在特定道德内容上的道德位能数学模型,它是揭示新时代大学生个体在特定道德内容上所具有的道德能量,即是揭示新时代大学生个体在特定道德内容上支撑其产生具有社会价值意义的道德行为的能量。新时代大学生个体在特定道德内容上的道德位能越大,其道德行为的社会价值越趋近于该道德内容所要求的社会价值;新时代大学生个体在特定道德内容上的道德位能越小,其道德行为的社会价值越远离于该道德内容所要求的社会价值。

设新时代大学生个体在特定道德内容上的道德位能为 E_{1M},那么

$$\begin{aligned} E_{1M} &= E_{o1}E_{b11} + E_{o2}E_{b12} + E_{o3}E_{b13} + \cdots + E_{om}E_{b1m} \\ &= \frac{\sum\limits_{j=1}^{m}\left(\sum\limits_{t=1}^{f}E_{oj}K_{1j}\lambda_{1jt}\right)}{f} \end{aligned}$$

$$(1 \leqslant t \leqslant f,\ 1 \leqslant j \leqslant m) \qquad (\text{Ⅱ})$$

（三）新时代大学生群体在单条道德规范上的道德位能数学模型

新时代大学生群体在单条道德规范上的道德位能数学模型，它是揭示新时代大学生群体在单条道德规范上所具有的道德能量，即是揭示新时代大学生群体在单条道德规范上支撑其产生具有社会价值意义的道德行为的能量。新时代大学生群体在单条道德规范上的道德位能越大，其道德行为的社会价值越趋近于该条道德规范所要求的社会价值；新时代大学生群体在单条道德规范上的道德位能越小，其道德行为的社会价值越远离于该条道德规范所要求的社会价值。

设新时代大学生群体在单条道德规范上的平均道德位能为 E_{R1}，那么

$$E_{R1}=E_{o1}E_{bR1}=E_{o1}D_{R1}=\frac{\sum\limits_{\omega=1}^{r}(\sum\limits_{t=1}^{f}E_{o1}K_{\omega 1}\lambda_{\omega 1t})}{rf}$$

$$(1\leqslant t\leqslant f,\ 1\leqslant\omega\leqslant r) \tag{III}$$

（四）新时代大学生群体在特定道德内容上的道德位能数学模型

新时代大学生群体在特定道德内容上的道德位能数学模型，它是揭示新时代大学生群体在特定道德内容上所具有的道德能量，即是揭示新时代大学生群体在特定道德内容上支撑其产生具有社会价值意义的道德行为的能量。新时代大学生群体在特定道德内容上的道德位能越大，其道德行为的社会价值越趋近于该道德内容所要求的社会价值；新时代大学生群体在特定道德内容上的道德位能越小，其道德行为的社会价值越远离于该道德内容所要求的社会价值。

设新时代大学生群体在特定道德内容上的平均道德位能为

E_{RM}，那么

$$E_{RM} = E_{R1} + E_{R2} + E_{R3} + \cdots + E_{Rm}$$

$$= \frac{\sum\limits_{\omega=1}^{r}\left(\sum\limits_{t=1}^{f}E_{o1}K_{\omega1}\lambda_{\omega1t}\right)}{rf} + \frac{\sum\limits_{\omega=1}^{r}\left(\sum\limits_{t=1}^{f}E_{o2}K_{\omega2}\lambda_{\omega2t}\right)}{rf} +$$

$$\frac{\sum\limits_{\omega=1}^{r}\left(\sum\limits_{t=1}^{f}E_{o3}K_{\omega3}\lambda_{\omega3t}\right)}{rf} + \cdots + \frac{\sum\limits_{\omega=1}^{r}\left(\sum\limits_{t=1}^{f}E_{om}K_{\omega m}\lambda_{\omega mt}\right)}{rf}$$

$$= \frac{\sum\limits_{j=1}^{m}\left[\sum\limits_{\omega=1}^{r}\left(\sum\limits_{t=1}^{f}E_{oj}K_{\omega j}\lambda_{\omega jt}\right)\right]}{fr}$$

$$(1 \leqslant \omega \leqslant r, \ 1 \leqslant j \leqslant m, \ 1 \leqslant t \leqslant f) \qquad (\text{Ⅳ})$$

四、新时代大学生道德品质测度的数学模型构建

由对道德位能的理论分析和数学模型构建过程可知,道德位能是从社会的角度揭示道德主体在特定道德内容上所具有的道德能量,在量值上反映的是道德主体在该道德内容中的 m 条道德规范上具有了多少能量,是一种绝对量。譬如:在特定的道德内容中,随机抽取 m 条道德规范,对此 m 条道德规范进行社会重要性调查统计,最后获得此 m 条道德规范的外在道德规范位能的总和为 86 个能量单位。这 86 个能量单位是该 m 条道德规范的"应当"值。但是,在实际道德生活中,道德主体不一定完全内化了该 m 条道德规范,也就是说,道德主体在此 m 条道德规范上所具有的道德位能的量值不大于 86 个能量单位,如具有 75 个能量单位。这 75 个能量单位就是道德主体所具有的实际能量量值,是一种绝对量。这种绝对量所表达的含义与道德品质所要求表达的含义有所不同。道德品质在量值上是一个相对量,是相对"应当"值而言的,是指道德主体的道德品质

的量值趋近于"应当"值的程度,通常用百分比表示。由上文知,外在道德规范位能揭示的是"应当"值,即"应然"值;道德位能揭示的是道德主体所具有的道德品质的实际值,即"实然"值;那么,"实然"值趋近于"应然"值的百分比也就很容易求出了。因此,道德品质测度数学模型可以构建如下:

（一）新时代大学生个体在单条道德规范上的道德品质测度数学模型

设个体在单条道德规范上的道德品质测度为 P_{11},则

$$P_{11} = \frac{E_{11}}{E_{o1}} \times 100\% = \frac{E_{o1} \sum_{t=1}^{f} K_{11}\lambda_{11t}}{E_{o1}f} \times 100\% = \frac{\sum_{t=1}^{f} K_{11}\lambda_{11t}}{f} \times 100\%$$

$$(1 \leqslant t \leqslant f) \qquad\qquad （\text{I}）$$

（二）新时代大学生个体在特定道德内容上的道德品质测度数学模型

设个体在特定道德内容上的道德品质测度为 P_{1M},则

$$P_{1M} = \frac{E_{1M}}{E_{o1} + E_{o2} + E_{o3} + \cdots + E_{om}} \times 100\% = \frac{\sum_{j=1}^{m} (\sum_{t=1}^{f} E_{oj}K_{1j}\lambda_{1jt})}{f \sum_{j=1}^{m} E_{oj}} \times 100\%$$

$$(1 \leqslant t \leqslant f,\ 1 \leqslant j \leqslant m) \qquad\qquad （\text{II}）$$

（三）新时代大学生群体在单条道德规范上的道德品质测度数学模型

设群体在单条道德规范上的道德品质测度为 P_{R1},则

$$P_{R1} = \frac{E_{R1}}{E_{o1}} \times 100\% = \frac{\sum_{\omega=1}^{r} (\sum_{t=1}^{f} K_{\omega 1}\lambda_{\omega 1t})}{rf} \times 100\%$$

$$(1 \leqslant t \leqslant f , 1 \leqslant \omega \leqslant r) \qquad (\text{III})$$

（四）新时代大学生群体在特定道德内容上的道德品质测度数学模型

设群体在特定道德内容上的道德品质测度为 P_{RM}，则

$$P_{RM} = (E_{R1} + E_{R2} + \cdots + E_{Rm})/(E_{o1} + E_{o2} + \cdots + E_{om}) \times 100\%$$

$$= \left[\frac{\sum\limits_{\omega=1}^{r}(\sum\limits_{t=1}^{f} E_{o1} K_{\omega 1} \lambda_{\omega 1t})}{rf} + \frac{\sum\limits_{\omega=1}^{r}(\sum\limits_{t=1}^{f} E_{o2} K_{\omega 2} \lambda_{\omega 2t})}{rf} \right.$$

$$\left. + \cdots + \frac{\sum\limits_{\omega=1}^{r}(\sum\limits_{t=1}^{f} E_{om} K_{\omega m} \lambda_{\omega mt})}{rf} \right] \Big/ (E_{o1} + E_{o2} + \cdots + E_{om}) \times 100\%$$

$$= \frac{\sum\limits_{j=1}^{m} \left[\sum\limits_{\omega=1}^{r}(\sum\limits_{t=1}^{f} E_{oj} K_{\omega j} \lambda_{\omega jt}) \right]}{fr \sum\limits_{j=1}^{m} E_{oj}} \times 100\%$$

$$(1 \leqslant \omega \leqslant r , 1 \leqslant j \leqslant m , 1 \leqslant t \leqslant f) \qquad (\text{IV})$$

五、数学模型应用

例题 1.某大学对学生在勤奋学习、诚实守信、遵纪守法、热爱祖国、作息规律、仪表仪态、友善他人、体谅宽厚、关心集体、乐于助人十条规范上评测学生道德品质。已知各条道德规范的重要性调查统计结果如表 1，A、B、C 三名学生在此 10 条道德规范上的内在道德规范位势如表 2。试求该三名学生在此 10 条道德规范上的道德位能。

表1　大学生品德测评目标重要性调查统计表

认同度类别 ＼ 规范	勤奋学习	诚实守信	遵纪守法	热爱祖国	作息规律	仪表仪态	友善他人	体谅宽厚	关心集体	乐于助人
最重要	42/46	23/46	34/46	40/46	11/46	5/46	26/46	5/46	27/46	23/46
比较重要	3/46	17/46	6/46	5/46	23/46	14/46	16/46	9/46	16/46	19/46
一般重要	0	5/46	6/46	1/46	10/46	9/46	3/46	20/46	3/46	2/46
比较不重要	0	1/46	0	0	2/46	8/46	0	12/46	0	2/46
最不重要	0	0	0	0	0	10/46	0	0	0	0

表2　A、B、C三名学生的内在道德规范位势统计表

位势对象 ＼ 规范	勤奋学习	诚实守信	遵纪守法	热爱祖国	作息规律	仪表仪态	友善他人	体谅宽厚	关心集体	乐于助人
A	0.786	0.712	0.835	0.876	0.698	−0.352	0.874	0.189	0.836	0.425
B	0.456	−0.473	0.683	0.655	0.452	0.321	0.352	−0.186	0.354	0.578
C	0.932	0.872	0.911	0.892	0.879	0.683	0.954	0.869	0.798	0.869

解：首先确定这些外在道德规范所具有的重要性(即外在道德规范位势)。根据上表对46份问卷统计的结果,如果将重要性分为五档,其分值分别为:最重要100分、比较重要80分、一般重要60分、比较不重要40分、最不重要20分。那么,每条道德规范的重要性量值,可以通过用各档的分值乘以其对应的认同度后求和获得。经计算得到下表中的各条道德规范重要性量值(即外在道德规范位势量值)。

表3　10条道德规范的外在道德规范位势统计表

规范 项目	勤奋 学习	诚实 守信	遵纪 守法	热爱 祖国	作息 规律	仪表 仪态	友善 他人	体谅 宽厚	关心 集体	乐于 助人
重要性	96.52	86.96	92.17	96.96	78.70	58.26	88.26	63.04	90.43	87.39

其次,由道德位能数学模型(Ⅱ)知

$$E_{1M} = E_{o1}E_{b11} + E_{o2}E_{b12} + E_{o3}E_{b13} + \cdots + E_{o10}E_{b110}$$
$$= V_{o1}V_{b11} + V_{o2}V_{b12} + V_{o3}V_{b13} + \cdots + V_{o10}V_{b110}$$

那么,将表2和表3中的数据代入数学模型(Ⅱ),经计算即可得到下表结果。

表4　A、B、C三名学生在10条道德规范上的道德位能统计表

规范 学生	勤奋 学习	诚实 守信	遵纪 守法	热爱 祖国	作息 规律	仪表 仪态	友善 他人	体谅 宽厚	关心 集体	乐于 助人	E_{1M}
A	75.86	61.92	76.96	84.94	54.93	−20.51	77.14	11.91	75.60	37.14	535.89
B	44.01	−41.13	62.95	63.51	35.57	18.70	31.07	−11.73	32.01	50.51	285.47
C	89.96	75.83	83.97	86.49	69.18	39.79	84.20	54.78	72.16	75.94	728.3

答:该三名学生在所选定的10条道德规范上的道德位能分别为:A为535.89个能量单位,B为285.47个能量单位,C为728.3个能量单位。

例题2.某校对学生进行道德品质测评,已知学生黄大干在30条道德规范上的道德认知测度如表1,具体道德行为程度如表2,所选定的30条道德规范的重要性调查结果如表3。试计算学生黄大干的道德品质测度。

表1 学生黄大干对各条道德规范的认识测度统计表

$K_{11}=86\%$	$K_{16}=90\%$	$K_{111}=70\%$	$K_{116}=80\%$	$K_{121}=88\%$	$K_{126}=88\%$
$K_{12}=96\%$	$K_{17}=89\%$	$K_{112}=76\%$	$K_{117}=87\%$	$K_{122}=72\%$	$K_{127}=85\%$
$K_{13}=89\%$	$K_{18}=83\%$	$K_{113}=75\%$	$K_{118}=82\%$	$K_{123}=86\%$	$K_{128}=88\%$
$K_{14}=81\%$	$K_{19}=90\%$	$K_{114}=93\%$	$K_{119}=90\%$	$K_{124}=78\%$	$K_{129}=87\%$
$K_{15}=83\%$	$K_{110}=71\%$	$K_{115}=89\%$	$K_{120}=81\%$	$K_{125}=87\%$	$K_{130}=83\%$

表2 学生具体道德行为程度统计表

测评目标 \ 行为程度	行为程度1	行为程度2	行为程度3	行为程度4	行为程度5
节俭朴素	79%	82.00%	83%	82%	83%
学习勤奋	98%	91.00%	93%	94%	94%
关心集体	90%	87.60%	86%	88%	84%
谦虚谨慎	80%	81.20%	80%	84%	83%
诚实守信	86%	88.20%	90%	89%	91%
遵纪守法	92%	86.90%	92%	88%	84%
真诚友爱	81%	84.60%	86%	84%	85%
尊敬师长	88%	88.10%	91%	90%	90%
孝敬父母	85%	89.70%	88%	90%	92%
民主平等	69%	78.50%	80%	84%	81%
正直正义	78%	79.20%	80%	85%	79%
礼貌待人	85%	86.10%	89%	90%	89%
乐于助人	86%	79.40%	80%	83%	79%
热爱祖国	96%	91.20%	90%	98%	96%
拥护共产党	96%	90.60%	93%	96%	93%
言行一致	96%	84.30%	90%	90%	88%
自尊自信	89%	82.10%	89%	88%	86%

续表

测评目标 ＼ 行为程度	行为程度 1	行为程度 2	行为程度 3	行为程度 4	行为程度 5
爱护公物	84%	78.50%	82%	83%	80%
求知就底	83%	86.10%	87%	88%	85%
是非分明	90%	80.20%	86%	89%	88%
务实求效	92%	79.80%	84%	84%	80%
庄重随和	83%	73.50%	83%	80%	81%
开拓进取	94%	86.20%	90%	92%	84%
体谅宽厚	63%	76.50%	70%	72%	72%
清洁卫生	96%	84.20%	90%	89%	90%
举止文明	90%	89.20%	88%	90%	90%
意志坚强	86%	82.50%	88%	86%	84%
责任心强	93%	86.40%	90%	90%	91%
注重身体	90%	86.70%	92%	92%	90%
有理想	98%	84.30%	95%	90%	91%

表 3:30 条道德规范的重要性统计表

测评目标 ＼ 重要性	最重要	比较重要	一般重要	比较不重要	最不重要
(1) 节俭朴素	10/46	26/46	9/46	0	1/46
(2) 学习勤奋	42/46	4/46	0	0	0
(3) 关心集体	27/46	16/46	3/46	0	0
(4) 谦虚谨慎	16/46	20/46	7/46	3/46	0
(5) 诚实守信	23/46	17/46	5/46	1/46	0
(6) 遵纪守法	34/46	6/46	6/46	0	0
(7) 真诚友爱	14/46	22/46	10/46	0	0
(8) 尊敬师长	24/46	17/46	5/46	1/46	0

重要性 \ 测评目标	最重要	比较重要	一般重要	比较不重要	最不重要
(9) 孝敬父母	21/46	20/46	3/46	2/46	0
(10) 民主平等	4/46	13/46	14/46	10/46	5/46
(11) 正直正义	14/46	20/46	8/46	3/46	1/46
(12) 礼貌待人	16/46	27/46	3/46	0	0
(13) 乐于助人	23/46	19/46	2/46	2/46	0
(14) 热爱祖国	40/46	5/46	1/46	0	0
(15) 拥护党	40/46	5/46	1/46	0	0
(16) 言行一致	22/46	23/46	1/46	0	0
(17) 自尊自信	18/46	19/46	6/46	3/46	0
(18) 爱护公物	20/46	16/46	10/46	0	0
(19) 求知就底	18/46	19/46	7/46	2/46	0
(20) 是非分明	26/46	15/46	0	5/46	0
(21) 务实求效	13/46	22/46	7/46	2/46	2/46
(22) 庄重随和	1/46	6/46	15/46	15/46	9/46
(23) 开拓进取	29/46	12/46	4/46	1/46	0
(24) 体谅宽厚	5/46	9/46	20/46	12/46	0
(25) 清洁卫生	8/46	18/46	11/46	7/46	2/46
(26) 举止文明	14/46	21/46	8/46	2/46	1/46
(27) 意志坚强	24/46	14/46	7/46	1/46	0
(28) 责任心强	17/46	21/46	7/46	1/46	0
(29) 注重身体	16/46	17/46	6/46	5/46	2/46
(30) 有理想	30/46	11/46	5/46	0	0

　　解：根据题意，该题是关于求个体在特定道德内容上的道德品质测度问题。因为题中没有直接给出外在道德规范位能量值和黄大干

同学在各条道德规范上的道德行为测度,只给出了关于 30 条道德规范重要性调查统计结果和黄大干同学的具体道德行为程度量值。因此,首先要算出 30 条道德规范的外在道德规范位能的量值。我们分别取重要性中的最重要为 100 个能量单位、比较重要为 80 个能量单位、一般重要为 60 个能量单位、比较不重要为 40 个能量单位、最不重要为 20 个能量单位。这样就可以计算出该 30 条道德规范的外在道德规范位能。(见表 4)

表 4 30 条道德规范的外在道德规范位能统计表

测评目标	外在道德规范位能量值
(1) 节俭朴素	$10/46×100+26/46×80+9/46×60+0×40+1/46×20=79.13$
(2) 学习勤奋	$42/46×100+4/46×80=98.26$
(3) 关心集体	$27/46×100+16/46×80+3/46×60=90.44$
(4) 谦虚谨慎	$16/46×100+20/46×80+7/46×60+3/46×40=81.30$
(5) 诚实守信	$23/46×100+17/46×80+5/46×60+1/46×40=86.52$
(6) 遵纪守法	$34/46×100+6/46×80+6/46×60=92.16$
(7) 真诚友爱	$14/46×100+22/46×80+10/46×60=81.73$
(8) 尊敬师长	$24/46×100+17/46×80+5/46×60+1/46×40=88.69$
(9) 孝敬父母	$21/46×100+20/46×80+3/46×60+2/46×40=85.21$
(10) 民主平等	$4/46×100+13/46×80+14/46×60+10/46×40+5/46×20=60.44$
(11) 正直正义	$14/46×100+20/46×80+8/46×60+3/46×40+1/46×20=78.68$
(12) 礼貌待人	$16/46×100+27/46×80+3/46×60=85.65$
(13) 乐于助人	$23/46×100+19/46×80+2/46×60+2/46×40=86.52$
(14) 热爱祖国	$40/46×100+5/46×80+1/46×60=96.96$
(15) 拥护共产党	$40/46×100+5/46×80+1/46×60=96.96$

测评目标	外在道德规范位能量值
(16) 言行一致	$22/46 \times 100 + 23/46 \times 80 + 1/46 \times 60 = 89.13$
(17) 自尊自信	$18/46 \times 100 + 19/46 \times 80 + 6/46 \times 60 + 3/46 \times 40 = 82.61$
(18) 爱护公物	$20/46 \times 100 + 16/46 \times 80 + 10/46 \times 60 = 84.35$
(19) 求知就底	$18/46 \times 100 + 19/46 \times 80 + 7/46 \times 60 + 2/46 \times 40 = 83.04$
(20) 是非分明	$26/46 \times 100 + 15/46 \times 80 + 0 \times 60 + 5/46 \times 40 = 86.96$
(21) 务实求效	$13/46 \times 100 + 22/46 \times 80 + 7/46 \times 60 + 2/46 \times 40 + 2/46 \times 20 = 78.26$
(22) 庄重随和	$1/46 \times 100 + 6/46 \times 80 + 15/46 \times 60 + 15/46 \times 40 + 9/46 \times 20 = 49.12$
(23) 开拓进取	$29/46 \times 100 + 12/46 \times 80 + 4/46 \times 60 + 1/46 \times 40 = 90.00$
(24) 体谅宽厚	$5/46 \times 100 + 9/46 \times 80 + 20/46 \times 60 + 12/46 \times 40 = 63.04$
(25) 清洁卫生	$8/46 \times 100 + 18/46 \times 80 + 11/46 \times 60 + 7/46 \times 40 + 2/46 \times 20 = 70.00$
(26) 举止文明	$14/46 \times 100 + 21/46 \times 80 + 8/46 \times 60 + 2/46 \times 40 + 1/46 \times 20 = 79.54$
(27) 意志坚强	$24/46 \times 100 + 14/46 \times 80 + 7/46 \times 60 + 1/46 \times 40 = 86.08$
(28) 责任心强	$17/46 \times 100 + 21/46 \times 80 + 7/46 \times 60 + 1/46 \times 40 = 83.48$
(29) 注重身体	$16/46 \times 100 + 17/46 \times 80 + 6/46 \times 60 + 5/46 \times 40 + 2/46 \times 20 = 77.40$
(30) 有理想	$30/46 \times 100 + 11/46 \times 80 + 5/46 \times 60 = 90.87$

其次,将表 1、表 2、表 4 中的数据代入道德品质数学模型(Ⅱ)

$$P_{1M} = \frac{E_{1M}}{E_{o1} + E_{o2} + E_{o3} + \cdots + E_{om}} \times 100\%$$

$$= \frac{\sum\limits_{j=1}^{m} \left(\sum\limits_{t=1}^{f} E_{oj} K_{1j} \lambda_{1jt} \right)}{f \sum\limits_{j=1}^{m} E_{oj}} \times 100\%$$

（$1 \leqslant t \leqslant f$，$1 \leqslant j \leqslant m$），即可得到表 5 中的数据。

表5　黄大干在选定的30条道德规范上的道德品质测度统计表

测评目标	行为程度1	行为程度2	行为程度3	行为程度4	行为程度5	认识测度	内在道德规范位能	外在道德规范位能	道德位能
节俭朴素	79%	82.00%	83%	82%	83%	86%	0.70	79.13	55.67
学习勤奋	98%	91.00%	93%	94%	94%	96%	0.90	98.26	88.67
关心集体	90%	87.60%	86%	88%	84%	89%	0.78	90.44	70.12
谦虚谨慎	80%	81.20%	80%	84%	83%	81%	0.66	81.30	53.76
诚实守信	86%	88.20%	90%	89%	91%	83%	0.74	86.52	63.80
遵纪守法	92%	86.90%	92%	88%	84%	90%	0.80	92.16	73.47
真诚友爱	81%	84.60%	86%	84%	85%	89%	0.75	81.73	61.19
尊敬师长	88%	88.10%	91%	90%	90%	83%	0.74	88.69	65.82
孝敬父母	85%	89.70%	88%	90%	92%	90%	0.80	85.21	68.21
民主平等	69%	78.50%	80%	84%	81%	71%	0.56	60.44	33.69
正直正义	78%	79.20%	80%	85%	79%	70%	0.56	78.68	44.19
礼貌待人	85%	86.10%	89%	90%	89%	76%	0.67	85.65	57.17
乐于助人	86%	79.40%	85%	83%	79%	75%	0.61	86.52	52.87
热爱祖国	96%	91.20%	90%	98%	96%	93%	0.88	96.96	84.98
拥护共产党	96%	90.60%	93%	96%	93%	89%	0.83	96.96	80.88
言行一致	96%	84.30%	90%	90%	88%	80%	0.72	89.13	63.93
自尊自信	89%	82.10%	89%	88%	86%	87%	0.76	82.61	62.40
爱护公物	84%	78.50%	82%	83%	80%	82%	0.67	84.35	56.37
求知就底	83%	86.10%	87%	88%	85%	90%	0.77	83.04	64.14
是非分明	90%	80.20%	86%	89%	88%	81%	0.70	86.96	61.03
务实求效	92%	79.80%	84%	84%	80%	88%	0.74	78.26	57.82
庄重随和	83%	73.50%	83%	80%	81%	72%	0.58	49.12	28.33

续表

测评目标	行为程度 1	行为程度 2	行为程度 3	行为程度 4	行为程度 5	认识测度	内在道德规范位能	外在道德规范位能	道德位能
开拓进取	94%	86.20%	90%	92%	84%	86%	0.77	90.00	69.07
体谅宽厚	63%	76.50%	70%	72%	72%	78%	0.55	63.04	34.76
清洁卫生	96%	84.20%	90%	89%	90%	87%	0.78	70.00	54.71
举止文明	90%	89.20%	88%	90%	90%	88%	0.79	79.54	62.60
意志坚强	86%	82.50%	88%	86%	84%	85%	0.73	86.08	62.41
责任心强	93%	86.40%	90%	90%	91%	88%	0.79	83.48	66.17
注重身体	90%	86.70%	92%	92%	90%	87%	0.78	77.40	60.70
有理想	98%	84.30%	95%	90%	91%	83%	0.76	90.87	69.13
平均外在道德规范能量、平均道德位能								82.75	60.94
黄大干在 30 条道德规范上的道德品质测度									73.64%

　　答:学生黄大干的道德品质测度为 73.64%。如果以百分制计算,学生黄大干的道德品质分为 73.64 分。

后　记

　　《新时代大学生道德品质量化测评方法》是一部用数学方法解决哲学社会科学方面问题的专著，涉及文理学科之间的跨度大，学科理论对接难度大，因此，在项目研究过程中参阅了大量的文理方面的相关专著、学术论文等，主要涉及孔子的《论语》、老子的《道德经》、鲁杰等主编的《德育新论》、王海明的《新伦理学》、罗国杰的《伦理学》、陈谷嘉等主编的《中国德育思想研究》、肖鸣政的《品德测评的理论与方法》、郭广银主编的《伦理学原理》、张春新著的《现代心理学》、J.P.戴斯等著的《认知过程的评估——智力的PASS理论》、A.班杜拉著的《思想和行动的社会基础——社会认知论》、朱贻庭著的《中国传统伦理思想史》、韩民青著的《当代哲学人类学》、安妮·安娜斯塔西等著的《心理学测验》、达尔文著的《物种起源》、爱德华·霍夫曼著的《人才心理测评》、亚当·斯密著的《道德情操论》、周俊波著的《道德品质测度论纲》，等等。在此一并致谢！

　　另外，在本书稿即将交付刊发之际，要特别感谢周俊波教授对我们完成书稿的全过程悉心指导，提出了许多非常有指导性的意见和建议，并对书稿作了全面的审阅，为《新时代大学生道德品质量化测评方法》的出版付出了艰辛的劳动，无以报答，唯有发奋图强，不断创新，多出成果，出高质量成果，才能不负前辈的厚望和期待。

　　《新时代大学生道德品质量化测评方法》是江苏省教育科学"十三五"规划基金重点项目，在此向为项目的完成付出努力的陈延斌教授、闫超栋博士、史晖教授、葛军教授、皮武教授、展伟教授等老师致以衷心感谢！

作者　周旸　唐力

二〇二二年十月

图书在版编目(CIP)数据

新时代大学生道德品质量化测评方法/周旸,唐力
著.—上海:上海三联书店,2023.3
ISBN 978-7-5426-8033-4

Ⅰ.①新… Ⅱ.①周… ②唐… Ⅲ.①大学生-道德
品质-量化-人员测评-方法 Ⅳ.①G641.6

中国国家版本馆 CIP 数据核字(2023)第 052083 号

新时代大学生道德品质量化测评方法

著　者/周旸　唐力

责任编辑/郑秀艳
装帧设计/一本好书
监　制/姚军
责任校对/王凌霄

出版发行/上海三联书店
　　　　　(200030)中国上海市漕溪北路 331 号 A 座 6 楼
邮　箱/sdxsanlian@sina.com
邮购电话/021-22895540
印　刷/上海惠敦印务科技有限公司

版　次/2023 年 3 月第 1 版
印　次/2023 年 3 月第 1 次印刷
开　本/890 mm×1240 mm　1/32
字　数/200 千字
印　张/9.875
书　号/ISBN 978-7-5426-8033-4/G·1672
定　价/68.00 元

敬启读者,如发现本书有印装质量问题,请与印刷厂联系 021-63779028